NO
SÓLO DE
TRABAJO
VIVE
LA MUJER

ELIZABETH
PERLE McKENNA

NO
SÓLO DE
TRABAJO
VIVE
LA MUJER

Javier Vergara Editor

GRUPO ZETA

Barcelona / Bogotá / Buenos Aires
Caracas / Madrid / México D. F.
Montevideo / Quito / Santiago de Chile

Título original
WHEN WORK DOESN'T WORK ANYMORE

Edición original
Delacorte Press

Traducción
Adelaida Ruiz

Diseño de tapa
Raquel Cané

Diseño de interior
Cecilia Roust

ISBN 950-15-2029-3

Impreso en la Argentina / Printed in Argentine
Depositado de acuerdo a la Ley 11.723

Esta edición se terminó de imprimir en
VERLAP S.A. Comandante Spurr 653
Avellaneda - Prov. de Buenos Aires, Argentina,
en el mes de octubre de 1999.

Para Steve,
que lo supo

ÍNDICE

AGRADECIMIENTOS

Mi más profundo agradecimiento para las más de doscientas mujeres anónimas y seudoanónimas que hablaron para mi grabador y para los miles que respondieron a encuestas que tomaban mucho tiempo. Todas ellas se dieron sin esperar recompensas y yo tengo la esperanza de que este libro haga honor a sus vidas.

Todo el mundo debería tener un amigo como Richard Pine, o al menos un agente así. Él y su asombrosa colaboradora Lori Andiman nunca dejaron a un lado la sabiduría, el aliento y la fe. Su profunda inteligencia respecto de las publicaciones y de la vida influyó sobre este libro. No me alcanzan las palabras para expresar lo importantes que son para mí y lo agradecida que les estoy.

He tenido la gran suerte de tener a Dell como editorial y de haber recibido sus magníficos servicios. Mi mayor gratitud para Leslie Schnur, amiga y editora. También para Jackie Cantor, una magnífica asesora, llena de ideas, energía y sabiduría. Gracias también a Carol Baron por toda su generosidad y por creer en este libro. Estoy también muy agradecida a Carisa Hayes por su talento, a Tracy Locke y a Karen Mender, también de Dell. Ellas conformaron un equipo magnífico. Estuve en las mejores manos en lo que a publicistas se refiere. Ellas fueron Lynn Goldberg y Camille McDuffie. A mis amigos de Bantam Doubleday, Don Weisberg, Dave Lappin, Gail Browning, Mary Lange, Sally Johnson y a mis ex colegas del Departamento de Ventas, gracias por recibirme nuevamente y escucharme una vez más. A Jack Hoeft, gracias por ser un gran mentor y un amigo de toda la vida.

Es imposible explicar lo mucho que Jane Isay colaboró con este libro. Ella fue quien pudo encontrar la línea más recta entre dos puntos discutibles; siempre dijo la verdad, fue una gran amiga y la mejor asesora editorial. Este libro se benefició con su brillantez y le estoy profundamente agradecida. Mil gracias también a Marilyn Abraham, que conoce el oficio de hacer libros y me ayudó a comprender lo que estaba tratando de decir y a encontrar la mejor manera de decirlo. A Sue Wels, Adrian Allen, Christine Albertini, Lisa Queen, Staphanie Levi, Ann Patty, Hope Edelman, Susan Ginsberg, E. D. y Roger Straus III, que leyeron este libro o se embarcaron en interminables conversaciones sobre el tema, mi más profunda gratitud.

Muchas gracias a Mark Levine, director de Planes Estratégicos de Wundarman Cato Johnson, por su inestimable ayuda a la investigación llevada a cabo para este libro. Gracias también a Michele Smilek, que me dio ayuda personal y técnica más allá de su obligación.

Quiero expresar mi admiración y gratitud a Anna Quindlen, Gloria Steinem, Letty Cottin Pogrebin, Janet Andre, Lillian Rubin, Juliet Schor, Idelisse Malavé, Eizabeth Debold, Marie Wilson, Shelly Lazarus, Shoya Zichy, Rosalind Barnett, Susan Faludi y Wendy Kaminer. Estas maravillosas mujeres, cuyas vidas son tan plenas, nunca dudaron en compartir sus conocimientos y experiencias conmigo. Si todo el mundo actuase así, escribir este libro no hubiese sido necesario. Ellas han sido mi inspiración.

Mi padre me enseñó a escribir. Un crítico mordaz, con el corazón más tierno del mundo, nunca podré agradecerle suficientemente todo lo que me ha dado. A Yuen Yee Kee, gracias por formar parte de nuestra familia, por amar a nuestro hijo y por enseñarle con su dulce corazón. A David, gracias por no jugar con mi computadora y por soportar que mamá estuviese encerrada en una habitación durante horas. Eso se llama trabajo.

Finalmente, mi más profunda gratitud para mi esposo, que creyó en mí antes de que yo misma lo hiciera. Sin él nunca hubiese escrito este libro. Soy la mujer más afortunada.

INTRODUCCIÓN

Ésta es mi historia. Es la fantasía de una mujer que trabaja, o es la peor pesadilla. Probablemente sea ambas cosas. Un día, después de largos años de trabajo, de satisfacciones por lo que hacía y de logros debidos a mi aptitud, entré en la oficina de mi jefe y renuncié. La decisión no fue repentina, aunque la acción lo fuera. Lo había estado pensando mucho tiempo. Estaba cansada, deprimida y ya no disfrutaba con ese trabajo que antes me gustaba tanto. Para mantenerme en mi puesto había estado pagando un precio demasiado alto en cuanto a presiones, tensiones y política. Había casi perdido la noción de lo que era importante para mí. La calidad de mi vida se deterioraba en aras de la calidad. Necesitaba un recreo y quería volver a pensar cuáles eran mis prioridades. Durante años había obtenido de mi trabajo todo lo que necesitaba y ahora me sentía molesta, traicionada y asustada porque mi carrera parecía ser un problema y no una solución Sabía que tenía que hacer algunos cambios, pero no deseaba renunciar a nada. Por supuesto, menos que nada quería dejar a un lado mi carrera, que era un terreno sagrado y era sinónimo de mi identidad. Sin embargo, cada vez había menos espacio para mi *vida*. Si en ese momento alguien me hubiese dicho que sólo renunciando a mi identidad profesional podría restaurar mi amor por el trabajo y por otras cosas, seguramente le hubiese preguntado cuándo había escapado del manicomio. Sin embargo, eso fue lo que sucedió. Me tomaría bastante tiempo, no obstante, descubrir las recompensas que me estaban reservadas.

Por lo menos no era yo la única que tenía este problema.

Poco después de dejar mi trabajo, me topé con un número de la revista *Fortune*.[1] Aparecía allí una encuesta dirigida a evaluar la tendencia hacia la insatisfacción que se observaba en mujeres profesionales que habían obtenido grandes logros en sus carreras. Se trataba de mujeres que, como yo, habían hecho un alto en el camino de sus sueños y necesitaban practicar algunos cambios. "La generación de mujeres que abrió nuevos caminos en las grandes empresas, evidentemente está cerrando los suyos propios", concluía *Fortune*. Una encuesta realizada por Yankelovich Partners entre mujeres ejecutivas de entre treinta y cinco y cuarenta y nueve años arrojó como resultado que el 87 por ciento de las mujeres encuestadas deseaba un cambio importante en su vida. El 40 por ciento se sentían encerradas; cerca del 60 por ciento seguían una terapia y el 78 por ciento esperaba poder hacer progresos significativos en un futuro cercano. Si bien se podía suponer que se trataba de problemas sentimentales y hogareños, la encuesta mostró que no había diferencias en cómo se sentían con ellas mismas las mujeres con hijos y las mujeres sin hijos. Para resumir: el trabajo ya no servía para estas mujeres de éxito. Según el artículo que acompañaba a la encuesta, las mismas condiciones de valentía y capacidad que habían llevado a estas mujeres a ascender eran las que ahora les permitían detenerse, volver a evaluar, y, si era necesario, dar una nueva dirección a sus vidas.

El artículo finalizaba diciendo que tal vez se trataba de una crisis de la edad madura. Quizá, pero en medio del artículo había una estadística que parecía ser la tapa de la caja de Pandora: *Tres cuartas partes de las mujeres decían que las definían por lo que hacían.* Se trataba de un grupo de mujeres con éxito que deseaban con desesperación cambiar lo que hacían o cómo lo hacían. Pero, si las definían por lo que hacían, ¿cómo podrían cambiar la relación que tenían con el trabajo, que las estaba haciendo tan desdichadas?

Finalmente ésa resultó ser mi pregunta. Por supuesto, yo me identificaba con lo que hacía, ¿qué tenía eso de malo? Durante muchos años mi carrera había sido lo más importante en mi vida. Me gustaba lo que hacía y quería a las personas con quienes trabajaba. Es verdad que el ambiente de la empresa había cambiado. Ahora era más competitivo y la lealtad era menor. Suponía que así eran las cosas. Yo era una mujer de empresa. El trabajo satisfacía mis necesidades financieras, emocionales, intelectuales y de autoestima. En mi vida había otras cosas, pero el trabajo era lo primero. O por lo menos así había sido durante mucho tiempo.

Yo era una de esas personas que siempre habían sabido lo que querían. Yo había deseado una carrera próspera, tan buena como la de mi padre. Me gradué en la universidad con una enorme necesidad de ascender por la escalera del éxito. Mi ambición y más tarde mi puesto fueron mis pasaportes hacia el mundo. La independencia económica me había llevado a la independencia emocional. De los veinte a los treinta me concentré en el trabajo. Trabajaba en el trabajo, seducía en el trabajo y, de vez en cuando, salía con mi trabajo. Amaba mi trabajo y hasta sentía orgullo cuando debía pasarme un sábado en la oficina. Me creía importante.

Me entusiasmaba buscando un ascenso. Me parecía que avanzar tenía sentido. No debía detenerme a reflexionar; tenía que recorrer puestos y convertirme en alguien.

Pasados los treinta, el camino comenzó a estrecharse un poco. Las conferencias de ventas en la soleada Florida, que antes me parecían atractivas y divertidas, ahora se me hacían demasiado lejos. Los viajes de más de un día ya no me entusiasmaban. Yo supervisaba a personas y, en ocasiones, era consejera, abogada o mártir de las causas de éstas. A los treinta y cinco comencé a sentir la indiscutible mortalidad de mis ovarios. Después de todo, acababa de cumplir treinta y cinco cuando se publicó un estudio que sostenía que yo tenía tantas posibilidades de encontrar un marido como de ser raptada por un comando terrorista.

Para esa época, mis amigas que habían tenido hijos a los veinte estaban nuevamente trabajando. Parecía que ellas habían tomado decisiones mucho mejores que las mías. Yo siempre había querido tener hijos. Mi madre había muerto cuando yo era muy pequeña y, para compensar la soledad de mi infancia, yo siempre había soñado con un hogar lleno de niños que entraban y salían corriendo de la casa. Sin embargo, la lista de cosas que debía cumplir cada día nunca contuvo puntos relacionados con la construcción de una familia. A veces, cuando tenía un día especialmente malo, me decía que podría intentarlo, pero seguía viendo el hecho de tener hijos como una especie de año sabático que debía tomarme en el trabajo. Todo giraba en torno de mi carrera. Era mi parte creativa, mi forma de expresión: era yo.

Cerca de los cuarenta años me casé con un hombre con un excelente trabajo y con hijos adolescentes. Una de las cosas que compartíamos era el orgullo por los éxitos del otro. Los dos teníamos cargos de responsabilidad y estábamos bajo presión. Además de ser compañeros en la vida, éramos pares. En realidad, habíamos comenzado nuestra relación poco después de que fuera a consultarlo acerca de cómo despedir empleados. Nos comprendíamos a nivel profesional.

Hicimos un trato con respecto a los hijos: tendríamos entre cero y uno. Después de mi cumpleaños número treinta y ocho, y a los diecisiete años de haber comenzado mi carrera, tuve un bebé. Mi hijo apareció justo en el momento en que estaba a punto de aceptar el desafío más importante de mi vida profesional. Pensé que podría con todo. Otras lo habían hecho. Sólo debía dejar a un lado algunas cosas de mi vida profesional y crear un hueco para el bebé. Lo hice durante un tiempo. Me iba más temprano de la oficina, no viajaba si no era necesario, mi casa no estaba tan perfecta. Cocinaba menos, dormía menos, pero lo estaba logrando.

Ya no era simplemente una ejecutiva de la industria editorial. Ahora era además la esposa de mi marido y la madre de mi hijo. Eso hacía más complicado lo que yo sentía que se esperaba de mí, pero no me obligaba a verdaderos cambios en mis actividades cotidianas. Me esforzaba aún más en mi trabajo para evitar perderme en el resto de mis compromisos. Me decía que no tenía una crisis de identidad: simplemente tenía mucho que hacer.

Como había estado tanto tiempo dedicada a mi profesión, me había olvidado de algo muy importante: nunca había revisado los objetivos que me había planteado a los veinte años de dejar un poco de espacio a la realidad. En cambio, a medida que el tiempo había ido pasando y las circunstancias habían ido cambiando, yo me había limitado a agregar más cosas a la lista de lo que debía hacer en mi vida. Según lo que yo misma había establecido, el valor de mi vida dependía de ir cumpliendo los objetivos establecidos en la lista. En ella incluía universidad; cumplido; carrera; cumplido; esposo; cumplido; hijo; cumplido. El problema era que cuando yo había confeccionado este listado era muy joven, por lo tanto, era inmortal y la vida no tenía consecuencias. Los obstáculos eran logros que se hacían esperar. Lo que yo no había tenido en cuenta es que esta programación debía incluir diferentes sistemas de valores y que en realidad no lograría la tan ansiada vida perfecta. A medida que iba dando por cumplidos los puntos de la lista, me iba sintiendo cada vez peor respecto de mis logros, porque éstos implicaban cada vez más concesiones por parte de un sistema de valores que estaba oculto en algún sitio dentro de mí.

En medio de las reuniones, estos valores comenzaron a aparecer disfrazados de ansias de silencio y de sol. Me hicieron sentir molesta cuando tenía que asistir a cenas de negocios a las que antes me encantaba asistir. Quería llevar a mi hijo a la cama. Debía salir corriendo de una reunión para atender una llamada telefónica de mi esposo, que viajaba mucho, y me perdía conversaciones enteras, porque en realidad soñaba despierta con que estaba paseando fuera bajo la luz del sol. Como esas fantasías iban en contra de algo que yo había ansiado durante tanto tiempo, metía la cabeza bajo la tierra y me resistía a tomarlas en cuenta. Sin embargo, no pude esconderme de la erosión que resultó de todo esto: cada vez me sentía más insatisfecha con el trabajo. Prestara atención o no a lo que sucedía dentro de mí, las cosas estaban cambiando de forma definitiva.

Superficialmente todo parecía estar bien. Por dentro, sin embargo, comencé a sentir que estaba fracasando. Me comparaba con otras editoras, que parecían dedicar veintiocho horas al día a su trabajo. Pensé que sólo era una cuestión de tiempo: en algún momento ellas iban a descubrir que yo era un fraude. Me comparé entonces con otras madres que trabajaban y que parecían hacer mucho mejor que yo esto de manejar al mismo tiempo la casa y el trabajo. De hecho, ellas podían atender a frases enteras o hasta a párrafos sin necesidad de contar la última gracia o travesura de sus hijos. También observaba a las madres que se quedaban en sus casas, y parecía que todas preparaban para sus bebés comidas sin pesticidas, leían todos los libros de psicología infantil existentes además de lograr que sus hijos comiesen bróccoli sin tener que golpearlos. Me sentía mal cada vez que veía a una niñera llevando de paseo a un bebé, porque sabía que una de ellas paseaba al mío y creía en lo que piensan las personas que desean que las mujeres no accedan al mundo del trabajo: que el niño estaría mucho mejor si la madre estuviese a disposición de él todo el tiempo. Además, la vida sexual de *todo el mundo* era mejor que la mía. Sentía que nada me salía bien y mi autoestima estaba por los suelos: yo trataba de ser todo para todos y terminaba no siendo nadie para mí.

Cada mensaje acerca de quién debía ser yo me parecía correcto. Todo era igualmente importante y urgente. El problema era que todos estos mensajes no podían coexistir. Mi mente no tenía paz.

Tenía una vida laboral. Tenía una vida personal. Sin embargo, entre las dos no constituían una vida, sino dos vidas separadas. Cada una exigía de mí un ciento por ciento. Yo quería el ciento por ciento de cada una. Desdichadamente, mi autoestima dependía de triunfar igualmente en las dos vidas. Yo había sido una mujer trabajadora durante mucho más tiempo del que había sido cualquier otra cosa. Tenía pautas a partir de las cuales podía juzgar si estaba haciendo las cosas bien o mal. Podía decir en un momento dado cuál era mi situación con respecto a mí misma y al mundo que me rodeaba. Sabía lo que debía hacer para sentirme satisfecha. También contaba con principios con respecto a mi vida personal. Mi matrimonio parecía sólido (sin sueños, pero sólido) y mi hijo tenía un aspecto sano pese a mi trabajo cotidiano. Estaba bien: había logrado un compromiso provisional entre el trabajo y el hogar, sólo al precio de algunos de mis principios. Sin embargo, conocía demasiados libros acerca de la fantasía de *tenerlo todo* y sabía que no era la única madre que podía dejar a un lado sus principios morales con tal que le dieran media hora para ponerse tranquila las lentes de contacto y buscar un par de medias nuevas.

Sin embargo, aunque no lo sabía, estaba juzgando mi vida según criterios que no eran míos y que me resultaban estrechos. Había interiorizado durante años estos sistemas de valores, que estaban midiendo una misma tela (mi vida) cada uno de una manera diferente y excluyente. Estaba el trabajo, que me decía que cualquier cosa que no fuese la dedicación total a mi profesión era un sinónimo de fracaso. Estaban las voces de los movimientos feministas, que me decían: "No nos abandones. No puedes irte. Eres un buen ejemplo. Quédate aquí y cambia las cosas". También estaba la medición que imponía la sociedad al género femenino y que me decía que el hogar es la responsabilidad fundamental y que mi hijo podría convertirse en un asesino en serie si yo no le dedicaba el primer lugar en mi vida. Leía en todas partes que si trabajaba demasiado iba a perjudicar mi matrimonio. Es posible que éstos fuesen conceptos pasados de moda, pero no lo eran cuando yo era niña: ésos eran los sistemas de valores operativos para definir a una mujer triunfadora, y yo los había tragado enteros.

La consecuencia era esta indigestión del alma.

Por supuesto, estas cosas no estaban a la vista. Yo pensaba que mi problema era que había tenido un bebé a una edad relativamente avanzada y que tenía mucho más que perder que una chica de veinte años. Además, pensaba que era nada más que una madre que trabaja y que se las debe ingeniar para lidiar con todo al mismo tiempo. Si bien estas cosas eran ciertas, no justificaban la profundidad de mi insatisfacción.

No me debatía entre dos cosas que amaba. Sentía que había experimentado una profunda pérdida en mi relación con el trabajo. Igual que cuando un matrimonio se deteriora de manera inexplicable pero inexorable, yo me lamentaba de la pérdida de mi amor por mi profesión. No era el trabajo. Me encantaba el trabajo. Sencillamente me resultaba demasiado agotador trabajar en términos que estaban cada vez más lejos de mí. A medida que veía que la relación más duradera que había tenido —la relación con mi trabajo— se deterioraba, y posiblemente caminaba hacia su final, sentía una tristeza muy profunda. La maternidad no tenía nada que ver. En realidad, había descubierto el problema. La cuestión era que trabajaba en un entorno que no era el apropiado. Yo era una mujer que deseaba algo más que el éxito convencional: deseaba tener una vida.

Cuando veía que mis amigas que no tenían maridos ni hijos estaban pasando por lo mismo, me daba cuenta de que se trataba de algo fundamental. Parecía que *todas* estas mujeres brillantes y trabajadoras sentían que sus vidas tenían grandes agujeros. No importaba si tenían o no hijos. Tampoco dependía de que estuviesen casadas o no. Todas estas mujeres se definían como profesionales, como trabajadoras, pero eso había dejado de resultarles suficiente. No transcurría un almuerzo sin que alguna lanzase un suspiro y dijese: "Me gustaría encontrar otra cosa que hacer". A esta afirmación le seguía una lista que enunciaba todas las razones por las cuales el cambio era imposible, poco práctico e ilógico.

Tenía delante de mí a un grupo de mujeres increíblemente dotadas. Pertenecían a una época en la cual se habían beneficiado de las conquistas de los movimientos feministas.[2] Las habían aceptado en universidades clásicamente masculinas. Habían llegado a estar asociadas a importantes estudios jurídicos o eran vicepresidentas de bancos. Las que no tenían hijos, ganaban entre el 50 y el 95 por ciento de lo que ganaban sus colegas masculinos. Trabajaban en un mundo en el cual las mujeres que tenían puestos de dirección y ejecutivos tenían que desempeñarse tan bien como los hombres y donde el triunfo tenía que ver con trabajar igual que un hombre. En realidad, el mundo masculino de los negocios no había hecho más que agregar al juego de póquer algunos jugadores femeninos. Eso significaba que las mujeres invitadas a la mesa de los logros y las oportunidades jugaban según reglas que habían sido establecidas mucho tiempo antes de su llegada.

Estas mujeres construían sus vidas agregando la identidad del éxito, tal como la habían definido los hombres, a sus identidades femeninas. Para triunfar, tenían que aprender a valorarse tal como lo haría un hombre. Mientras competían con los hombres, tenían que compararse con ellos, y al hacerlo, atrofiaban, aunque fuese de una manera sutil, algunos aspectos importantes en la vida de una mujer. Como me decía una ejecutiva dedicada a la inmobiliaria: "Todo lo que suene a mamá y a pastel de manzanas debilita mi posición en el trabajo. Tengo que competir con los hombres en términos masculinos".

Es fácil dejar a un lado aquellas partes de la vida que no se cuantifican con facilidad y que no llevan al

éxito. Son cosas que no tienen una retribución inmediata. Las mujeres han quedado presas del doble filo de
una espada al aceptar que se las evalúe con las mismas
reglas que se usan para los hombres. De esta manera
están negando o posponiendo partes de su identidad.
Son mujeres las que aconsejan a las mujeres que no sa-
quen a relucir preocupaciones *femeninas*. Una mujer ejecutiva de una empresa editorial se encontró con que su
nuevo jefe quería tener con ella reuniones todas las ma-
ñanas a las 8.30. "No puedo llevar a mi hija a la escuela
y llegar a tiempo", se afligía—, "pero no puedo decirlo
porque pensarán que no tomo mi trabajo con seriedad."
Lo que es peor aún, las mujeres se sienten mal por no
ser lo que no quieren ser en la medida que corresponde. Ésta es una carga emocional demasiado pesada.

Llega un momento en el cual las partes olvidadas
de nuestras vidas nos hacen pagar un precio por la falta de equilibrio. Los síntomas van desde la acidez al abu-
rrimiento, y desde un sentimiento de injusticia hasta la
franca depresión. Los beneficios que brinda el trabajo
dejan de compensar la sensación de vacío, de tiempo
perdido y de sin sentido. Estos sentimientos se van haciendo cada vez más intensos, hasta que llega el momento en que no hay más remedio que reconocerlos, ya
que de lo contrario acabarían amargando años de logros. Una vez que la insatisfacción se instala, el único
remedio es encontrar algún equilibrio entre el trabajo y
el resto de la vida. El péndulo, que ha estado movién-
dose durante años de la mamá modelo a la
superejecutiva, busca un lugar donde descansar.

En la otra cara de la necesidad de equilibrio está
el hecho de que las mujeres han luchado mucho para

llegar a puestos directivos, y están cansadas. La generación de mujeres que se planteó el trabajo profesional está llegando a la madurez. Los años ochenta hicieron verdadera mella. Por primera vez se valoraba el equilibrio. Sin embargo, el ámbito del trabajo no ha cambiado mucho en cuanto a la actitud. Los estereotipos siguen vigentes. En la mayor parte de las empresas, la maternidad sigue siendo un inconveniente. Además, el problema no lo tienen solamente las mujeres casadas con o sin hijos. Cualquier situación en la cual una mujer privilegie alguna cuestión de su vida, desde escalar montañas hasta tomar clases de cine, hace que no se la considere como una igual. Son las mujeres las que dejan el empleo cuando se casan con un compañero de trabajo. Si una mujer no está casada, se supone que está comprometida con su empleo.

La lucha entre el currículum perfecto y la vida equilibrada también es un peso. Interiormente, la mayor parte de las mujeres tienen expectativas y mandatos acerca del significado de ser mujer. Todas tenemos madres con las que nos equiparamos o de las que nos diferenciamos. Tuvimos décadas de una televisión que nos decía lo que debíamos hacer y cómo debíamos hacerlo. Las mujeres todavía suelen considerarse compañeras y madres, como se consideraba a sus madres o abuelas. No importa hasta dónde llegue la carrera de una mujer, estos aspectos aparecerán y serán valorados en algún momento. Además, con frecuencia esa batalla de sistemas de valores toma la forma de insatisfacción con el trabajo.

Se case o no una mujer y elija o no tener hijos, debe afrontar el hecho de que la fertilidad no es eterna. No es casual que la crisis laboral suela coincidir con la muerte de la fertilidad. Para muchas, esta conciencia comienza pasados los treinta, con el primer atisbo de que la vida profesional tiene un final. Muchas veces es la primera conciencia de que la vida no es para siempre o de que no es posible hacerlo todo. Como los lugares de trabajo no han logrado incorporar las preferencias femeninas, el tema de la fertilidad suele crear intensas presiones.

Mi respuesta frente a estas tensiones internas fue tratar de ignorarlas el mayor tiempo posible. Sin embargo, finalmente no tuve más remedio que actuar, me gustase o no. Tenía que hacer algunos cambios y dada la manera como está organizado el trabajo, sentí que se me pedía que eligiera entre dos extremos: la dedicación al trabajo o alguna fantasía hogareña de los años cincuenta: ninguna de las dos me convencía, ni eran realistas.

A las cuatro de la mañana estaba sentada en la sala, mordisqueando galletas con formas de animales. Pensaba hacer un cambio que tendría profundas consecuencias en mi carrera y estaba demasiado nerviosa como para dormir. Dentro de mi cabeza escuchaba la voz de mi padre que me decía que no tirase mi carrera por la borda. Ésa era su escala de valores. La voz de mi esposo me aconsejaba que dejase de angustiarme y que hiciera algo, cualquier cosa, que me tranquilizara. Muy dentro de mí, aparecía otra voz, la de mi madre, que advertía: *Yo no pude vivir mi vida. No desperdicies la tuya angustiándote.* En mi diálogo imaginario, yo decía que en realidad no sabía qué era más importante, si mi trabajo o mi hogar. *Piensa en cuánto me echaste de menos. ¿Quieres que tu hijo sienta lo mismo?*

Estas ensoñaciones me mostraron cuáles eran los huecos de mi vida de los que estaba tratando de escapar. Si los dejaba a un lado, seguramente construiría una vida en la cual estaría continuamente en lucha contra mí misma. En realidad, el mensaje que recibía no me gustaba. Iba contra todo lo que yo pensaba que debía ser. Me resultaba muy amenazador. Se trataba de modificar mis prioridades. Probablemente también iba a significar cambiar de carrera, ya que no sería posible hacer lo que siempre había hecho con una dedicación de tiempo parcial o desde mi casa. No tenía opciones, pero sentía que durante un tiempo necesitaba una vida más flexible. En realidad yo no quería renunciar a quien era profesionalmente, pero no tenía otra posibilidad.

Cuando dejé mi trabajo no tenía idea de que había todo un drama bajo la superficie. En realidad yo creía que estaba descontenta con la política de las autoridades de la empresa o por otras mil cosas. Cuando cerré la puerta tras de mí, no pensaba en una crisis de identidad ni de valores. Creía que todo se iba a solucionar con un nuevo empleo o con unos meses cantando entre cacerolas. No sospechaba que, por debajo de las actividades cotidianas, mi alma estaba hecha trizas de tanto intentar ser todo aquello que pensaba que debía ser. Aún no sabía si había hecho lo correcto al dejar el trabajo. Creía que le había fallado al movimiento feminista, que había sobrecargado a mi esposo, había decepcionado a mi padre, había hecho lo correcto por mi hijo y había puesto en peligro los pagos del nuevo apartamento que habíamos comprado dos meses antes. Sentía que no era una persona.

Lo que aprendí enseguida es que, si deseaba ser feliz, debía separar lo que hacía de quien era. Necesitaba una identidad independiente. Mi autoestima estaba demasiado subordinada a mi carrera. La primera semana que no gané dinero, me sentí totalmente sin valor. Era como un banco de tres patas que se tambaleaba.

Sabía que había muchas mujeres que habían pasado por la misma situación, al dejar a un lado una identidad basada en el trabajo para adquirir otra sustentada en lo que ellas deseaban. Soy naturalmente inquieta, y comencé a preguntar a todas las mujeres con quienes me cruzaba qué pensaban de cambiar sus vidas. Me sentaba en una cafetería y, mientras mi hijo mordisqueaba un panecillo, escuchaba las experiencias de las demás. Algunas mujeres lamentaban haber tomado la decisión de quedarse en su casa y extrañaban con pasión el trabajo. Otras lloraban porque tenían que dejar a sus hijos en una guardería. Había mujeres que disfrutaban de una mezcla de familia y trabajo. Para algunas sin hijos mi experiencia era como un imán. Sentían mucha curiosidad por saber cómo era la vida *afuera*. "Me encantaría hacer lo que tú haces" —suspiraba una ejecutiva de publicidad—, "pero no tengo excusa porque no tengo hijos". Yo le recordaba que teníamos una amiga en común que había renunciado a un trabajo muy cotizado y se había ido a recorrer el país con su esposo. No había necesitado a un niño como excusa. Sólo un poco de planificación económica y valentía. Toneladas de valentía y de confianza en que la vida sería igual de rica sin la tarjeta de presentación y las cosas que derivan de ella.

Todas las mujeres que hicieron el mágico cambio de pasar de estar identificadas con el trabajo a ser *lo que eran* tienen una historia parecida a la mía. Es crucial decir, sin embargo, que éste no es un manual de instrucciones para quedarse en casa con un niño. Para algunas eso sería un infierno y, en realidad, no está ni bien ni mal. El problema real es el conflicto que se genera entre la vida que hemos construido en torno de lo que creíamos que debíamos ser como mujeres profesionales y los lugares donde nos llevó el proceso de nuestra vida. Todas las mujeres entrevistadas en este libro se encontraron en un punto en el cual la distancia entre lo que estaban haciendo y quienes eran se había agrandado tanto que ya no la podían cruzar. Todas realizaron una búsqueda espiritual acerca de lo que era importante para ellas y todas se preguntaron si tenían el coraje o los recursos para hacer un cambio. Muchas, además de una jerarquía, sacrificaron cosas materiales. Otras se arriesgaron al no aceptar un ascenso. Finalmente, unas cuantas disfrutaron de la libertad de mente y de movimiento que lograron al salir de un ambiente laboral que ejercía sobre ellas mucha presión. Los caminos fueron tan diferentes entre sí como las mujeres que los transitaron. Algunas volvieron a comprometerse con el trabajo que tenían. Otras comenzaron a trabajar por cuenta propia. Algunas se tomaron un tiempo libre o disminuyeron la cantidad de horas de trabajo, según lo que pudieran afrontar económicamente. Otras, como yo, cambiaron de carrera y acabaron cumpliendo un sueño que habían tenido toda la vida. Algunas tuvieron que continuar en situaciones que no les agradaban por razones económicas, pero encontraron un modo de trabajar con más paz, porque habían cambiado sus objetivos.

No hay jugada pequeña. Miles de mujeres que tienen mucho que perder están planeando, soñando o realmente cambiando una vieja piel por una nueva. Son miles las que han atravesado ese proceso. Son mujeres a quienes les encanta trabajar y que siempre han trabajado. Las mujeres que encontrará en estas páginas han perseverado en sus trabajos, pero muchas de ellas llegaron a un punto en el cual sintieron que debían elegir: sus carreras o su tranquilidad mental; su expresión creativa y su independencia o su vida. Como la mayor parte de las personas debemos trabajar por razones económicas y psicológicas, en realidad la elección no es más que una hipótesis endiablada.

Al igual que yo, las más de doscientas mujeres entrevistadas y las más de mil encuestadas para este libro sentían que había una disonancia creciente entre sus vidas exteriores y sus valores internos. Este conflicto estaba forzando una relación cada vez más complicada entre el yo laboral y el yo personal de cada una. A nadie le gusta tener que elegir entre dos partes de él mismo, así como tampoco es agradable tener que elegir entre estilos de vida pasados de moda, machistas o arcaicos. La verdadera tragedia es que el auténtico amor que tanto estas mujeres como yo sentíamos hacia nuestro trabajo fue desvirtuado por el comportamiento negativo que originan las presiones cada vez mayores del ambiente laboral, por la competencia y por el sistema de valores demasiado estrecho para que la mayor parte de las personas se muevan en él con comodidad.

Cuando dejé mi trabajo, decidí que quería escribir un libro que dijese la verdad sobre lo que sucedía en la vida laboral de la mayor parte de las mujeres. Eso no quiere decir que no haya quienes disfrutan de su trabajo todo el tiempo. Las hay. Además, todas las mujeres que aparecen en este libro tienen momentos de gran satisfacción con su trabajo. Sin embargo, la mayoría sienten que hacen concesiones. Este libro es para aquellas que creen que su trabajo será más adecuado para un hombre que tuviese una esposa para ocuparse de las cosas de la vida. Es para aquellas que luchan para escribir sus vidas en mitad de las frases, para que en sus existencias haya equilibrio y alegría. Todas las mujeres con las que hablé desean llegar a una combinación adecuada de entusiasmo y paz, de trabajo y juego, de tiempo juntos y tiempo solos. Y lo más importante: las mujeres buscan una armonía entre lo que son internamente y la manera como viven y pasan el tiempo.

Al igual que la mayor parte de las mujeres, no quiero esperar a los sesenta años para disfrutar de mi vida. Aquí, en la intersección de la plenitud de mis capacidades y de mi descontento, quiero hacer las elecciones que me darán la vida que refleje quién soy y en qué creo. No sé cuál será la forma final que tomará mi narración pero, al igual que el resto de las mujeres de este libro, necesito correr riesgos e ir más allá de la identidad de mi tarjeta de presentación. Sé que esa identidad ha estrechado perversamente mi vida y mis posibilidades. Sé que estuve tan comprometida con *la que era* que me costó mucho encontrar un lugar para *la que soy*.

Para aceptar mi vida y disfrutar de ella, tuve que aceptar mejor las fuerzas que operaban en mi interior y en mi entorno. He tenido también que examinar lo que creía y lo que valoraba y preguntarme qué fue lo que me hizo trabajar sin protestar durante tanto tiempo en un ambiente que en realidad era más apropiado para mi padre. Como tengo toda la intención de seguir trabajando el resto de mi vida, debo empeñarme en conocerme y entender claramente el mundo. Ésa es la única posibilidad de llegar a una vida de autoaceptación, plenitud, creatividad, independencia y satisfacción. Es mi única esperanza de cambio positivo.

CAPÍTULO UNO

GRANDES EXPECTATIVAS

Me educaron para triunfar y eso me convierte en una mujer de mi tiempo. Fui una hija de la generación de los *baby boomers*, fui adolescente con los *hippies*, triunfé y acumulé como un *yuppie*, fui madre pasados los treinta y, ahora, en mitad de mi vida y de mi carrera, descubro que era miembro de la *clase ansiosa*. Mi proceso de crecimiento, increíblemente prolongado, me ha sido transmitido desde todos los ángulos posibles por la memoria, las revistas y, más aún, por la televisión. En todo momento he contado con fotografías de lo que se suponía debía estar haciendo, cuándo y cómo debía vestirme, y cómo darme cuenta de si estaba triunfando. En los momento críticos de mi vida, me dieron instrucciones específicas. No tenía más que abrir un periódico o una revista o conectar la caja cuadrada del rincón de la sala.

Como todas las chicas de clase media nacidas tras la segunda guerra mundial, mis amigas y yo fuimos educadas como herederas de una abundancia anticipada, de la gran recompensa que resultaría de los extenuantes esfuerzos que habían hecho nuestros padres y madres. Nuestra generación recibió la tranquilidad de que no sólo habría un trozo de pastel para cada uno, sino que además habría ilimitados pasteles. Esta promesa de abundancia influyó en mis sensaciones acerca de qué es posible. En 1956, el año en que nací en el hospital Lennox Hill, habían nacido más bebés que nunca. La actividad económica crecía, el mundo cambiaba y las naves espaciales comenzaban a surcar el espacio. Papá trabajaba hasta tarde; mamá se quedaba en casa y preparaba dulces de cumpleaños con formas de trenes y elefantes. Crecí junto a la Exposición Universal y su visión del futuro tecnológico, y con los Beatles y los Rolling Stones.

Viví una vida definida por las pertenencias y las apariencias: tenía mi propio cuarto, mi equipo de música, mi bicicleta, una mensualidad. No conocí ninguna época sin televisor, teléfono o cámaras instantáneas. Mis amigas y yo aprendimos a vestirnos de manera semejante, a comprar en las mismas tiendas de los mismos centros comerciales y a comer comida que sabía igual en uno u otro restaurante. En la pequeña ciudad donde yo vivía, las mujeres divorciadas todavía eran señaladas y probablemente se las consideraba desdichadas. Se hablaba del cáncer en un murmullo y con eufemismos, y todos tenían (o se supone que deseaban) un hermano, un perro, un lavaplatos y un auto último modelo.

Crecí conociendo la relación entre la protesta y el cambio. Mi televisor me habló de desmilitarización y

manifestaciones, y mis maestros me dijeron que podía hacer los mismos trabajos que un hombre. En 1972
se dictó una ley que decía que tenía el derecho consti-
tucional de asistir a la universidad que quisiese. En mi
corta vida había visto cómo caían muros y cambiaban
costumbres. El mensaje era: todo lo que pida será mío.

Aunque según el momento en que nací formé parte de la segunda mitad de mi generación, de todos
modos pasé a engrosar las cifras que modificaron y finalmente quebraron las expectativas de las mujeres en
la cultura occidental. Los idealistas de los años sesenta
fueron mis modelos tanto como mis padres. Sus sueños
fueron los sueños de mi generación. Nosotros no queríamos ser ni actuar como nuestros padres. No íbamos a vivir como ellos. No íbamos a terminar en empleos sin futuro ni a quedarnos en casa a preparar cazuelas de atún. Los
hombres no iban a tener ataques cardíacos ni crisis de la
edad madura. Las mujeres no íbamos a quedarnos solas en casa, encadenadas a un matrimonio desdichado
y dependiendo económicamente de un hombre.

Todo iba a ser brillante para mí y para mis pares.
Íbamos a vivir una vida de interminables triunfos. Debido a esta certeza no advertí las señales de peligro que
se encendieron frente a mí en el curso de mi vida. No
las percibí hasta que llegué a la meta, y por eso en el
camino perdí una parte de mí.

GRANDES EXPECTATIVAS

En 1961, cuando tenía cinco años, ser una bailari-
na era un objetivo profesional perfectamente aceptable

(también lo era ser princesa y, si íbamos a lo práctico, ser maestra o enfermera). En realidad no importaba, porque se suponía que iba a casarme e iba a pasar el resto de mi vida criando a mis hijos y atendiendo a mi marido. En cambio, en 1971 ninguna de esas suposiciones era válida. En menos de lo que canta un gallo todas las expectativas y oportunidades para las chicas habían cambiado. Yo había sido una niña con un conjunto determinado de posibilidades y había pasado a ser una joven con un abanico de oportunidades totalmente diferente. En la época en que mis amigas y yo compramos el primer corpiño, se había producido una revolución. Ya no estábamos conformes con el estrecho mundo de nuestras madres y podíamos hacer las cosas importantes que hacían nuestros padres. Íbamos a ser médicas, abogadas, profesoras, periodistas o estrellas de rock. Sólo Janine Gold dijo que quería ser esposa y madre y que iba a tener una casa verdaderamente grande en una zona residencial. Pero Janine Gold llevaba conjuntos caros a clase y tenía un bolso de Gucci auténtico. Era extravagante y la despreciábamos. En realidad, nosotras, las que usábamos pantalones gastados y con parches y no usábamos corpiño, también teníamos el deseo de ser esposas y madres, pero no nos centrábamos en eso. Una familia era un don, no un objetivo.

Cuando estudiaba en la secundaria y estaba a punto de entrar en la universidad, le pregunté a mi padre qué pensaba que debía hacer yo con mi vida y él me respondió: "Puedes hacer cualquier cosa con tal que te haga feliz. Puedes ser lo que desees". Era el mismo mensaje que había escuchado de las feministas. Si bien yo no tenía madre, mis amigas tenían las suyas y todas ellas las instaban a tener vidas mejores y más importantes. Como resultado de todo esto, nosotras aspirábamos a vidas en las que reuniríamos los logros de nuestros padres y el cariño de nuestras madres. Mientras nos educábamos forjamos esas expectativas. Nada nos detendría. *Lo tendríamos todo.*

Y durante un largo tiempo lo tuvimos. Después de todo, disfrutamos de la adolescencia más larga de la historia. Mientras nuestras madres se habían casado y habían dado a luz a los veinticinco, nosotras hacíamos uso de los métodos de control de la natalidad, vivíamos con nuestros novios en nuestro apartamento; conseguíamos nuestros primeros ascensos o nos graduábamos como abogadas. Conseguíamos los mismos empleos con la misma independencia y las mismas oportunidades que nuestros hermanos. Nuestro trabajo era interesante. Comenzábamos a saborear los primeros privilegios de una vida de éxito. Todavía recuerdo el encanto con que extraje mi primera tarjeta de crédito o el placer con el que invité por primera vez a alguien a una oficina que tenía una puerta. (Está bien: antes había sido un depósito, no tenía ventana y estaba justo detrás de la fuente de agua, de modo que yo debía trabajar con el ruido del motor que se encendía y se apagaba durante todo el día, pero era mi oficina, toda para mí.) Era maravilloso tomar decisiones en el trabajo, ayudar a nuestros pares y producir cosas que la gente necesitaba o quería. Viajábamos, teníamos nuestras propias cuentas bancarias y nos vestíamos como queríamos. Nos refugiábamos en nuestras casas, decoradas al gusto nuestro. Nos casamos más tarde, tuvimos hijos más tarde y demoramos nuestras responsabilidades. Experimentamos un bienestar que otras generaciones ni imaginaron, en parte por la época de expansión económica y en parte porque, si teníamos un compañero, probablemente teníamos dos ingresos. Esta riqueza nos permitió usar el dinero para disimular los problemas. Hasta nos las arreglamos para llegar a la madurez una década más tarde. Nuestro éxito reforzó nuestros sentimientos de invulnerabilidad. Trabajamos mucho. Apostamos el todo por el todo. Nos identificamos con lo que hacíamos. Nos valoramos según nuestras contribuciones, nuestros ascensos, nuestras posibilidades. Habría ya tiempo para las cuestiones familiares. Las dejamos para después.

Aunque ahora me cueste admitirlo, pensaba que el resto de mi vida iba a ser como esos tiempos y que no haría más que sumar riqueza, trabajar cuando quisiera y dejar de hacerlo cuando me pareciera. Creía que podría tener un buen empleo, trabajar para mejorar el mundo, y que además sería rica y tendría hijos. No me preocupaba por las consecuencias de las decisiones que tomaba o no. Las consecuencias eran parte del mundo de mis padres: no del mío.

Cuando confieso estas cosas, Gloria Steinem ríe y se maravilla pensando que las mujeres de mi generación pensaban que podían tenerlo todo: "Si midieran un dólar por cada vez que dijimos que ustedes no podríais hacerlo todo, sería rica", dice meneando la cabeza. "Mírame. Yo no tengo todo. Nunca tuve ni quise tener hijos. Además, sé que de haberlos tenido no hubiese hecho las cosas que hice." Ella y las demás fundadoras de los movimientos feministas repetían una y otra vez mensajes que nosotras decidimos no escuchar, porque echaban por tierra nuestros sentimientos de omnipotencia.

Ellas decían que no había manera de que una mujer disfrutara de todas las ventajas del mundo personal y del mundo profesional. Esto no era posible por la manera como esos mundos estaban estructurados. La economía dependía de la segregación y de la división del trabajo tanto pagado como no pagado. La familia también estaba construida en torno de eso. Había dos culturas diferentes, dos mundos distintos. Había dos identidades distintas. Sugerían que podíamos pensar en la identidad de la mujer como si fuese la de un inmigrante. Si queríamos encajar en la cultura masculina de los negocios y el éxito, teníamos que renunciar a gran parte de la nuestra. El objetivo era, por lo tanto, transformar esa cultura de modo tal que tanto los hombres como las mujeres pudiesen tener familias, vidas personales y trabajo al mismo tiempo.

Sin embargo, éste no era el mensaje que yo solía escuchar cuando era joven y me formaba mis expectativas para la vida. Como muchas de mis amigas, yo no sólo sentía que podía hacerlo todo, sino que creía que *debía* hacerlo todo. Se trataba casi de un imperativo moral: debíamos triunfar en todo porque habíamos accedido a oportunidades sin precedentes por las cuales el mundo había luchado. Oportunidades que a nuestras madres les hubiese gustado tener. Podíamos hacerlo. Si trabajábamos suficiente. Si éramos suficientemente eficientes. Sin embargo, cuando llegamos a los treinta y a los cuarenta, ese mundo de satisfacción y plenitud, lleno de estímulos intelectuales y de comodidades no había llegado. Estábamos llenas de deudas, siempre corriendo y jugando una especie de juego de póquer continuo en el cual negociábamos un trozo de vida para obtener otro. El sueño era posible sólo en algunos momentos, y éstos empequeñecían a medida que nuestras obligaciones en casa y en el trabajo aumentaban. Además, nos sentíamos peor porque en muchas ocasiones las recompensas no justificaban el esfuerzo realizado. Cada vez trabajábamos más para que todo saliese bien, conforme a nuestros sueños y expectativas. Durante un tiempo la vida había sido perfecta. Luego comenzamos a darnos cuenta de que en realidad no íbamos a tenerlo todo, pero no podíamos cambiar nuestros sueños y expectativas sin sentir que íbamos a perder algo que valorábamos mucho.

EL MOMENTO DE LA VERDAD: LAS MUJERES DE LA ÉPOCA DEL BABY BOOM EN LA MADUREZ

Los días buenos, cuando todas las cuentas están pagadas, cuando sé que hice méritos en una reunión de trabajo, no comí demasiado a causa de mi ansiedad y los niños durmieron toda la noche, siento que soy la persona más afortunada del mundo y que puedo hacer todas las cosas que componen mi vida. Me siento vital y poderosa. Soy invencible. No así los días malos, cuando a cada minuto sucede algo anormal, cuando siento que voy a aparecer ahogada en un tanque de agua si me preguntan algo tan sencillo como: "Querida, ¿has visto mi corbata verde?" Al tratar de vivir mi vida me siento como en una cámara de resonancia, donde al mismo tiempo escucho las instrucciones del presente real y las de un pasado de sueños: las de la época en que me gradué en la universidad, hace ya veinte años. Yo me muevo al compás de la música discordante de este dúo dispar, tratando de darme cuenta de lo que debo esperar de mí misma, de mi trabajo y de los demás.

Ser *realistas* significa aceptar las consecuencias de las elecciones que hemos hecho en la vida. Esta sabiduría sólo llega con la experiencia. Es necesario valorar las concesiones, aceptar los límites reales (internos y externos) y rendirse frente al reloj. Hubo tres importantes hechos que nos llevaron a ser más *realistas*: a medida que fuimos madurando, comenzamos a valorar como importantes otras cosas. Comprendimos que el mundo del éxito funciona mejor cuando uno es un hombre casado o si trabaja como si lo fuese. Comprendimos también que el trabajo no es igual que cuando comenzamos nuestras carreras. Además, nos sentimos heridas. A la mayor parte de nosotras le encanta lo que hace y no querría dejar de hacerlo. Sin embargo, no nos gusta el modo como funcionan las empresas. Estamos cada vez más hartas de las políticas tontas y de las cargas insoportables de trabajo. Estamos cansadas de trabajar cada vez más para obtener cada vez menos satisfacciones. Queremos trabajar de un modo más humano, con más respeto, reconocimiento y flexibilidad. No deseamos que nos castiguen por desear una vida personal y no queremos que se nos exija tomar decisiones drásticas con respecto al futuro.

Nuestras vidas personales tampoco son lo que imaginamos. No sólo no esperábamos trabajar tanto sino que tampoco suponíamos que nuestros esposos (si los teníamos) iban a caer víctimas de las reestructuraciones. Aun cuando hayamos esperado un príncipe y éste haya llegado, lo más probable es que el príncipe necesite nuestros ingresos tanto como los suyos. Aprendimos que trabajar también significaba la *obligación de trabajar*. Quisiéramos hacerlo o no —y la mayoría de nosotras quería—, pronto nos dimos cuenta de que la elección se había convertido en una necesidad. Como muchas de nosotras dimos prioridad a nuestra carrera, llegamos a la mitad de la vida y nos dimos cuenta de que no habíamos tenido tiempo para casarnos ni para tener hijos. Las que formaron familias, en cambio, no sólo tuvieron que hacer lo que habían hecho sus madres, sino también lo que habían llevado a cabo sus padres. Eso no era exactamente lo que teníamos en mente al comenzar.

Para las mujeres es muy difícil hablar de estas decepciones. Pensamos que nos van a considerar quejicas, herejes o envidiosas de la generación de nuestras madres. Sin embargo, cuando el tema aparece en las entrevistas, la mayor parte de las mujeres admite, después de disculparse, que en realidad no esperaba tener que hacerse cargo de *todo*, aunque pensara que podía. Además, confiesan que están agotadas de llevarlo a cabo. Aunque su ingreso no sea el principal —y más de la mitad de las mujeres encuestadas dijo que sí lo era, lo cual coincide con otras encuestas nacionales[1]—, dada la casa en que vivían o el auto que tenían o la necesidad de dar una buena educación a los hijos, están obligadas a mantener sus trabajos si quieren mantener el nivel de vida. Ninguna de estas mujeres dice desear el tipo de vida que llevaba su madre. Ninguna quiere volver a la dependencia. Todas dicen que su trabajo ha sido la semilla de lo que son y la base de su autoestima. Aunque no quieren dejar de trabajar, comentan que la obligación de hacerlo las agobia.

Sara Ann Friedman, autora de *Work Matters: Women Talk about their Jobs and Lives*, observó cómo su hija Diana intentaba conciliar sus expectativas[2]: "Sí, mi hija y las mujeres de su generación trabajan y se esfuerzan. Sí, ella está enojada y frustrada, y desea tener más tiempo libre. Sí, ella pertenece a una generación desilusionada, a la que se le negaron los mitos de la maternidad que todo lo satisfacía y de la supermamá que lo realizaba todo. Sí, ella trabaja porque tiene que hacerlo. Esa necesidad es tanto psíquica como financiera. El trabajo es una parte integral y permanente de su vida. Su mundo contiene posibilidades, oportunidades y deseos que eran inconcebibles para una mujer de antes, aunque tuviese una educación. Ese mundo está a galaxias de distancia del mío a su edad. Para Diana y las mujeres de su edad no hay una falsa expectativa. Saben, a diferencia de nosotras, que las elecciones son más fantasía que realidad. También comprenden que, aunque tengan que resolver el problema del equilibrio entre el trabajo y la familia, ella no tiene la culpa. El inconveniente no se debe a su egoísmo o a su incapacidad. El problema es que, aunque todo ha cambiado, nada ha cambiado".

Ésta es la realidad para la generación del *baby boom*, que está llegando a la madurez: todo ha cambiado y nada ha cambiado. Hemos alterado muchas cosas, pero no hemos modificado la cultura del trabajo. Actualmente, la ideología de los jóvenes está a tres décadas de distancia de la idea de matar a todos los de más de treinta años, justo en el momento en que nosotros llegamos a la madurez de nuestras vidas y de nuestras carreras. Las reglas de las empresas comienzan a irritarnos y los valores que tenían mucho sentido para nuestros padres ya no son importantes para nosotros. A medida que llegamos al punto en que los horizontes de nuestras carreras se estrechan, nos damos cuenta de que la vida también tiene sus límites. Comprendemos que no vamos a tenerlo todo y que Gloria Steinem tenía razón. Hemos llegado a esta conclusión tras muchas sutiles transacciones que no nos llevaron a donde queríamos. Hemos tenido éxito pero no hemos obtenido el placer que creíamos que lo acompañaba. Con la claridad que nos da la experiencia, sabemos que, si deseamos satisfacción, deberemos hacer grandes cambios en nuestras vidas antes de que sea demasiado tarde.

Nos damos cuenta de que, si bien nuestras vidas difieren mucho de las de nuestros padres, las instituciones que nos rodean no han cambiado tanto como nosotros. Nos llevó décadas darnos cuenta de que el hecho de que un dentista tenga el mismo horario de atención que un banco está señalando un choque de expectativas, papeles y valores. En alguna medida la sociedad sigue esperando que una mujer banquera acompañe a sus hijos al dentista. Ella misma desea estar allí. Sin embargo, esa misma sociedad espera que esté presente en una importante reunión a las tres. Ella también quiere estar. Si se toma la tarde para acompañar a sus hijos, perjudica su trabajo. Si no lo hace, daña a sus hijos. Lo más probable es que falte donde falte se sentirá culpable. También es posible que se enoje porque no aprovecha la oportunidad de estar junto a sus hijos, pero de todos modos no le darán el ascenso que espera. Además, aunque se lo den, lo único que le estarán dando será la oportunidad de trabajar aún más.

No tomamos conciencia de estos conflictos en nuestros primeros años de trabajo. Nos llevó tiempo llegar a ellos. Para cuando lo hicimos, ya habíamos invertido mucho: teníamos una historia de diez, quince o veinte años de trabajo. Nos sentíamos demasiado abrumadas y asustadas como para cambiar. A medida que nuestros horizontes se fueron restringiendo y nuestras estrías multiplicando, llegamos a la cima de nuestras carreras. Las alternativas —o la falta de ellas— se hicieron dolorosamente claras. Algunas mujeres en esa situación se ven tentadas de volver al pasado y revivir a ese mundo en el cual los hombres trabajaban y las mujeres cuidaban de la familia. Sin embargo, la mayor parte de las mujeres, después de habernos ganado el derecho a trabajar y de haber demostrado que podíamos triunfar, de haber disfrutado de los desafíos intelectuales y de la libertad de expresión, así como de las tarjetas de la empresa y de las cuentas bancarias propias, no estamos dispuestas a dejar de trabajar. Después de todo, hasta nuestra identidad se basa en lo que hacemos. No obstante, en la plenitud de nuestra carrera, nos preguntamos acerca de nuestra vida y nuestros valores.

Ya no damos la misma importancia a las cosas. A medida que envejecemos ya no nos interesa una tarjeta de presentación impactante u otro signo de éxito. Más bien buscamos cosas más duraderas como la amistad, la familia, la tranquilidad y el tiempo libre. Ya sea movidas por circunstancias exteriores o por conflictos internos, las mujeres estamos haciendo una pausa para evaluar qué cosas nos importan y qué podemos hacer al respecto antes de que sea demasiado tarde. La historia de cada una nos cuenta una versión de este problema, pero quizá la más clara sea la de Jane.

CUANDO CAMBIA EL ORDEN DE IMPORTANCIA

Todas las personas que conocen a Jane la consideran la persona más cuerda que conocen. Ella es la clase de persona a quien uno consulta cuando desea que le recomienden un restaurante o un médico verdaderamente bueno, o quiere que lo aconsejen bien. Ella disfruta de la diversión, de la buena comida y de la buena compañía. Es muy buena con sus dos hijastros y cuida bien de sus padres ancianos. Hace las cosas a su manera y, a los cuarenta y cinco años, se conoce bien.

"Soy, quizá, la persona menos propensa a correr riesgos" —admite—. "La seguridad es muy importante para mí. Me importa tener el futuro asegurado y saber que no me faltará el dinero, aunque haya una crisis. Nunca me promocioné a mí misma. Eso no es parte de mi naturaleza."

A Jane le gusta el trabajo editorial que viene realizando desde hace veintidós años. "Comenzó como un trabajo de verano. Todos los empleos son provisionales cuando uno tiene veintidós años." Ríe cuando le preguntamos en qué momento ese trabajo de verano se convirtió en su carrera: "Sucedió al acabar el verano. Sabía que no me movería de allí. Era la mejor cosa que había hecho. Tenía un jefe maravilloso, que era el clásico mentor. Él me ponía las cosas enfrente y me preguntaba: '¿Sabes qué es esto? ¿Sabes qué significa?' Era mucho más divertido que estudiar, que era lo único que yo había hecho hasta el momento. Era estimulante y estaba rodeada por un grupo de personas brillantes de mi misma edad."

Jane trabajaba todo el tiempo. Tenía que tranquilizar a su padre, que estaba más preocupado por eso que por el hecho de que no tuviese marido, y explicarle que *todas las personas que ella conocía* trabajaban todo el tiempo. A ella le encantaba esa vida. No tenía televisión ni equipo de música y sólo salía con hombres que no fuesen candidatos a maridos. Su vida comenzó a abrirse cuando se compró una casa a los treinta y cuatro años. ("Por supuesto que tenía el dinero: trabajaba todo el tiempo y no gastaba nada.") Comenzó a practicar submarinismo y a decorar su casa. Ése resultó ser también el momento más feliz de su carrera. "No sólo editaba libros, sino que escribía artículos que se publicaban en todo el país. Encontraba comentarios acerca de mis artículos en todos los periódicos, y eso realmente me halagaba. También logré que mi empresa comenzara a publicar libros de cocina, y como no estaban conformes con el diseño gráfico que tenían, comencé a hacerme cargo de la parte fotográfica. Fue una época maravillosa. Ocurrían muchas cosas. Fue un período satisfactorio y creativo. Me sentía identificada con lo que hacía para vivir."

La carrera de Jane estuvo marcada por un progreso creciente y un aumento constante de las responsabilidades. Cada vez los trabajos eran más importantes e incorporaba nuevas editoriales. Corría el fin de los años ochenta y la industria editorial se iba transformando gracias a una serie de nuevas adquisiciones. Las empresas pequeñas eran compradas por las grandes corporaciones. "Me gusta contar esta historia" —dice Jane, suspirando—. "Cuando tenía veintidós años trabajaba para el jefe de redacción, que a su vez trabajaba para el dueño de la empresa. Veintidós años más tarde era vicepresidente y jefe de redacción de una división que manejaba setenta y nueve millones de dólares. Trabajaba para el presidente que, a su vez, trabajaba para el presidente de un grupo que a la vez trabajaba para el vicepresidente ejecutivo de un consorcio, que a su vez... Podéis imaginar el cuadro."

Para Jane eso significó el fin de una comunidad y por lo tanto el fin de su propósito comunitario. "El trabajo comenzó a carecer de finalidad —contaba con tristeza—. "Yo no quería ascender al nivel siguiente. Me gustaba lo que hacía y me sentía feliz de hacerlo, pero no quería seguir realizándolo cada vez con menos propósito. No podía dedicar suficiente atención a la publicación de trescientos títulos anuales y además comprometerme con la compra de setecientos libros más. Iba a tres reuniones editoriales por semana y me parecía que vivía dentro de una reunión. Sin embargo, no lograba sentirme mejor. Estaba cada vez más agotada."

Jane comenzó a sentir que corría cada vez más para quedarse siempre en el mismo lugar. Veía cómo algunos editores producían asombrosos *best sellers* para sus empresas para obtener solamente una palmadita en la espalda y la pregunta: "¿y qué viene ahora?" Veía cómo su empresa devoraba a otra más pequeña y cómo era a su vez devorada por una tercera, todo en el mismo año. Comenzó a desear más tranquilidad. Ella y su esposo tomaban cada vez más vacaciones y se iban lejos para estar en contacto con la naturaleza. Empezó a comprender que se habían dedicado tan sólo a sostener un estilo de vida y sintió que eso no valía la pena: "No tenía sustancia y era como un gato que trata de atrapar su propia cola. No íbamos a ninguna parte ni lográbamos nada. No aumentaba nuestro coeficiente intelectual. No nos volvía más astutos. Más bien nos atontaba. Trabajábamos como locos toda la semana. Nos íbamos a nuestra casa de fin de semana, por la cual pagábamos una fortuna, para caer extenuados allí. Estábamos tan adormecidos que ni siquiera podíamos hablar. Habíamos perdido el control. Estábamos trabajando cada vez más y disfrutando cada vez menos".

Una gran parte de la creciente desilusión de Jane tenía que ver con el crecimiento de la corporación. Sentía que existía una relación directa entre el tamaño de las empresas en las que trabajaba y su grado de insatisfacción. "El factor humano" —decía recordando a Graham Greene—. "No olvidéis el factor humano." Lo que había comenzado siendo una encantadora comunidad de personas maravillosas se había convertido en un enorme dinosaurio con un cerebro pequeño y lejano, que indicaba con el dedo hacia dónde moverse. "Mirad a lo que hemos llegado" —decía Jane con disgusto—. "Pasamos de cuarenta y tres a setenta y nueve millones de dólares en cuatro años. ¿A quién le importa? Una vez al año, en una reunión de ventas alguien se levanta y pronuncia un discurso." A medida que el reconocimiento y el objetivo común se iban disolviendo, para Jane iban desapareciendo la alegría y la motivación para trabajar.

Comenzó a sentirse subestimada. Debido al aumento de jerarquías en la pirámide, tenía cada vez más responsabilidades y menos autoridad. Agregaban a alguien al personal sin consultarle y ella tenía que despedirlo un año después, tras un costoso entrenamiento. Tenía la responsabilidad de despedir al empleado pero no la autoridad para incorporarlo a su departamento. Comenzó a darse cuenta de que no podía resolver ni siquiera cuestiones simples sin tener que atravesar sucesivas autorizaciones. Ascender o reorganizar al personal era un engorro. Los presupuestos eran muy rígidos y ella no podía mejorar la calidad de vida de sus empleados. Se fue haciendo cada vez más cínica y, aunque seguía perteneciendo a un "equipo", comenzó a aislarse y a deprimirse.

Jane no tuvo un momento de revelación. Su decisión de realizar un cambio importante le llevó varios meses y tuvo que ver con la muerte de personas cercanas. En un mismo otoño perdió a una amiga por cáncer de colon y a otra por cáncer de estómago. Su vecina murió a causa del sida y la ex mujer de su esposo debido a un cáncer de ovario. Una representante de ventas y una agente amiga fallecieron por aneurismas cerebrales. Todas eran mujeres de menos de cincuenta y cinco años. Jane tenía miedo: "Durante ese otoño lleno de muertes, yo misma enfermé de neumonía. Comencé a pensar que mi vida tenía que ser más rica, que deseaba añadirle sentido y matices. Por primera vez sentí que, pese al trabajo, el dinero y los cargos, estaba fracasando".

Como si todo esto no hubiese sido suficiente, el marido de Jane fue relegado y obligado a irse de su empresa después de veinticinco años. "Él había ayudado a construir esa empresa" —contaba ella, resentida—, "y un nuevo grupo directivo dio todo por terminado. Fue horrible observar todo esto. Yo estaba aterrorizada pensando qué le sucedería a este hombre, que había dado tanto a esa empresa durante tanto tiempo. Me asustaba y me partía el corazón. Además, me descomponía."

Ella y su esposo comenzaron a pensar en establecer su propio negocio editorial o de envases. "En algún lugar podríamos triunfar de nuevo. Deseábamos que nuestro trabajo volviese a tener sentido y poder colaborar en algo." La semilla estaba plantada. Comenzaron a fantasear y a pensar cómo sería mudarse de Nueva York y cambiar de vida. "La cosa se convirtió casi en un juego. Nos sentamos entonces con un mapa y empezamos a pensar dónde nos gustaría vivir y cómo podríamos lograrlo."

Seis meses más tarde, después de una cuidadosa planificación económica, Jane dejó su trabajo y con su esposo emprendió camino, dejando atrás entre los dos cincuenta y cinco años de trabajo en empresas. "Por una parte dejábamos algo —cuenta ella—, y por otra íbamos en busca de algo. Lo que imagino no es radicalmente diferente, pero deseo una vida más rica. Las hebras de mi vida se habían vuelto demasiado finas y descoloridas. Yo creía que tenía en mis manos un enorme tapiz de personas y libros interesantes, pero, en realidad, al cabo del día me daba cuenta de que sólo había estado alimentando a una máquina. Quería recuperar esa sensación de trabajar en un tapiz. Espero que podré lograr algo nuevo."

Cuando Jane se fue, organizaron una magnífica fiesta en su honor. "Tuve una gran carrera" —dijo sonriendo—, "y la terminé con dignidad."

Muchas mujeres con quienes hablé me han contado una versión parecida a la historia de Jane. Ella se dio cuenta de lo que ocurría en su vida y lo vio desarrollarse durante un largo tiempo. Es posible que su amor hacia su profesión fuera constante, pero el entorno cambió tan radicalmente que, de haberse quedado en su puesto, Jane se hubiese sentido cada vez peor con ella misma. Las fusiones de empresas, las mayores responsabilidades, la disminución de autoridad, todo iba deshumanizando el clima. A medida que otras cosas se fueron haciendo más importantes para ella, Jane comenzó a no poder soportar la política y múltiples presiones del trabajo.

Jane hubiera experimentado un gran consuelo en caso de haber sabido que lo que le sucedía es algo típico de esa generación. En febrero de 1996, el *New York Times* dedicó seis historias consecutivas a la pérdida de confianza en las empresas que están experimentando los ejecutivos americanos. Una encuesta mundial llevada a cabo por Roper Starch en 1993 demostró que dos tercios de las mujeres profesionales habían modificado su idea del éxito y otros dos tercios pensaban que ganar dinero no era para ellas tan importante como lo había sido cinco años antes. Una encuesta realizada por Deloitte Touche en 1995 demostró que sólo el 2 por ciento de las mujeres profesionales y ejecutivas estaban muy satisfechas con su trabajo.[3] Solamente el 7 por ciento de las mujeres encuestadas admitió llevar a cabo su trabajo por dinero. Cuando las condiciones hacen difícil que el trabajo sea bueno, las mujeres como Jane se sienten cada vez más desmoralizadas. La pasión por el trabajo se va diluyendo. A menudo se hunden y rinden cada vez menos, lo que a su vez socava su autoestima. En resumen: nada lo compensa, ni el dinero, ni los ascensos. La única posibilidad es trabajar de otra manera, en condiciones diferentes. El problema es que esos otros contextos no suelen ofrecer remuneraciones tan buenas como las corporaciones. Las mujeres terminan teniendo que elegir entre su vida profesional y su vida personal.

Por regla general, a estas mujeres les esperan veinte años de trabajo. Muchas de ellas dicen que ante esa sola idea sienten deseos de saltar por la ventana —si es que logran abrirla. La persecución de los objetivos se ha convertido en el seguimiento de una rutina. La escala del éxito se ha estrechado. Cada vez hay menos oportunidades. Además, esas posibilidades suelen dárselas más a los hombres, aunque tengan menos condiciones. Comenzamos entonces a preguntarnos si vale la pena. Empezamos a tratar de averiguar qué es lo más importante y lo que deseamos para el resto de nuestra vida. A través de los años, tal como Jane, tuvimos altas metas para nosotros y para nuestro trabajo. Sin embargo, en cuanto el ambiente de la oficina nos impidió trabajar bien, comenzamos a deprimirnos y a sentirnos frustradas.

Muchas mujeres llegan hasta este punto y aceptan que *así es la vida*. Otras, en cambio, deciden cambiar su relación con el trabajo. Algunas, como Jane, cambian directamente las condiciones laborales. Todas tienen que descubrir quiénes son y cómo definen el éxito para poder volver a negociar el contrato emocional que han hecho con su carrera. Al margen de cúal sea la decisión, habrá cambios.

Cuando comenzamos a descubrir que no somos inmortales, acusamos el impacto. Barbara Ehrenreich, socióloga y escritora, dice: "Existe una razón generacional por la cual las mujeres han comenzado a cuestionar el éxito convencional: las pioneras americanas de la carrera de ejecutiva están llegando a la famosa crisis de la madurez. El trabajo y la vida equilibrada son necesidades humanas genuinas. Como sucede con todas las necesidades, se pueden reprimir o ignorar durante años, pero tarde o temprano se imponen".[4]

Cuando Jane comenzó a experimentar la vulnerabilidad de la mortalidad, sus prioridades cambiaron. La importancia de las cosas cambió. Se modificó la valoración que ella hacía de su tiempo, su vida y sus relaciones. Mientras tanto, su vida permanecía casi igual, hasta que se dio cuenta de que temía más a lo que sucedería si no hacía algunos cambios que a lo que pasaría si los hacía.

La historia de Jane señala mi búsqueda de valores como el equilibrio y la plenitud. Ayuda a comprender lo torcida que puede estar nuestra vida cuando trabajamos en un mundo de hombres siendo mujeres, pero bajo condiciones impuestas por los hombres. Es posible que nos admitan en los trabajos, pero también que no hayan cambiado su modo de operar ni las recompensas que ofrecen. El lugar de trabajo sigue siendo un lugar segregado. Está construido para hombres con esposas de tiempo completo que se ocupan de los demás aspectos de la vida. Refleja la necesidad que tienen los hombres de ser valorados por lo que hacen y no por lo que son. Junto con la oportunidad de trabajar codo con codo con los hombres, nos dan su sistema de valores y su manera de juzgar si están haciéndolo bien o no. Eso explica por qué muchas mujeres dicen que, habiendo realizado las tareas que les han encomendado, exteriormente se sienten triunfadoras pero interiormente vacías.

Sin embargo, hemos llegado hasta aquí y no queremos regresar al mundo de nuestras madres. El trabajo es primordial para nosotras. Necesitamos y deseamos la independencia y la satisfacción que nos ofrece. La mayoría de nosotras sostenemos que el contenido de nuestro trabajo no tiene nada de malo. Son el contexto y la forma los que necesitan una revisión radical si deseamos que se acomoden a nuestras vidas de una manera equilibrada. Nosotras no somos como nuestras madres. Esa generación de postguerra ha fijado en el mundo del trabajo una estructura poco realista que sólo se acomoda a una pequeña porción de la población del mundo.

En medio de nuestro camino hay mucho tiempo para cambiar. Podemos asumir el rumbo de nuestras vidas. La mitad de la vida y la carrera no son puntos exactos en el espacio sino actitudes y sentimientos. Podemos hacer nuevos contratos con nuestros trabajos y comenzar de nuevo en mitad de lo que estamos haciendo. El proceso de cambio, no obstante, siempre acarrea dolor. Nos movemos en medio de la ambigüedad, sintiéndonos un momento enormes y poco después diminutas. Es difícil abandonar la idea de la inmortalidad.

Por todo eso, esta generación de mujeres está lanzándose a navegar en aguas turbulentas, esperando encontrar la libertad para trabajar y para disfrutar de los amigos y la familia. Los barcos, sin embargo, están hechos con materiales viejos. Los construimos con los valores y las suposiciones que teníamos cuando éramos niñas. Ellos quieren controlar nuestro curso y nuestro avance. Para ver claramente hacia delante, debemos conocer las instrucciones que nos están dando.

CAPÍTULO DOS

CUANDO EL TRABAJO SE CONVIERTE EN IDENTIDAD

Para el momento en que me quité el aparato de los dientes, el mensaje ya estaba inscrito en mi materia gris: la buena vida se obtiene a través de una carrera próspera o casándose con un hombre que la tenga. Para el momento en que comencé a trabajar, nadie hablaba, demasiado acerca de un entrenamiento para ser esposa, aunque en el resto de mi educación habían dejado un halo de *por si acaso*. Estas señales contradictorias crearon algunos cuadros muy sesgados dentro de mí. Mi tía y mi abuela nos enseñaron a mi prima Ginger y a mí a tejer y a bordar. Mi tío se concentró en enseñarnos a pescar y a esquiar. Papá me ayudó con el golf y el tenis. Aprendí la importancia de ser una interlocutora comprensiva, una mujer bien vestida y una cocinera *gourmet*. Ésa era la clase de mujeres que lograban concitar la atención de mi padre, y él era, según me informaron, algo muy codiciado: un hombre con éxito.

Aprendí que mi aspecto tendría bastante que ver con mi futuro en el mundo del éxito. Los diez kilos de más que llevaba conmigo tras mi graduación —resultado de mi angustia social y académica— produjeron pánico en papá. Aunque acudiera a casa con muchos sobresalientes, si venían acompañados de grasa no valían demasiado. Aunque me habían dicho que podría ser lo que quisiera y hacer lo que deseara, detrás de esas afirmaciones seguía vigente la convicción oculta de que la sociedad me juzgaría según mi capacidad para atraer a un hombre y según el tipo de esposa y madre que resultara.

Aunque todas nos preocupábamos por nuestro peso, nuestras ropas y el baile, la mayor parte las chicas de la promoción del setenta y cuatro estábamos principalmente interesadas en acumular triunfos mensurables y obtener altas calificaciones para el ingreso a la universidad. Pronto nos dimos cuenta de que se acrecentaban las posibilidades de logros personales. Aprendimos que se podía medir nuestra calidad según las notas que lleváramos a casa, luego según el diploma que obtuviéramos, más adelante por el grado de atractivo y de perspectiva económica que ofreciese el hombre que nos acompañara a la cena del Día de Acción de Gracias y finalmente por el cargo que evidenciara nuestra tarjeta de presentación y el sueldo que ganáramos.

Sabíamos cuál era la apariencia de éxito: debíamos casarnos como nuestras madres y tener carreras como nuestros padres. Para la época en que nos graduamos en la universidad, mis amigas y yo estábamos completamente convencidas de que nuestra felicidad, nuestro éxito y hasta nuestra identidad dependerían de nuestro propio esfuerzo y no de nuestro esposo. También sabíamos que sin privilegios especiales o recompensas económicas el trabajo era tan sólo eso: trabajo. Queríamos más que eso. Queríamos un trabajo que tuviese sentido e importancia, un trabajo que significase una verdadera contribución. Queríamos triunfar como lo habían hecho nuestros padres: ésa era nuestra definición de un buen trabajo.

Ni a mí ni a ninguna de las mujeres que conocía se nos ocurrió desafiar a nuestra cultura con una imagen demasiado materialista de la vida exitosa. Teníamos, por supuesto, ideales de los sesenta, pero hasta los más idealistas estaban trabajando en Wall Street en la época en que me gradué en la universidad. Suponía que el dinero alfombraba el camino hacia la felicidad y me abría un mundo de independencia. Un buen trabajo significaba viajar, ser vicepresidente y ganar lo suficiente como para no tener que depender de un esposo, aunque él pudiera mantenerme. El éxito significaba también tener una oficina en el piso treinta y dos de la Sexta Avenida y la calle cincuenta de Manhattan, con un diván sueco y un sillón haciendo juego. Así como yo había visto a mi padre sentado en su escritorio rodeado de colaboradores, con un whisky en la mano, tras un día difícil, me parecía evidente que el éxito era el mejor fruto del árbol de las oportunidades. El éxito de mi padre había sido tan brillante que yo parecía vivir con el reflejo de su luz. Cuando hablaba a los padres de mis amigas acerca de lo que hacía mi padre, podía leer la

aprobación en las miradas de ellos. No sólo lo aproba-
ban a él. También a mí. A cambio, él le daba todo a su
carrera.

Por mi padre aprendí los valores del éxito. Tenerlo nos da estabilidad, aceptación, seguridad. El éxito era
una extraña combinación de poder, deber y sacrificio. Yo
me daba cuenta de que, aun cuando se sintiera preso de
su trabajo y su responsabilidad, mi padre perseveraba.
Yo aprendí a admirar el carácter de ese hombre que
vencía al estrés. Asimilé que los días lejos de su casa y
las noches que pasaba trabajando eran parte de lo que
daba a cambio de la identidad y la seguridad. Era un
precio que mi padre parecía estar conforme con pagar y
que se esperaba que pagase. Trabajaba como una forma
de amor, de darme a mí una vida mejor que la que él
había tenido, de darme todo lo que yo quisiese o nece-
sitase. Yo apreciaba esa transacción: me quitaban la presencia de mi padre en aras de la más noble de las causas,
es decir, mi felicidad y mi bienestar. Yo creía que el éxito
de él y la calidad de mi vida estaban íntimamente relacionados. Yo veía que estaba bien trabajar para ser importante: tan importante como yo también llegué a ser.

Lejos de ir en contra de este modelo, yo, al igual
que muchas otras jóvenes, quise triunfar dentro de él,
para romper su exclusividad, disfrutar de sus privilegios y alcanzar los beneficios para nosotras. Al comienzo de nuestras carreras, cuando no teníamos otras responsabilidades más que nosotras mismas, nos lanzamos
al trabajo con la misma pasión con que nos lanzábamos
a una aventura amorosa. Ir a la oficina cada día era algo muy atractivo. Queríamos complacer a la gente y
éramos recompensadas con nuevas tareas, mayores

responsabilidades y más autonomía. Comenzamos a sentir el impacto: formábamos parte de algo más grande que nosotras. No cuestionábamos nada. El trabajo nos daba la posibilidad de convertirnos en adultas. A juzgar por el progreso tal como se entiende convencionalmente —ascensos, mayores niveles de responsabilidad—, todo iba viento en popa. Teníamos el éxito por delante. "El mayor error que cometió el movimiento feminista" —decía Jane— "fue no cuestionar el modelo masculino de éxito. Ibamos a trabajar, perseguíamos nuestras metas y no cuestionábamos los valores. Hasta nos poníamos esos absurdos trajecitos." No pensamos en que a medida que fuésemos ampliando nuestras vidas fuera de la oficina se nos haría cada vez más difícil sostener el éxito. Éramos jóvenes e inmortales y estábamos enamoradas de nuestros trabajos. No nos dábamos cuenta de que la naturaleza de los lugares de trabajo y los requerimientos para el éxito no habían cambiado. Sólo se habían vuelto mixtos.

Al mismo tiempo que mi generación comenzaba a ser importante en el mundo, el movimiento feminista inició una nueva etapa: "A comienzos de los años setenta, lo que sucedía a las mujeres en el trabajo tomó un nuevo rumbo" —dice Idelisse Malavé, ex vicepresidenta de la fundación Ms, y actual dirigente de la fundación Tides—. "El feminismo se centró en la igualdad de derechos. Decía: 'Todos somos iguales y eso significa que si tú tienes X, yo puedo tener X'. Eso estaba bien. El problema es que se sostenía que había que desear lo que tenía la clase dominante, y así todo el mundo entró de algún modo en un sistema de opresión. Estaba bien pensar que si los hombres trabajaban a las mujeres no se les debía negar la oportunidad de hacerlo también, pero esto se hizo sin reflexionar. Lo hicimos sin preguntarnos: *¿Es esto lo que deseo? ¿Vale la pena?* Es como mirar a la gente rica y suponer que todo lo que ellos tienen es maravilloso. Está bien: muchas de las cosas que tienen son fantásticas, pero otras no lo son tanto."

Así salimos a trabajar en busca del éxito. Hubo muchas cosas buenas, pero otras no tanto.

Logros

Nadie los conoce mejor que Ellie Daniels. El trabajo de Ellie como vicepresidenta de una empresa de corredores de bolsa la llevó por todo el mundo. Pudo comprar una casa propia, tener un buen seguro de vejez, vacaciones de esquí, casa de veraneo y hacer obras de caridad que significaban mucho para ella. Cuando le preguntamos qué significa para ella el éxito, ríe: "Yo lo compré. Compré toda esta cuestión de la carrera. Yo me sentía muy menospreciada por mi padre, que solía decir cosas tales como: 'Si nos quedamos sin dinero, sólo los varones irán a la universidad. Para las chicas no es tan importante: siempre pueden casarse'. Yo creo que mi carrera estuvo dirigida en parte a demostrarle a mi padre que estaba equivocado. Por eso entré en una de las empresas más despiadadas, en una de las ciudades más monstruosas y salí adelante. Por un lado triunfar me hizo bien y por otra me quitó complejos. Ésa es la verdad."

Ellie es una de las muchas mujeres que entrevisté que depositaron su satisfacción, reconocimiento y definición personal principalmente en su carrera. Como muchas mujeres que entraron en el mundo del trabajo a finales de los años setenta y comienzos de los ochenta, ella sólo tenía mentores y modelos masculinos. A Ellie le gustó el éxito que ellos tenían y deseó algo semejante para sí misma.

No es que pensara ser una banquera de Wall Street. Había nacido en el medio oeste y ni siquiera sabía qué era eso. Comenzó en uno de los dos terrenos apropiados para las mujeres: la enfermería o la enseñanza. Como odiaba ver sangre y le encantaban los campamentos con niños, se hizo maestra de educación primaria. "Soy una profesional por accidente" —admite—. "Si no me hubiese hartado de hacer interminables copias de bates, pelotas y guantes, probablemente seguiría viviendo en Montana y sería gorda y feliz."

Pero Ellie se aburrió y comenzó a preocuparse por su futuro. Ésa era una combinación explosiva, que reclamaba un cambio importante. "No me podía imaginar otros cinco años trabajando en lo mismo. Además, veía que no se me acercaba ningún caballero andante. Quería más dinero y más seguridad y supuse que debía salir a buscarlos. Supongo que si hubiese tenido cinco años más hubiese estudiado Derecho, porque todo el mundo lo hacía, pero miré a mi alrededor y todos estaban a punto de obtener su diploma en Economía, y así que yo también lo hice."

A Ellie le fue muy bien. Obtuvo el título en Economía a comienzos de los años ochenta y pensó que trabajaría en algún departamento de la administración pública. "Pero vi a esos tipos maravillosos, con tirantes y camisas azules con cuello blanco y bellas corbatas. Venían de Nueva York. Trabajaban en bancos de inversiones. Yo no tenía idea de lo que era un banco de inversiones, pero me gustaba cómo sonaba eso. Estaban tratando de reclutar mujeres. Yo era una de las que encajaba en el perfil que buscaban." Así Ellie se fue de Chicago y comenzó una carrera de quince años.

"¡Era ideal para mí! Yo era una perfeccionista, adicta al trabajo, y tenía muy baja autoestima. De pronto estaba allí, obteniendo grandes retribuciones. Eso me gustó. El ambiente laboral me dio seguridad. El dinero era importante, pero mucho más era la valoración que de mí hacían. Me encantaba jugar en el mismo campo que esos chicos poderosos." El éxito dio a Ellie confianza y la sensación de que podía controlar su vida. Parecía, además, que sus expectativas no tenían límite.

LAS REGLAS TÁCITAS DEL ÉXITO

Cuando salimos a trabajar deseando el éxito que Ellie ansiaba (y que obtuvo), no veíamos los límites. Sólo veíamos las posibilidades. Queríamos aprender cosas, hacer amigos, ser buenas en nuestras profesiones. Queríamos alcanzar cosas. Sin embargo, en el camino al éxito aprendimos algo. Nosotras no veíamos que alcanzar el mismo éxito de nuestros mentores en realidad significaba aceptar un sistema de comportamientos que dominaban los ambientes laborales. Al igual que Ellie tuvimos que comenzar a aprender ese sistema de reglas oculto, ya que deseábamos las interesantes tareas, los buenos salarios y la seguridad de los empleos.

Ese conjunto de reglas es un reflejo de la cultura masculina que lo creó, y es difícil alcanzar el éxito si no se obedece. Es posible que cuando comenzamos a ascender en posiciones no tomáramos conciencia de las diferencias culturales que nos separaban de ese sistema y que, una vez que trabajamos durante un tiempo, comenzáramos a darnos cuenta de que no estábamos muy de acuerdo con algunas de las reglas. Probablemente, si hubiésemos establecido las normas, habríamos fijado algunos criterios distintos con respecto al éxito en los negocios. Las mujeres que han alcanzado un cierto nivel sostienen que si ellas pudieran *realmente* decidir, el trabajo funcionaría de una manera distinta. Ellas recompensarían la colaboración en lugar de premiar la competencia entre compañeros. Ellas compartirían información, y su definición del éxito dependería más de la calidad de lo que se produce que del sistema que lo genera. El éxito convencional, medido en términos de poder y jerarquía, daría paso a las responsabilidades compartidas y el trabajo de equipo. Como lo explica Anna Quindlen: "Si las mujeres manejaran las cosas, feminizarían el funcionamiento. No sólo porque tenemos razón sino porque además eso mejoraría las condiciones para todos".

Lamentablemente, no nos recompensan por trabajar de ese modo y si deseamos que nuestras carreras avancen comenzamos a comprobar que nuestros actos no siempre coinciden con nuestros propios sentimientos. Si deseamos competir por los buenos trabajos, debemos seguir los dictados de la cultura de la oficina, aunque eso vaya en contra de nuestros mejores intereses. Descubrimos que decir lo que pensamos y hacer lo que creemos que está bien no necesariamente da buenos resultados. Si una mujer desea tener éxito, para el momento en que realice una evaluación de su primer empleo deberá haber aprendido dos cosas:

1) El comportamiento adecuado es el que dicta su trabajo, según la cultura que en él prevalece.
2) Si quiere avanzar, actuar acorde a estas pautas es más importante que tener razón.

Una de las principales equivocaciones que yo tenía cuando comencé mi carrera era que iban a juzgarme según quién era yo como persona y según la calidad de mi trabajo. Como me había ido bien en los estudios, pensaba que el mismo patrón se pondría en acción en el trabajo. Sin embargo, rápidamente comprendí que esto no iba a ser así. Recuerdo que observaba a una redactora joven, llamada Martha. Ella era unos pocos años mayor que yo. Me maravillaba la habilidad que tenía para convertir cualquier texto tonto en algo interesante. Ella trabajaba todos los días desde las ocho de la mañana hasta las ocho de la noche. Nunca se quejaba (excepto en privado, con algunos compañeros) y solía dar a los autores todo el crédito de los textos (o su supervisora se lo autoatribuía). Pasados unos años ella seguía allí. Nunca se fue por un sueldo mejor (en realidad, como los demás se atribuían sus méritos ella permanecía invisible ante los ojos de cualquiera que hubiese querido contratarla) y siempre siguió viviendo en el mismo pequeño apartamento, pagando los aumentos de alquiler con los escasos premios que recibía anualmente. Ella era el material que sirve para ganar dinero, era el cemento que mantiene unida la lista del personal de una publicación, era el poder oculto detrás del trono, pero que no ofrece la más mínima amenaza. Su identidad se basaba en que la necesitaran y en hacer su trabajo lo más perfectamente posible. Ella observaba cómo redactoras con menos talento se trasladaban a oficinas más importantes, recibían ascensos y cobraban el doble de dinero que ella. Al principio se mostraba desconcertada: "¿Qué hacen ellas que yo no sepa?". Luego, crítica: "Se puede pagar mucho dinero cuando quien firma el libro es una ex estrella de cine. Mis autores, en cambio, escriben libros buenos". Finalmente se enfureció. Su sección había sido vendida dos veces y luego reorganizada, y a Martha la dejaron a un lado: "No pueden imaginar lo que les ocurrirá sin mí. No tienen idea de lo que sucede aquí dentro. Bien, que tengan suerte". Una de las nuevas gerentes dijo que lamentaba perderla porque ella representaba "la memoria de la corporación". Martha se hubiese sentido muy herida si hubiese sabido que finalmente lo único que la distinguía era su persistencia, pero no su talento.

Ser un buen trabajador no es garantía de éxito. La lealtad, la dedicación, la excelencia y el trabajo, si no cuentan con alguna forma de promoción o alguna treta para lograr el reconocimiento, suelen conducir al exilio. He probado quedarme allí esperando que alguien reconociese mi trabajo. En la cultura del éxito esto es considerado pasividad y no es un mérito. También se suele catalogar esta actitud como falta de entusiasmo, de agallas o de ambición.

Sólo funciona el modo ambicioso clásico (si bien una mujer no debe adoptar una apariencia demasiado fuerte o avasalladora, ya que debe seguir siendo una *dama* y no debe mostrarse ruda o interesada). Las mujeres que entran en el mundo laboral pronto se dan cuenta de que, a diferencia de lo que les ocurría en sus estudios, su comportamiento es sólo un factor en la creación de su futuro. Existe además un conjunto de reglas tácitas que dirigen su destino. Se trata de un sistema darwiniano que hace a un lado a aquellos que no tienen un estómago suficientemente fuerte para la política, la competencia o la ambición. Las reglas de este sistema fueron diseñadas para que los hombres pudiesen distinguir a los líderes de los seguidores y determinar quién debía estar arriba. En un plano menos personal, estas normas fijan la forma de la cultura de una organización. Si bien cada empresa, industria o institución da un matiz a estas reglas, todas tienen una versión y ellas son quienes gobiernan el lugar de trabajo.

Las reglas no están escritas en ningún manual. Sin embargo, si una persona desea triunfar, es importante que las siga al pie de la letra. Regla 1: El trabajo es lo primero y está antes que todas las cuestiones familiares o personales. Regla 1a: Si usted es hombre y padre, puede romper la regla 1 y ser un gran tipo; si usted es mujer y rompe la regla 1, no está tomando en serio su futuro. Esta regla funciona mejor con algún pequeño suspiro ocasional. Después de todo, se supone que las mujeres buenas deben desear estar en sus casas con sus hijos. Regla 2: Es necesario dedicar muchas horas. Si su jefe lo necesita y usted no está allí, pronto comenzará a necesitar a otro que sí está disponible. No hay Regla

2a— El tiempo presencial es un requisito igualitario. Regla 3: Reclame su mérito en todo lo que salga bien, no importa lo tangencial que sea el papel que haya desempeñado y escape de lo que salió mal. Regla 3a: Si usted es hombre y rompe la regla 3 para concederle el mérito a una mujer, inmediatamente adquiere mayor puntuación gracias a su caballerosidad y magnanimidad. Si es mujer y piensa que es desagradable comportarse según indica la regla 3, seguramente alcanzará resultados mediocres y hasta es posible que las palabras "la pobre..." precedan a su nombre. Por otra parte, si extrema la práctica de esta regla, seguramente será calificada como *agresiva*, y no será un cumplido. Regla 4: En su vida hay sólo una carrera y sólo un camino. Si se sale de él, le irá mal. Regla 4a: Si usted es hombre y rompe la regla 4, seguramente lo estaban subestimando y no sufrirá consecuencias. Si usted es mujer y rompe la regla 4 porque quiere quedarse un tiempo en su casa con sus hijos pequeños, seguramente es una buena persona, pero no será bien vista en su próximo trabajo, y ni piense en ascender. Regla 5: Se refiere a la jerarquía. Su trabajo consiste en hacer que su jefe quede bien, y el de su jefe, hacer lo mismo con su superior. Regla 6: La meta es llegar lo más cerca de la cima que sea posible. No hay un tope para lo que uno puede desear alcanzar.

Hay una última regla, reservada para las mujeres: Trabaje con los hombres, bromee con los hombres, pero nunca se transforme en un hombre.

"Al comienzo tenía que pedirle a mi esposo que me tradujera las reglas" —decía Terry, una joven abogada que sólo obtenía casos muy malos—. "No comprendía cuál era mi error. Ahora, en cambio, acepto que estoy tranquila y hago el trabajo que me gusta. Asumo que tengo a mi alrededor un entorno muy falso."

Cuando le pregunté a Terry si había tenido que hacer concesiones, preguntó enfadada: "¿Qué quiere decir con eso? Yo hago el trabajo que me gusta, y hasta me dejan trabajar cuatro días por semana desde que tuve a mi hijo. Es ajetreado, pero no quiero dejarlo. No creo que haya pagado un precio".

Sin embargo Ruth, una abogada que trabaja con Terry, la interrumpe: "No has pagado un precio, salvo que en el mismo momento en que aceptaste trabajar cuatro días por semana perdiste la posibilidad de que te hicieran socia o te dieran trabajos importantes. Ahora estás en la carrera de madre...".

Comprendo perfectamente cómo Terry confunde un castigo con un privilegio. Yo misma, entusiasmada con el trabajo, no veía que el solo hecho de ser mujer ya tenía potenciales consecuencias sobre mi carrera. La cuestión no era si yo tenía capacidad o formación. Si quería disfrutar del éxito tenía que trabajar como un hombre. En caso contrario, debería aceptar una carrera con más limitaciones.

El hecho de no seguir estas reglas no sólo implica estar confinada en un mundo en el cual los aumentos se conceden en porcentajes de una sola cifra. La falta de deseo de comportarse según lo que estas reglas indican también es interpretada como una falta de impulso o de deseo. Además, si uno no demuestra una gran ambición, significa que algo falla. Si usted no trata de ascender, no la tomarán en serio. Al no aceptarse la posibilidad de estar conforme, las personas, en realidad, sólo aceptan lo que tienen cuando ven que ya en su futuro no hay más montañas que escalar.

Un doble estándar de éxito

Estas reglas para adaptarse y triunfar no son meras guías para el éxito, sino que son también el soporte del sistema de valores que gobernó la vida de nuestros padres. Cuando adoptamos la idea convencional del éxito, estamos obligados a vivir conforme a estos valores. Estos principios exigen que nos juzguemos según nuestro comportamiento, nuestros logros y por lo que se ve. De este modo, acabamos siendo valorados según lo que hacemos y no según lo que somos.

Este sistema de valores del éxito tiene una parte sutil y extremadamente corrosiva: es de todo o nada. Iguala el autosacrificio con el éxito. Para lograrlo, los hombres que diseñaron las reglas tuvieron que darse por completo a sus carreras. Tuvieron que abandonar sus hogares y sus familias durante muchas horas y muchos días. Como el éxito era la medida más importante del valor de una persona en la sociedad, nada podía ser más crucial que el trabajo.

Esto constituye un problema para las mujeres, porque tenemos otros requerimientos que la sociedad espera de nosotras y que nosotras mismas también nos los imponemos. Desde siempre nos han dicho (de forma explícita o a través de ejemplos) que nuestro éxito no sólo se medirá por el trabajo, sino también por nuestra capacidad de ser *mujeres*. Esto significa, en la mayor parte de los casos, por la clase de hombre que logremos atraer y por la familia que formemos. Aunque no queramos casarnos ni tener hijos, esa expectativa nos sigue acechando desde un rincón y puede que nos haga sentir que estamos fracasando. Gloria Steinem lo explica de este modo: "Una mujer a quien le va maravillosamente bien en lo profesional, hace cosas magníficas y creativas y es muy feliz en su trabajo, pero que no tiene la vida personal que se supone que debe tener, probablemente sienta que está fracasando. En el caso de los hombres sucede todo lo contrario. Pueden tener vidas personales maravillosas y pensar que son unos fracasados porque no tienen un trabajo suficientemente valorado".

Estas diferentes cualidades para el éxito pueden provocar una crisis en las mujeres. Nosotras no deseamos adoptar un sistema de valores que nos exija sacrificarnos en el altar del éxito. Valoramos la vida hogareña y hasta cuando no lo hacemos seguimos siendo primariamente responsables de la casa. También nos resulta difícil aceptar un sistema que asigna a las labores de la casa un valor menor. Warren Farrell, autor de *Por qué los hombres son como son*, dice que "Las mujeres nunca adoptan por completo el sistema de valores masculino". Después de comentar las diferencias acerca de cómo hombres y mujeres evalúan el éxito dice que "Una mujer que trabaja se educó con dos sistemas de valores: el de su madre, que le decía que debía ser afectiva y maternal, y el de su padre, del que podía alejarse o al que podía intentar imitar".

Alejarse o imitar. Una opción no nos lleva muy lejos y la otra nos obliga a dividirnos en dos. Esta elección nos produce una especie de esquizofrenia. Nos aferramos a aquello que nos hace mujeres, aunque por otra parte sabemos que esas cosas nos hacen extranjeras en el mundo de los hombres. Esta dinámica nos da problemas. Al comienzo de nuestras carreras no lo percibimos porque estábamos recibiendo recompensas rápidas e importantes. La mayoría de nosotras, además, en esa época no teníamos maridos ni vidas hogareñas que nos reclamaran y nos apartaran de los desafíos profesionales. Éramos nuestros trabajos, y éstos nos daban cosas buenas.[1]

En cambio, cuando comenzamos a tener otras demandas aparte de las del trabajo, empezamos a ver que para tener éxito había que pagar el precio de una vida dividida. Seguimos esperando poder hacerlo todo, pero comenzamos a experimentar que las estructuras y demandas de nuestro trabajo no dejan espacio para nuestra vida personal. Sin embargo, no sólo deseamos tener maridos y familias, sino que además sabemos que si no los tenemos la sociedad nos considerará personas incompletas. Cuando estas presiones y sistemas de valores opuestos comienzan a luchar entre sí, comenzamos a darnos cuenta de que lograr nuestros objetivos vitales será muy arduo.

Todas las mujeres a quienes entrevisté ofrecían elementos de este estándar doble, pero ninguna los tenía en mayor grado que Cindy Mason, una asesora política de Washington. Cindy cuenta que ella sabe que tiene dos definiciones de lo que es una vida de éxito, pero que todavía no puede comprender cuál es la que predomina. No es capaz de integrarlas en un mismo sitio. Habla rápidamente mientras nos sentamos en la sala espaciosa y soleada de su casa y se siente bien, según dice, por no ser la única tonta en lo que se refiere a este tema: "Tengo el yo privado" —explica—, "que es mucho más sensual. Se trata de viajar, de cocinar, escuchar música y leer, de experimentar y sentir las cosas. La persona trabajadora que hay en mí, en cambio, es más frenética. Se sumerge completamente en la tarea y se obsesiona con ella. Trata de anticipar todos los problemas que pueden surgir. Está completamente centrada. Es agotadora y no deja espacio para nada más. No permito que las cosas sensuales aparezcan: me distraerían. No puedo integrar mis distintas vidas. Eso sería ideal, pero no puedo. Lo que hago es estar un momento en el lado feliz y luego irme a la parte obsesiva. No he visto ningún trabajo serio que no me empuje a esta situación".

En parte por la naturaleza de su trabajo y mucho debido a la naturaleza de su carácter, Cindy ha fluctuado entre dos modelos: trabajar y ser madre y esposa. Sin embargo, nunca se puede quedar demasiado tiempo en la casa, porque una serie de mensajes la interrumpen: "Algunos aspectos del feminismo que he asumido me dicen que es malo depender de un hombre, que las tareas de la casa no son tan valiosas y que uno no se merece nada si no trabaja. El trabajo es lo que nos hace personas. He escuchado: 'Las mujeres pueden realizar todo lo que hacen los hombres', y eso es verdad. Pero también he oído que *deben* hacerlo y que si no lo realizan no son tan valiosas como las personas que sí lo llevan a cabo. No se trata entonces de ser capaz de hacer las cosas, sino de demostrarlo haciéndolas".

La dinámica existente entre los padres de Cindy explica en parte su incapacidad para integrar su yo en su trabajo: "Los recuerdos que tengo de mi madre apuntan a sentimiento de inferioridad" —Cindy recuerda que su madre siempre decía *Yo no fui a la universidad. Soy una simple ama de casa*—. "El mensaje no decía 'Tu madre es maravillosa'. En realidad lo era. Siempre estaba allí y nos preparaba la cena, pero mi padre nos advertía: 'No debéis conformaros con una vida como la de vuestra madre". Cuanto más él nos alentaba, peor ella se sentía porque la estaba menospreciando. Sin embargo, yo me identifico con mi madre en muchos aspectos. Me gusta hacer que las cosas sean agradables y cómodas. Eso forma parte de mis valores y no es propio de los hombres. Las chicas debíamos tener dos conjuntos de principios y eso es muy difícil.

"Mi padre se ocupaba de lo que era importante y lo que él decía era el centro. Todo giraba en torno de su carrera y a sus gustos. Él enviaba señales muy contradictorias. Sí, era importante tener una carrera, pero él estaba en un negocio atractivo, así que también nos decía que era importante que fuésemos guapas como las actrices y tranquilas como nuestra madre."

Cindy ha pasado su notable carrera política debatiéndose entre esos dos papeles extremos. Se graduó en la facultad de Derecho de Stanford y llegó a la política como una experta que había trabajado tras las bambalinas en Washington y en Texas durante veinte años. Este período estuvo interrumpido, sin embargo, por cinco *sabáticos* o algo que quiso ser semejante a un descanso sabático. El primero se produjo tras su trabajo como jefa del equipo de un legislador. Fue una experiencia agotadora. Divertida pero extenuante. Pasado un tiempo comenzó a sentirse desdichada debido al exceso de trabajo y a la dinámica interna: "Me voy. Tengo veintiocho años. Soy una niña. Pensé: *Voy a correr y a ponerme en forma*. Comencé a correr. Corrí, corrí y corrí. Llegué a correr ocho millas al día y estaba histérica. Absolutamente histérica. Pensaba: *Todos van a olvidarse de ti. Nunca vas a conseguir un empleo y no vas a ganar dinero en tu vida. Es un desastre. Todos van a pensar que estás loca*. No pude tomarme el año sabático. Duró seis meses. Creí que iban a ser doce, pero no pude".

Cuando Cindy se casó y tuvo un hijo, su drama interno se acrecentó. "Estás identificada con lo que eres y tienes que conseguir un trabajo" —cuenta—. "El trabajo era mi identidad y sólo en eso me sentía competente. Me veía totalmente incompetente con un bebé."

Una de las cuestiones no habladas del proceso del éxito es el valor que asignamos a los principios tradicionales y no remunerados de la amistad, la pareja y la maternidad. Esto era un problema para Cindy. Cualquier cosa que le recordara las actitudes de su madre la hacía sentirse una fracasada. Como su madre había dedicado la vida a su esposo y a sus hijos, Cindy no podía esperar un minuto para regresar a su trabajo después del nacimiento de su hijo. El bebé era un poco enfermizo y Cindy no se sentía segura de cuidarlo. "No pude esperar para ir a trabajar. Estuve todo el tiempo fuera. Nunca con él. Me siento muy mal por eso y sé que fue un terrible error."

Otras tres veces Cindy trató de quedarse en su casa o de trabajar sólo a tiempo parcial. Cuando lo hacía, sentía que vivía como su madre. Nunca duró más de seis meses. Cindy reconoce que en la reflexión que hace para responder a ambas partes de su persona encuentra elementos placenteros. Tiene un esposo que tiene un empleo, pero si no gana dinero ella misma, se siente muy mal. "Todo esto es muy difícil", reconoce suspirando.

Cindy rechaza el papel de su madre. Se da cuenta también de que la subestimaban sus padres. Sin embargo, su yo no dedicado al trabajo —lo que ella llama su yo sensual— contiene muchos elementos que eran rasgos constitutivos del carácter de su madre. Cindy no puede incorporar completamente estas cosas a su vida porque son aspectos despreciados en el contexto que la rodeó en la infancia. En lugar de ser capaz de abrir su definición del éxito de modo que incluya facetas que le encantan y que tienen que ver con el hecho de ser madre, ella se debate entre dos polos opuestos: la adicta al trabajo y la mamá de tiempo completo. Irónicamente, esas partes internas que Cindy no valoraba interfirieron en su carrera, porque ella había aprendido de su madre que para que a uno lo aprecien no debe estar anunciándose ni haciéndose propaganda. Basta con sentarse y esperar el reconocimiento. Como consecuencia se volvió, según dice, una saboteadora de sí misma. Las distintas identidades de Cindy luchan por posicionarse y la llevan a perder las verdaderas satisfacciones con respecto a lo que hace en un momento dado. También esta lucha hizo que Cindy sacrificase su fantasía de trabajar en pos del bienestar de los niños. "Es irónico" —concluye mientras mira por la ventana—, yo estaba claramente decidida a tener una identidad laboral y en este momento eso me dificulta las cosas que quiero hacer. Para mí era más importante demostrar que podía tener éxito a corto plazo que hacer realidad un sueño para siempre."

Los padres de Cindy fueron quienes le imprimieron ese mensaje acerca de qué cosas eran importantes. Podrían haberlo hecho la televisión, la escuela, la iglesia o la sinagoga, los amigos, las revistas, los periódicos, la radio o su marca favorita de ropa. El mensaje era simple: si una joven quiere tener éxito ante ella misma y ante la sociedad, sus logros tienen que parecerse mucho a los de su padre.

Sin embargo, su vida hogareña tiene que ser semejante a la de su madre.

EXPECTATIVAS Y ÉXITO

Como una respuesta tardía a las señales contradictorias acerca de qué cosas son importantes en la vida, Cindy terminó por llegar a un estado de semiparálisis. No puede descubrir cuál es la definición de éxito más apropiada para ella. Sabe que nunca será una mamá que se queda en casa, pero ha experimentado durante mucho tiempo la adicción al trabajo, y también sabe que ésa no es la respuesta. Cindy no logra descifrar los mensajes internos acerca de quién debe ser y qué cosas van a hacerla feliz. Soporta lo que se está convirtiendo en una constante de confusión. En 1976, cuando Cindy se graduaba en la facultad de Derecho, había un anuncio que decía que ella "Podía llevar a casa el tocino y freírlo ella misma". En 1996 la publicidad sigue transmitiendo el mismo falso mensaje. Un anuncio de dos páginas muestra una fotografía de una bella y delgada mujer de unos cuarenta años que corre con un bebé en una mochila. La leyenda dice "¿QUIÉN DICE QUE ESTA MUJER NO ESTÁ TRABAJANDO?". ¿A quién creen ellos que engañan?

Estas nuevas imágenes de éxito se empeñan en mostrar una combinación de papeles sencilla y sin esfuerzo. Esta fantasía no sólo contradice la experiencia directa de las mujeres, sino que además las hace sentirse mal. Muchas de ellas lo intentaron y tuvieron que pagar un precio en sus profesiones. Intentamos entonces soluciones en forma de apósito protector y calmamos provisionalmente la quemazón de nuestras vidas. Sin embargo, los problemas subyacentes no desaparecieron. Nos preguntamos si estamos actuando mal y si tal vez la incapacidad de ser felices radicaba en un defecto de nuestra voluntad, de nuestro esfuerzo o de nuestra inteligencia. Cuando examinamos por separado las partes de nuestra vida, nos dimos cuenta, sin embargo, que habíamos hecho las cosas bastante bien. Sin embargo, la suma de esas partes no había dado como resultado un buen total. Los mensajes de un mundo se frustraban con los mensajes del otro. Se supone que cuando uno tiene éxito no se siente de esa manera.

El choque de valores que existía entre los padres de Cindy ahora está en la mente de ella. Ella no siente que puede disfrutar de cada uno de los papeles que asume. Cada decisión y cada acción que lleva adelante en uno de los mundos parece apartarla del otro. Se supone que debe trabajar duro, pero que no tiene que autopromocionarse, es decir, que debe trabajar como un hombre pero comportarse como una mujer. Se supone que tiene que realizar su trabajo con total dedicación, pero el hogar necesariamente es el centro de su vida.

Ella debe ocupar el centro de su propio mundo, pero tiene que estar a un lado para sostener a su esposo o a su familia. Cuanto más le exija su carrera, menos tiempo tendrá para ella misma, su casa, sus amigos y su familia. Cuanto más se centre en su vida personal, mayor será el riesgo de que no la tomen en serio en el trabajo.

Al igual que Cindy, muchas mujeres seguimos ajustando los nudos: un poco más aquí, un poco menos allá, en un esfuerzo por lograr el equilibrio correcto. Por supuesto, eso es imposible porque nadie puede hacerlo todo. Sin embargo, continuamos esperándolo. En este momento de nuestra vida, la mayor parte de las personas nos definimos a partir de nuestra carrera. Sin embargo, estamos comenzando a darnos cuenta de que el equilibrio no será posible mientras nos sigamos identificando con dos figuras diferentes e intentando ser exactas a cada una de ellas dos. Hemos empezado a comprobar que hay un precio que pagar por esta identidad basada en el trabajo. El precio del éxito se paga con la vida.

CAPÍTULO TRES

EL PRECIO
DEL ÉXITO

El tipo de éxito que tuvo Ellie es más posible si se trata de una mujer que no tiene que ocuparse de un hogar y la economía está en expansión. A mediados de los años ochenta, Wall Street, como el resto del mundo de los negocios, tuvo una importante caída. Aun cuando subieran las ganancias y los valores, las empresas hicieron reestructuraciones y redacciones. Rápidamente, el mundo empresarial se contrajo. Los gerentes de posiciones medias se convirtieron en especies en peligro de extinción. Todo el mundo se encontró con que estaba trabajando más duro y más horas para obtener menos beneficios. En el caso de Ellie, el área en que era experta, es decir las finanzas públicas, quedó diezmada y, con el nuevo clima de escasez, se formaron dos grupos: el de los buenos viejos muchachos, y el de las chicas eficientes, una mezcla de mujer y extraterrestre.

Ellie pasó a pertenecer oficialmente al segundo grupo cuando un día entró en la oficina y se encontró con que su sección se había disuelto y su nuevo supervisor era un hombre que hasta el día anterior ocupaba el mismo nivel que ella. "Aunque me resultó muy incómoda la situación, he seguido allí hasta hoy. Pensé que necesitaba el dinero y desde luego también estaba mi propia afirmación, probablemente más que nada. Mis sueños comenzaron a resquebrajarse esa noche. Por primera vez comencé a ver que ese empleo no era la *respuesta*."

Este cambio dio a Ellie la posibilidad de poner su vida en perspectiva. Cuando las recompensas del trabajo se esfumaron, comenzó a darse cuenta de que no tenía muchas otras cosas, ya que su vida personal no se había organizado como esperaba. "Comencé a darme cuenta de cuánto me desgastaba el trabajo. Yo me esforzaba por encajar mi vida en las migajas de tiempo que me dejaba mi empleo. Eso había hecho durante quince años: acomodar en el espacio que quedaba un poquito de vida, dejar sitio para una cena. El trabajo era lo más importante y yo me limitaba a acomodar unos pequeños retazos de vida. Siempre había pensado que si controlaba mi trabajo, todo lo demás vendría solo. Sólo tenía que matarme trabajando y conseguir el dinero para comprar las cosas que deseaba. Pensaba: '*Un día quedaré atrapada en el matrimonio, en la vida. No sé cómo, pero va a ocurrir*'. Sin embargo, no ocurrió. Por lo menos no sucedió a tiempo como para poder formar una familia."

Ellie se siente un poco ambivalente respecto de esa parte. En la mitad de nuestra segunda entrevista, mi hijo entró en la sala con el pañal en la mano. Yo pude apreciar el alivio de ella cuando el niño se fue tan rápido como había entrado. "Me pregunto si alguna vez tuve esa vocación" —dijo ella—. "Siento que *debería* haber deseado tener hijos, pero, para ser sincera, me gusta mi intimidad, mi tiempo libre y el ejercicio del control sobre mi vida." Sin embargo, Ellie no parece tener tan claro su deseo de no tener un compañero. "Nunca lo puse en la lista de prioridades. Más bien me dediqué a lo que era fácil. No he tenido un novio que viviera en la misma ciudad o tuviese un horario semejante al mío en los últimos diez años. Así es fácil seguir juntos, pero es imposible que la relación avance más allá de un cierto punto."

Ellie siente que el camino de su vida se va estrechando. Enfrentada a las consecuencias de las decisiones que tomó (o que no tomó) en momentos anteriores de su vida, ahora reconoce la naturaleza de las transacciones que realizó en su carrera hacia el éxito. "El trabajo estuvo bien. Yo me exigí demasiado, pero eso es parte de mí. En lugar de buscar un hombre, busqué en el trabajo aprobación, reconocimiento y atención. Durante mucho tiempo los obtuve, pero al final todo se volvió contra mí porque descubrí que el trabajo ni siquiera era lo que yo pensaba. Un día vi una lista de gratificaciones. Justo a mi lado figuraban compañeros que estaban ganando una fortuna. Pude ver que conservaban una cierta cantidad de mujeres para mantener un personal mixto. No era que yo fuese importante para el equipo. En realidad, habían estado burlándose de mí. Mi superior sabía que a mí me estaban estafando y que a él le pagaban de más. También sabía que mientras mantuviera la boca cerrada le seguirían pagando.

Las ventajas de ser un agradecido y de seguir adelante con la farsa estaban a la vista. Ése fue el momento clave para mí." Ellie se dio cuenta de que había mantenido su relación con el trabajo vendiendo su vida a un precio de oferta. Como no tenía otra vida aparte del trabajo no era capaz de concienciarse del problema, ya que no tenía ningún otro lugar donde refugiarse. Todos hemos mantenido a veces una relación durante más tiempo del que convenía porque temíamos quedarnos solos. Esto fue lo que le sucedió a Ellie con el trabajo. Cuando ya no pudo negar el precio que estaba pagando, sin embargo, el juego quedó al descubierto. Ellie finalmente se permitió ver lo que antes no quería: "Ya era hora de buscarme una vida. Yo había creído que el trabajo era la vida. Había sido un error terrible".

Al igual que Ellie, durante mucho tiempo yo temí mirar mi relación con el trabajo. Creo que íntimamente sabía que mi creciente insatisfacción no se podía atribuir totalmente a los problemas de la dinámica masculino-femenina: el sexismo, los grupos de poder masculinos, la responsabilidad desproporcionada de las mujeres en el hogar. Es verdad que todas estas cosas eran reales y a la vez causa de una gran parte de mis frustraciones y mi agotamiento. Sin embargo, también había un factor menos evidente. Algo de lo cual no tuve conciencia hasta el momento en que el trabajo dejó de significarlo todo para mí. Algo que negaba como la mayor parte de nosotras. Algo de lo cual las mujeres no hablan porque verlo es doloroso y admitirlo aún más. Es parte del precio que pagamos por el éxito y se produce de una manera sutilmente creciente. Se oculta hasta ante nosotras como *adaptación*. Es semejante a lo que les sucede a las jovencitas cuando descubren que para ser aceptadas por los varones deben tener cuidado de no aparentar ser demasiado inteligentes, fuertes o diferentes. Esas cosas resultan amenazadoras. Es preferible guardar silencio y renunciar a lo que somos para poder tener una carrera.

Este hecho curioso se produjo cuando ingresamos en las empresas. En lugar de cambiar la cultura en la cual nos introducíamos, nos acomodamos a ella. Cedimos y nos alejamos de nosotras mismas. Al comienzo este extrañamiento parece como un simple derecho que hay que pagar. Como dijo una contable: "¿Cuál es la elección que tenemos? No podemos cambiar las cosas. Entramos en el juego o no. Si deseamos formar parte, debemos jugar en los términos de ellos". Estamos dispuestas a cambiar nuestros comportamientos exteriores para tener una posibilidad interesante y para recibir los privilegios del trabajo. Por dentro, sabemos que no somos las personas que a veces fingimos ser. Sin embargo, esta doble vida nos va afectando lentamente. Comenzamos a sentirnos molestas con nuestro trabajo porque requiere que nos disociemos y comenzamos a perder autoestima porque lo hacemos. Por supuesto, hay mujeres (y probablemente inmediatamente podremos nombrar a una o dos que conocemos) que no han tenido que hacer esto. La mayor parte de nosotras, sin embargo, se tiene que enfrentar a esa disyuntiva: o se adapta o no llega demasiado lejos.

No se trata de que yo haya sido una mujer macho de nueve a cinco y una verdadera mujer de cinco a nueve. Yo fui una mujer bastante abierta y con opiniones, tanto en el trabajo como en casa. Como muchas de las mujeres con éxito a quienes entrevisté, siempre me consideré feminista y sentí que tenía la obligación de decir lo que pensaba y de no ocultar mi condición bajo mi traje de oficinista. Sin embargo, a medida que fue pasando el tiempo y adquirí más responsabilidades, ese lado contestatario y rebelde se fue acallando. A menudo me tuve que enfrentar a la elección entre hacer lo que creía correcto u obtener los recursos que necesitaba para hacer el trabajo correctamente. Tenía que elegir entre opinar como quería o reservar mi energía, mantener la confianza de quien me había contratado y poder publicar otro libro o contratar a otra persona. Como quería tenerlo todo, muchas veces dejé de lado una parte de mí.

Recuerdo que mi primer mentor (que terminó dejando la empresa por razones morales) me aconsejaba que siguiera adelante con mis batallas. A medida que fue pasando el tiempo cada vez se hizo más claro que las personas que asentían en las reuniones realizaban sin ningún cuestionamiento las tareas que se les encomendaban (aunque a veces no tuviesen sentido) mantenían el respeto de sus supervisores y eran recompensadas con mejores trabajos. "Tienes que aprender a arreglártelas" —me aconsejaba alguien que trabajó para mí—. "Si no lo haces, puedes arrojar todo por la borda." Yo sabía que tenía razón. Odiaba hacerlo, pero había comenzado a pensar que el fin justificaba los medios.

Progresivamente, me descubrí adaptándome igual que las mujeres pioneras que me habían precedido. Ellas, sin embargo, se habían visto obligadas a adaptarse. Tenían que centrarse en el derecho a trabajar y no en la modificación de los valores en el trabajo. "Cuando yo comencé, en la oficina tenía que ser una persona diferente" —cuenta Edith, una redactora de revistas de sesenta y seis años retirada—. "Yo era la única mujer en un mundo de martinis. No juzguéis mi comportamiento sin tener en cuenta la época. Mi batalla era *llegar* y *permanecer*. No me proponía cambiar nada." Las mujeres como Edith no conocieron opciones. Tuvieron que dividirse en dos. Para adaptarse al mundo del trabajo tenían que aceptar la cultura vigente: una cultura muy masculina, en la cual las personas se definen conforme a sus ocupaciones. Tal como señala Rosabeth Moss Kanter, "Era la rareza y la escasez más que la femineidad *per se* lo que configuraba el ambiente para las mujeres. La vida de las mujeres en la empresa se veía modificada según las proporciones de su presencia. Cuando eran pocas en número y estaban rodeadas de pares masculinos, y que muchas veces tenían el estatus de la *única mujer*, se convertían en fichas: a veces tenían las ventajas que tienen los que son *diferentes* y, por lo tanto, muy visibles en un sistema en el cual el éxito se asocia con el hecho de ser conocido. A veces, en cambio, debían enfrentarse a la soledad del extraño, de la persona de fuera que se inmiscuye en una cultura ajena y que se puede sentir alienado en ese proceso de adaptación."[1]

Cuando mis compañeras y yo entramos en el mundo empresarial, encontramos un mundo que no había cambiado demasiado por la presencia de las mujeres. La búsqueda de éxito era lo primero. Aprendimos que sí queríamos realizar un trabajo verdaderamente importante, si queríamos tener la oportunidad de triunfar, teníamos que hacer importantes ajustes en nuestras prioridades. Debíamos trabajar como los hombres.

Todas tenemos conciencia de las consecuencias internas y externas de no hacerlo. Como dice Barbara Sher, autora de *best sellers* y psicóloga de empresa: "Toda mujer que haya educado hijos con amor y comprensión aplicará el modelo militar masculino a su conducta y se sentirá una fracasada cada vez que no pueda hacerlo. Nos enseñan que los verdaderos ganadores pueden soportar la violencia. En nuestra cultura existe esa clase de principios y nos enseñan a medirnos según ellos, aunque no sean apropiados para nosotras. Es gracioso: aunque el zapato no nos quede bien, seguimos suponiendo que debemos usarlo". El necesario resultado de todo esto es un profundo estrés. Las mujeres trabajamos sumidas en una paradoja que no se puede resolver: necesitamos trabajar para sentirnos plenamente realizadas como mujeres, pero para poder hacerlo tenemos que silenciar una buena parte de nuestra naturaleza.

La negación

La manera en que la mayor parte de nosotras aborda esta clase de conflicto es negando que exista o que le toque de cerca. Cuando cambié de sección y comencé a trabajar en la parte editorial del negocio de las revistas, que estaba llena de mujeres, pensé: "*¡Maravilloso! Ahora podré ser tal como soy*". Sin embargo, enseguida me di cuenta de que allí reinaba una cultura semejante a la del mundo masculino de la venta y el marketing. Al comienzo me sentí levemente sorprendida, pero luego me acostumbré. Después de todo, ¿qué otro ejemplo tenía? Como el hecho de ver lo que debemos hacer para obtener el éxito es demasiado doloroso, solemos entrar en un fuerte estado de negación. Nos decimos entonces que no nos importa que las cosas sean tal cual son. Después de todo, el trabajo nos encanta y lo demás es el precio por ser admitidas. Esta negación nos lleva a creer que nos juzgan según nuestras capacidades y nuestra ambición, y que el hecho de ser mujeres no constituye una desventaja. Nos hace pensar que podemos tener un hogar y un trabajo, que es posible tenerlo todo sin pagar más precio que los apuros del día. Nos hace creer que podemos fingir y adoptar los valores del sistema del héroe sin que eso nos afecte realmente. En realidad, hasta nos hace pensar que en realidad deseamos adoptar esos valores porque nos brindarán éxito. Gracias a la reacción social que se ha producido contra el feminismo, creemos que no somos esa clase de mujeres estridentes con las que no es sencillo llevarse bien. Nosotras somos, por el contrario, la clase de mujeres con las cuales los hombres se alegran de compartir sus oficinas. Para demostrar esto, contamos que nos han apoyado mentores masculinos, y ascendido superiores masculinos. Nos mezclamos entonces en el ambiente del trabajo y nos identificamos con los objetivos de los que están por encima de nosotras en la pirámide del poder. Estamos contentas con nuestros avances y pensamos que en el mundo ya no hay discriminación. Hacia 1996, el 54 por ciento de las mujeres que se identificaban como profesionales decían en mi encuesta que el movimiento feminista no tenía ninguna clase de influencia sobre sus vidas. Dejando de lado el hecho de que menos del 2 por ciento de las mujeres en Estados Unidos han llegado a cargos ejecutivos de nivel más alto,[2] es posible que tengan razón. Eso es así, al menos en términos de la cultura empresarial.

Íntimamente comprendo esta negación. Como producto de una universidad que había sido exclusivamente masculina, yo me enorgullecía de haberme introducido en medio de hombres y haber sido aceptada. Como consideraba que esto era un indiscutible avance para las mujeres y además disfrutaba de los privilegios del sistema, no veía que había llegado a identificarme con un sistema de valores que en última instancia no iba a aceptarme tal como yo era ni iba a defender mis intereses. En esa época yo era soltera, no tenía hijos y era joven, y además recibía buenas recompensas tanto en dinero como en jerarquía. Es decir, que en ese momento mis intereses profesionales no parecían diferenciarse de los personales. No podía ver que tenía una bomba de tiempo de intereses disociados dentro de mí. No comprendía que al vivir según el sistema de valores del héroe iría creando una distancia entre mi yo personal y mi yo profesional. No pude verlo hasta no haber ido mucho más lejos.

Yo desarrollé lo que Rosabeth Moss Kanter observó en muchas mujeres en empresas, eso que ella llamó "una persona pública que esconde sus sentimientos interiores";[3] me convertí en el título que rezaba mi tarjeta de presentación. Si bien nunca me sentí del todo cómoda, pensé que eso era parte de mi guardarropa, igual que un par de medias o un portafolios. La mayor parte de las personas sabemos cómo funciona este rostro púbico. En el nivel más simple y superficial, se trata de la sonrisa que llevamos durante los primeros cinco minutos de una reunión de negocios. Es no quejarnos de la reunión de planificación del sábado cuando en realidad sabemos que ése era un momento precioso para compartirlo con nuestros hijos. Es la persona increíblemente responsable que sonríe y responde: "No hay problema" cuando debe hacer horas extras hasta tarde. Es la perfeccionista que se obliga a hacer un trabajo sin errores y luego finge que no fue nada. Cada una de las mujeres entrevistadas recordó algún momento en el cual permaneció en silencio mientras escuchaba alguna orden que sabía que sería completamente inútil, alguna ocasión en la cual no pidió un aumento de sueldo cuando le correspondía o no se fue de vacaciones porque temió que eso tuviese alguna consecuencia en su carrera. Nuestros espíritus están erosionados por el silencio frente a la política de la empresa, por vivir en crisis y bajo presión todo el tiempo. Eso tiene poco que ver con la capacidad para hacer un buen trabajo o para ser productivas. Más bien se relaciona con las órdenes y el ego. Finalmente, tras haber pasado muchos años pagando deudas en esta cultura, nos identificamos tanto con ella que creemos sus reglas y las transferimos a la siguiente generación de mujeres. A medida que nuestras carreras avanzan en estos términos, una parte de nosotras retrocede.

Con el correr del tiempo descubrimos que nuestro rostro público es más que una herramienta útil para adaptarnos. Se convirtió en nuestra identidad laboral. En un nivel profundo, esta identidad nos obliga a fragmentar nuestras vidas. Sabemos que hay partes de nuestro interior —partes que amamos— que si quedan a la vista en la oficina nos pueden hacer aparecer como menos eficientes, menos valiosas o hasta disminuir nuestras oportunidades. Conocí a una mujer llamada Toni, que en la oficina era considerada como alguien "emocional". Como era una directora creativa, hasta un cierto punto se le aceptaba ese comportamiento, ya que se piensa comúnmente que este tipo de personas pueden ser un poco *volátiles*. Cuando Toni tuvo que pasar por un divorcio, sin embargo, la situación se complicó. Siendo una persona sensible, le resultaba imposible confinar su duelo a sus horas libres. Consciente de que en su empresa no se aceptaban los comportamientos *femeninos*, trató de salir o de llorar con la puerta cerrada. Después de algunas semanas su supervisor le dijo que debía dejar de hacer esas cosas. Ella lo intentó y lo consiguió. Sin embargo, algunos meses después cuando remodelaron su sección, Toni fue despedida después de diez años de trabajo. Ella sintió que eso le había sucedido porque no fue capaz de fingir que nada le había ocurrido. "El jefe de mi jefe, por ejemplo, había tenido un romance escandaloso dentro de la empresa, pero nadie lo despidió porque siguió adelante como si nada hubiese ocurrido. No me cabe duda de que si hubiese podido actuar como un autómata, seguiría teniendo el trabajo." A través de la observación y de la intuición nos damos cuenta de que hay aspectos femeninos que no tienen cabida en la oficina. Debemos confinarlos al mundo personal, dejarlos en casa junto al periódico y la taza de café, esperando a que regresemos.

Una más entre los muchachos

Toda mi carrera se compuso de trabajos tradicionalmente masculinos: primero en ventas y marketing y luego en dirección. A menudo estuve en puestos en los cuales había pocas mujeres a mi alrededor. Si bien que yo sepa nunca me convertí en una persona *masculina* según el estereotipo, sabía como enfatizar aquellos rasgos de mi carácter que me permitían adaptarme mejor a los hombres. Parecía que realmente disfrutaba de la competencia, y hasta desarrollé un humor sarcástico. Cuando tuve la desdicha de que un importante cliente devolvió en un mes más libros de los que había comprado (ésa fue la primera venta negativa en la historia de mi empresa), no corrí a la oficina contigua a conversar acerca del miedo que tenía de perder mi trabajo. Sabía que el tipo de al lado era más un competidor que un consuelo. En lugar de hacer eso, sonreí con buen humor, ya que me había convertido en el blanco de todas las bromas hasta que algún otro pobre desdichado ocupara mi lugar. Mientras tanto, yo viajaba con mis compañeros de la manera más asexuada posible, iba con ellos a los bares e ignoraba cualquier comentario insinuante que pudiera aparecer después de varios tragos. Sabía que no debía mostrarme ofendida por los chistes que hicieran referencia a la anatomía femenina, ya que de lo contrario se me consideraría como una mujer que no sabía aceptar una broma. Hasta me limité a mirar en otra dirección cuando, algunos años después, uno de mis jefes, borracho, preguntó si no podía "besar ese lunar que asoma entre mis cejas". (Eso fue después de haberme negado a ir a su habitación para mantener una reunión los dos solos.) Estas adaptaciones mías tenían su recompensa. Cuando me presentaban cariñosamente como "uno de los muchachos", me sentía aceptada y querida. Es verdad que me esforzaba para adaptarme: quería triunfar, además de sentirme aceptada. Me gustaba mi trabajo, me iba bien y nunca medité demasiado sobre mi comportamiento.

Una de las formas más perturbadoras de esta negación aparece cuando las mujeres, en aras de su progreso o de la seguridad, se vuelven en contra de los intereses de las demás. Una mujer me contó que en una época estaba trabajando en un pequeño departamento de una compañía periodística importante y había siete embarazadas entre cuarenta y ocho miembros del personal. Para evitar problemas, un grupo de empleados pidió al jefe de la sección (un hombre casado y con hijos, cuya esposa había dejado de trabajar) que contemplara la posibilidad de flexibilizar los horarios, compartir los puestos y, para aquellas que tenían un trabajo más autónomo, autorizar semanas laborales de cuatro días. La empresa era muy sofisticada desde el punto de vista tecnológico y estas mujeres podrían trabajar desde sus casas una vez por semana. Algunas estaban dispuestas a renunciar a una quinta parte de sus salarios, ya que eso les resultaba más barato que buscar a alguien para cuidar a los niños, y eso daría a la empresa dinero suficiente como para contratar a alguien más para cubrir sustituciones. Cuando el jefe dijo que aceptar semanas laborales de cuatro días podía sentar un precedente que podría causar un caos y mala voluntad contra las madres, las mujeres en cuestión apelaron a la persona que les seguía en rango en busca de apoyo para esa causa: después de todo, se trataba de una mujer que tenía dos hijas y padecía las mismas presiones. Sin embargo, dijo simplemente: "Eso es un engorro demasiado grande. Nunca se hizo algo así y sentaría un mal precedente. No sería bueno para la moral. ¿Qué sucedería con la gente que no tiene hijos? Además, no hemos tenido un año suficientemente bueno para poder hacer reclamaciones".

Las mujeres señalaron que en realidad esta flexibilidad también serviría a otras personas, pero el gerente dijo que se las tendrían que arreglar como pudiesen, porque las reglas de la empresa eran así. El jefe de sección continúa en su puesto, al igual que la mujer que le seguía en jerarquía. De estas siete mujeres, en cambio, sólo queda una.

La parte más triste de la historia es que esta mujer no quería hacer más difícil la vida de las otras. Aparentemente, es una buena persona, que deseaba sinceramente lo mejor para todos, pero su idea era que la sección debía funcionar con personal que estuviese todo el tiempo allí. Ella creía que tomaba la decisión adecuada. Sin embargo, a través de los años tuvo que hacer tantos cambios en el personal que comenzó a cuestionarse si éstos eran realmente necesarios. Probablemente, le resultara demasiado difícil emocionalmente afrontar el problema y establecer los pasos necesarios para transformar y mejorar un entorno muy rígido, cada vez menos feliz y provechoso.

Un ejemplo menos desagradable es el de Jennifer, una responsable de marketing de una empresa de servicios financieros. Cuando entrevisté a algunas mujeres que trabajaron con ella o para ella, todas manifestaron que la respetaban y hasta la admiraban por su profesionalidad y dedicación. Sin embargo, posteriormente en la conversación, solía aparecer en estas mujeres un sentimiento de desconfianza: "Uno nunca sabía realmente lo que estaba pensando" —dijo una mujer—, "pero podía estar seguro de que siempre se encontraba en la posición conveniente".

Cuando se produjo un cambio de autoridades en la empresa, Jennifer se convirtió rápidamente en la favorita del presidente. "Al estilo de un asesor de una empresa importante" —recordaba otra mujer—. "No sabía casi nada de lo que hacíamos, pero Jennifer se convirtió en su maestra y su guía. Ella nunca decía nada malo de él y resultaba difícil confiar en ella. Era como una extensión de él."

Poco después de la llegada del nuevo presidente, Jennifer fue ascendida. Según sus compañeras, se había convertido en la clase de mujer que tan bien describe Susan Wittig en su libro *Work of her own*:

"Podemos reconocer fácilmente a una mujer que está en el pináculo de su carrera. Se ha realizado, es una persona decidida e independiente. Tiene una identidad autónoma, cuyos componentes principales son trabajo, título, posición social y el prestigio que viene junto con los cargos que le ha conferido la institución en la que trabaja. Ha subido con éxito la escalera masculina del crecimiento y el desarrollo adultos.....

"A medida que va ascendiendo en el mundo del trabajo, la mujer exitosa debe repudiar la mayor parte de las cosas que hacen de ella una mujer: su punto de vista femenino, sus valores femeninos de comprensión y afecto. Para triunfar desarrolla una desviación masculina y una tendencia a defender la cultura, las ideas y los ideales masculinos..."[4]

Rosabeth Moss Kanter señala que el comportamiento de las mujeres como Jeniffer es el resultado de fuerzas muy intrincadas. Al aliarse con los que están en el poder, reciben una *identidad instantánea*[5] pero al mismo tiempo se convierten en rehenes psicológicas del grupo mayoritario...El precio de ser *uno de los muchachos* puede ser la voluntad de volverse contra *las chicas* ocasionalmente.[6] Muchas mujeres me han contado versiones diferentes de esta historia. "Si alguna tenía una vida, terminaba sojuzgada por la versión femenina del macho" —decía Nancy Bramwell, la vicepresidenta de una fábrica. "Algunas mujeres se hacían antifeministas para poder pertenecer al grupo de los hombres. Eran mujeres con hijos pero se convencían de que para ser parte del grupo que realmente contaba era mejor no hablar de temas femeninos. Cuando yo adopté dos hijos al mismo tiempo, en lugar de concederme cierta flexibilidad, la actitud de la mayor parte de las personas, hombres y mujeres, fue: 'Es tu problema. Arréglalo tú'. El movimiento feminista no era así, pero acabó distorsionándose por completo."

Ella tiene razón, pero en general no nos ocupamos de nuestros problemas cotidianos de un modo tan filosófico. Se trata más bien de ir a trabajar y de hacer lo que podemos para sentirnos seguras, apreciadas o aceptadas. No conozco a ninguna mujer que conscientemente silencie una parte de su persona. En cambio, conozco a muchas que prefieren viajar tranquilas en el bote y no sacudirlo. Por debajo de esa decisión, muchas veces se teje una compleja red de negación.

ENTRENADA PARA ADAPTARSE

Recuerdo claramente el momento en que cambié mis ideas por la influencia de la señora Ryan. Yo estaba en séptimo curso y acababa de mudarme de un pequeño pueblo de Connecticut a Nueva York. Las chicas parecían muy sofisticadas. Yo, en cambio, usaba zapatos ortopédicos y aparato para los dientes. Me importaba mucho ser aceptada. No quería que me consideraran tonta. La señora Ryan me hizo cambiar por completo el primer día de clase, cuando anunció que todo lo que hiciéramos sería una preparación para entrar en una buena universidad: Sería o / o. O la aceptación social o no llegar nunca a la universidad. Finalmente fui a la universidad, pero sólo hice una amiga en el centro de secundaria.

En *Mother Daughter Revolution*, Marie Wison, Idelisse Malavé y Elizabeth Debold señalan que las mujeres aprenden muy pronto que para adaptarse a la cultura dominante deben dejar a un lado parte de ellas mismas, para así estar seguras y ser aceptadas por la sociedad. Una vez que están *adentro* ya no pueden diferenciar esa estructura de la *realidad*. Este libro, al igual que *In a Different Voice* de Carol Gilligan o *Reviving*

Ophelia de Mary Pipher, muestra de una manera sorprendente lo que les ocurre a las chicas cuando se introducen en la cultura masculina en algún momento cercano a la adolescencia. "Con la pubertad, las chicas reciben una presión enorme para dividirse en un falso yo" —dice Pipher—. "Pueden ser sinceras con ellas mismas y correr el riesgo de ser abandonadas por sus pares, o por otro lado elegir ser socialmente aceptables. La mayor parte de las chicas eligen esto último y dividen su yo en dos, uno que es auténtico y otro que está programado culturalmente. En público, se convierten en lo que se supone *deben ser*.[7] Se les pide que no sean demasiado inteligentes, agresivas, independientes o masculinas. "Las adolescentes descubren que es imposible ser al mismo tiempo femenina y adulta", dice Pipher, y cita un famoso estudio de I. K. Broverman. En esta investigación se les pedía a hombres y mujeres que describieran los rasgos de un hombre sano, de una mujer sana y de un adulto sano. Tanto hombres como mujeres describían de manera semejante a un hombre sano y a un adulto sano. Las mujeres sanas, en cambio, tenían cualidades diferentes. Se esperaba que fuesen pasivas, dependientes y emocionales. Sin embargo, tal como señala Pipher, el solo conocimiento de estas cosas no sirve de mucho. "Las reglas para las chicas son confusas, y ellas pronto se dan cuenta de que las cartas están en su contra, pero no hay otra baraja en toda la ciudad."

Mientras hablamos de estas cosas, Idelisse Malavé, ex vicepresidenta de la Fundación Ms., y actual dirigente de la fundación Tides, levanta las manos y exclama: "¡Soy feminista! Tengo una hija de doce años que va a una escuela adonde van sólo chicas. Tiene en su vida muchos modelos femeninos y recibe alternativas diferentes del modelo de vida masculino. Sin embargo, cuando quiere pensar en ella como la mejor, es cuando se ve como un muchacho". Malavé señala que éste no es un problema de adolescentes. La mayor parte de los estudios demuestran que, cuanto más se sumergen las mujeres en la escuela y la universidad, cuanto más desarrollan su mente, más se dan cuenta de lo que supone el lugar de la mujer en el mundo y más sufren el impacto que éste ejerce sobre sus sueños y aspiraciones.[8] "En realidad" —dice riendo—, "si uno no respondiera de ese modo, algo malo le sucedería. Hay una investigadora canadiense a quien siempre he adorado porque dijo que, si la autoestima de las chicas no decayera con la adolescencia sino que continuaran con el correr de los años, enloquecerían!"

No estamos locas. O al menos no lo estamos de la manera a la que se refiere Malavé. Nos callamos porque eso nos confiere verdaderos beneficios. A veces hasta tenemos la presencia de ánimo necesaria para aceptar que dando un poco conseguimos mucho.

Las consecuencias

La escritora Elizabeth Debold, miembro de Proyectos de Harvard, ha estado investigando este modelo negativo en las chicas y las mujeres durante años: "Lo que sucede naturalmente cuando uno se abandona y desarrolla un falso yo que atenta contra sus valores internos es que provoca una depresión. Éste es un resultado predecible dado que se está silenciando e ignorando a una parte de la persona". Lo que sucede, dice Debold, es que a través del tiempo la rabia de tener que dividirnos va creciendo tanto que puede destruir el mundo. "Las partes del yo que estaban sumergidas y en un equilibrio inestable comienzan a moverse. Nos enfurecemos con nuestros jefes, nuestros compañeros, nuestras parejas, nuestros hijos. Comenzamos a sentir que en cualquier momento vamos a explotar, pero seguimos diciendo: 'Todo está bien. El problema soy yo', porque encarar el verdadero problema es demasiado abrumador. Las mujeres todavía no cuentan con una manera apropiada para analizar estas cosas y el mundo del trabajo no ha cambiado lo suficiente como para que existan alternativas reales."

"Nunca olvidaré la mañana en que desperté y anuncié a mi esposo que finalmente había enloquecido" —cuenta Stephanie Rosen, una abogada de treinta y nueve años—. Acababa de despertar de uno de esos sueños plagados de ansiedad en los cuales uno de nuestros seres queridos está a punto de morir y uno siente que está corriendo sobre gelatina para tratar de salvarlo sin, por supuesto, nunca lograrlo. Me di cuenta de que la persona a quien trataba de salvar era a mí misma." Stephanie acababa de finalizar con éxito un caso que le había ocupado tres años, para enterarse luego de que no pensaban asociarla a la empresa jurídica en la que trabajaba. "Parte de mí estaba exhausta y otra parte estaba furiosa por haberse comprometido tanto durante todos esos años y ¿para qué?" Pero lo que más la conmovió fue que, además de humillada por no haber sido aceptada dentro de la firma, se sintió inútil. Su esposo acababa de comenzar su práctica como psicoterapeuta tras años de formación, pero todavía sus ingresos no eran suficientes para pagar las cuentas. Además, ella no podía pensar en otra cosa que quisiese hacer. No se trataba tan sólo de las cuotas del automóvil. La cuestión era que ella había confiado en su trabajo y era ese trabajo el que la hacía sentir que era alguien en el mundo. "Entré en una depresión profunda. Nada me importaba. No podía levantarme de la cama. Aumenté ocho kilos de un día para otro. Nunca me había sentido tan paralizada en mi vida." Como nuestros trabajos son tan importantes para nuestra identidad, no podemos soportar arriesgarlos. La paradoja es que nos sentimos atrapadas por aquello que creíamos que nos iba a hacer libres.

Elizabeth Debold señala que si logramos convertir la depresión en furia, podemos obtener algo bueno. "El movimiento feminista se fundó en la furia. La cuestión es cómo tomar esa furia, esa energía, ese sentimiento de 'No puedo creerlo!', y sacar partido. Si no podemos utilizarla" —concluye—, "no hará más que corroernos."

Corroernos o agotarnos. Agotarnos o deprimirnos. Deprimirnos o comer de más, beber demasiado o gastar demasiado. El modo como llenamos el hueco existente entre lo que somos realmente y cómo sentimos que debemos manejarnos en nuestra carrera puede ser muy diverso.

¡DIOS MÍO! ¡ME OLVIDÉ DE CASARME!

Una de las consecuencias más dolorosas de la negación está relacionada con el reloj. Como estamos trabajando en un sistema diseñado para hombres, nuestras carreras son lineales y jerárquicas. Los hombres no tienen necesidad de adaptarse a ritmos más circulares y a demandas familiares. En general, ellos tienen esposas que se ocupan de la educación de los hijos y del cuidado de los padres ancianos. Los hombres trabajan en una línea recta, y cuanto más alto llegan, más interesante es su vida laboral y mejor los recompensan.

Comprensiblemente, las mujeres deseamos tener estos mismos privilegios. Para obtenerlos, debemos posponer el matrimonio y los hijos hasta sentirnos más seguras con respecto a nuestras carreras. No tenemos la opción de detenernos o dejar de trabajar por un tiempo. Sabemos que la competencia con los hombres o con las mujeres que no tienen familia es dura y que no lo lograremos si dormimos cuatro horas o tenemos un hijo enfermo en casa. Por eso las mujeres solemos esperar. Esperamos a tener más seguridad en nuestros trabajos y a sentir que nuestros logros están fuera de toda duda. Sin embargo, después de esta espera muchas veces las mujeres se topan con que no es tan sencillo. Yo tenía treinta y ocho años cuando tuve a mi hijo. Mi médico y el hospital me trataron como a la primeriza nada joven que yo era según las estadísticas. Tuve suerte. Algunas de mis amigas tuvieron dificultades para concebir. El Centro Nacional de Estadísticas de la Salud informa que aproximadamente un cuarto de los nacimientos de primeros hijos corresponden a mujeres de entre treinta y cuarenta y cuatro años. Ese porcentaje asciende al doble de lo que era hace treinta años. No importan ni las estadísticas ni las edades exactas; es irrefutable que la disminución de la fertilidad o los trastornos de la fecundidad son una realidad que se hace presente en algún momento no muy posterior a los treinta años. Jean Beward, una trabajadora social de California dice: "Las trayectorias vitales de las personas son muy complicadas y las circunstancias no siempre son controlables. Conocer los hechos no siempre modificará el comportamiento de una mujer, pero creo que es valioso contar con la información para poder tomar decisiones con conocimiento".[9]

Cuando tenemos en cuenta estos problemas, la brecha entre lo que es mejor tanto para nuestra vida laboral como para nuestra vida personal se agranda. El sistema de ascenso profesional no fue ideado teniendo en mente nuestro reloj biológico. La edad media para incorporar como socio a un abogado en un estudio jurídico es de treinta y cuatro años. En un despacho de contabilidad la edad es aproximadamente la misma. Las opciones de fondos de inversión y las participaciones en las ganancias no suelen formar parte de las retribuciones sino cuando se llega al nivel de director. Después de trabajar durante diez o doce años en una empresa, es lógico que a las mujeres no les agrade perder la posibilidad de estos beneficios. Es lógico que, cada vez que nos preguntemos si la elección de tener un hijo nos perjudicará, sintamos resentimiento.

Éstas son las consecuencias para las mujeres que eligen tener hijos. Nancy recuerda la vez que se encontró con una mujer con quien había trabajado en otra época. Ésta había realizado su trabajo con dedicación parcial durante un tiempo y luego se fue. Nancy le preguntó si había resultado difícil para ella dejar el trabajo. "Irme fue fácil" —respondió la mujer—. "Lo peor fue cuando trabajé con dedicación parcial. En ese momento estaba enviando el mensaje: me salgo del torbellino. Le estaba diciendo a la gente que el trabajo ya no era lo más importante para mí. Me salí del camino de los ascensos y casi enseguida perdí la posibilidad de tomar decisiones. Eso fue lo más difícil. Fue como si toda mi experiencia hubiese perdido valor y no sirviera para nada. Después de todo me resultó más fácil convertirme en una mamá de jornada completa." Como muchas mujeres sospechan la triste verdad que experimentó esta señora, suelen redoblar sus esfuerzos para demostrar que el hecho de tener una familia no afectará a su trabajo. Viven entonces en uno de los más dolorosos estados de negación. Sandra Brass recientemente ha adoptado un bebé: "En el trabajo a veces siento que no hay ninguna diferencia y en otras ocasiones me da la sensación de que no rindo tanto como antes. En realidad no doy más de mí porque estoy agotada. Lo más penoso es el trabajo fuera del trabajo. No solamente corro en el trabajo y en casa. Además corro a casa para ver al bebé. Pensé que iba a trabajar en el tren. Allí trabajaría mejor. No lo estoy haciendo. Ahora trabajo hasta tarde una noche por semana. Me he esforzado para que no se note. Si me invitan a salir por la noche voy, porque no quiero que nadie piense que tengo que estar en casa porque soy madre. No quiero que mi trabajo se resienta. No deseo que la gente me vea así. Me dieron dos meses de permiso y trabajé en casa uno de ellos. No cabe duda de que cuando regrese deberé controlar cuáles han sido los daños".

El comentado "Trabajo estilo madre" es otro precio que las mujeres pagan por trabajar en términos masculinos. Cuando quedé embarazada, una mujer que conozco —experta en cuestiones familiáres y laborales— me sugirió que disminuyera las exigencias de mi trabajo. "Éste no es el momento para hacer más" —me dijo. Afortunadamente yo era demasiado obstinada como para hacer caso de su consejo y acepté una tarea muy dura. La satisfacción que obtuve con el éxito en esa tarea me mantuvo feliz durante el difícil primer año de vida de mi hijo. Si no hubiese tenido en mis manos un trabajo interesante y complejo, hubiese estado demasiado centrada en lo cansada que estaba y en lo difícil que era adaptarse a la maternidad. En cambio, yo tenía algo importante en mi vida: me sentía bien como profesional. Mi hijo también se benefició de ese sentimiento. El trabajo de la psicóloga Rosalind Barnett acerca de las mujeres, los hombres y el trabajo expresa muy bien cómo me sentía. En su libro *He Works / She works*, basado en ese estudio, ella señala que el trabajo "estilo madre" se caracteriza por más labores rutinarias y menos autoridad, dos cosas que el investigador Robert Karasek ha demostrado que son causas de estrés.

El hecho es que, cuando los hombres establecen una familia en este período, tienen esposas o algún otro ser querido que, aunque trabaje, llevan adelante el mes extra[10] de trabajo que implica para una mujer atender el trabajo y la casa. Para ser iguales que los hombres en el trabajo, las mujeres tienen que negar sus vidas familiares y sus responsabilidades. Si no lo hacen, están en desventaja. Si lo hacen, se encuentran también en una situación complicada.

LA CRISIS

Todas estas presiones colocaron a mi yo personal y mi yo profesional en rincones opuestos. Cada mañana, al sonar el despertador, estas dos identidades salían al ruedo y peleaban la una con la otra por los minutos que el reloj marcaba y para obtener mi atención. La relación entre ellas era como el antagonismo entre dos personas casadas que se aman, pero no pueden vivir juntas y tampoco quieren divorciarse. El contrato que yo había hecho respecto de mi vida profesional no se sostenía tan bien como yo creía en otra época. Yo no sabía que el éxito fragmentaría mi vida y que me obligaría a tomar decisiones que irían en contra de uno u otro aspecto de mi persona.

Los límites de tener éxito en términos masculinos comienzan a desgastarnos en uno u otro momento. Son como las olas, que van horadando las piedras. Sin embargo, esta crisis tiene su lado positivo. Hace falta algo realmente doloroso para que nos apartemos de las grandes e irreales expectativas que teníamos con respecto a nosotras mismas. Sólo cuando nos sentimos realmente desdichadas estamos dispuestas a abandonar los papeles que tratábamos de perfeccionar. Sólo entonces comenzamos a asumir quiénes somos y qué cosas son importantes. Nosotras crecemos, aunque el sistema no lo haga.

CAPÍTULO CUATRO

CUANDO EL TRABAJO DEJA DE FUNCIONAR

Como no era capaz de imaginar mi vida sin el trabajo, quería ser desdichada con tal de sostener las pruebas de los logros tradicionales que había pasado casi dos décadas acumulando. Tenía que llegar a estar verdaderamente muy mal para irme dejando atrás mi identidad profesional, mis amigos y los despojos de mi creatividad. Como una de las hermanastras de Cenicienta, prefería bailar con los pies doloridos antes que contemplar siquiera la idea de dejar el salón. Además, si me iba, ¿quién diablos sería? Si hacía menos, ¿no sería como antes?

Me encantaría poder decir que cuando me di cuenta de que mi carrera tenía límites me puse en acción y cambié mi vida, pero en realidad no fue tan sencillo. Pasé varios años tratando desesperadamente de lograr que todo siguiese adelante. Como el valor de mi vida estaba tan ligado para mí con el triunfo de mi carrera, no podía dejarla ni cambiarla. Yo era el rehén de mi propio éxito.

Esta situación en la que me resultaba imposible cortar con mi carrera se parecía a la relación que mantuve cerca ya de los treinta con un hombre al que llamaré Richard. Richard era muy agradable y con todas las condiciones deseables en un esposo: educado, moral, bueno y muy, muy rico. Cada uno de nosotros encontró en el otro a la persona que la sociedad y la familia le tenían guardada. El problema era que en realidad no nos amábamos. De haber admitido esto, nos hubiésemos ahorrado mucho tiempo y mucho dolor, pero, como no podíamos hacerlo, seguíamos juntos. Yo estaba decidida a ignorar lo que me decían mis vísceras, porque tenían que estar equivocadas. Había demasiadas pruebas exteriores de que él era el tipo perfecto para mí. *¿Qué te pasa?*, recuerdo que me preguntaba. *Él lo tiene todo.* Si yo no me enamoraba de *este* hombre era porque definitivamente algo no funcionaba bien en mí. Me quedé con él mucho tiempo, tratando de equilibrar la balanza. Por un lado, él era un hombre muy agradable y tenía bellas propiedades. Tenía tres casas y una gran seguridad económica. Por otro, mis dudas y mis sentimientos poco claros no me ayudaban a decidir. Richard y yo perdimos cinco años tratando de que nuestros corazones se pusieran en consonancia.

Con el correr de los años, me he dado cuenta de cuál era el problema. Yo no tenía la confianza y el respeto por mí misma necesarios para admitir mis propias reservas y rechazar a alguien que no tenía nada visiblemente malo (alguien que era la definición del *buen partido*), y tampoco tenía un mínimo de confianza con respecto a mi bienestar sin esa relación. Más bien me sumergía en opciones dramáticas: O bien dejaba de lado mis sentimientos y elegía una unión *próspera*, o bien me hundía en la soltería y el fracaso. Mientras me decidía, permanecía cautiva, esperando que la realidad cambiara.

Cuando la relación finalmente emitió su último suspiro, yo me sumergí en mi carrera aun con más ímpetu. Estaba doblemente decidida a triunfar, para así tener todas las cosas que había perdido para siempre en mi fallido intento de casarme con la seguridad. Esto sucedió mientras aparecían muchos libros acerca de cómo las mujeres dependían demasiado de los hombres para labrar su propia identidad. Yo estaba contenta porque me había salvado de eso. Por supuesto, no percibía que el vínculo con mi carrera estaba tomando la misma forma que esas relaciones masculino-femeninas. En lugar de depender de un hombre, yo dependía de otros factores externos: mi título, mi salario, la empresa, que eran los que me daban seguridad y valor (además de la seguridad económica y social).

Durante esta época mi vida exterior fue mejorando cada vez más. Me sentía muy orgullosa de mí misma. Había logrado muchas cosas, pero las carencias del resto de mi vida se estaban haciendo evidentes. Después de que Richard y yo nos dejamos mutuamente, mi existencia fuera del trabajo resultaba bastante pobre. La mayor parte de mis amigas estaban muy ocupadas criando a sus hijos y seguían trabajando. Junto con tres amigas que seguían siendo solteras íbamos ocasionalmente al cine o a fiestas. Salí con una serie de hombres que me resultaron tan indiferentes como yo a ellos. Comencé a pensar que el trabajo iba a ser la relación más importante de mi vida y, cuando lo miré desde esa perspectiva, no lo vi tan atractivo.

Pasados los treinta y cinco, no había muchos peldaños por subir. El escalón en el que me encontraba me exigía cada vez más. Si quería tener hijos, iba a tener que obtener de algún lugar el tiempo suficiente como para que mis citas se convirtieran en algo más consistente. El tiempo pasaba cada vez más rápido y mis oportunidades disminuían. Sabía que había llegado a ese momento en el cual cada movimiento que hiciese o dejase de hacer podría tener consecuencias permanentes. Mi carrera llevaba a tantos problemas como soluciones, y una fría parálisis se iba desplazando hacia ese sitio donde había encontrado tantas satisfacciones. Vivía bien, pero empezaba a tener dudas sobre mi vida.

Me quedé en medio de esa crisis durante varios años, porque no tuve el coraje y la fe como para hacer algo al respecto. Mientras la conciencia de mi descontento crecía, mis dudas aumentaban, pero también mi negación y mi decisión. Iba a lograrlo sin importar el precio.

Yo despreciaba cualquier alternativa al modelo tradicional del éxito. Cualquiera podía dejarlo todo y actuar correctamente de ese modo, pero eso no valía para mí. Tal vez sentía que había sacrificado demasiadas cosas de lo personal en aras del éxito. Quizá todavía deseaba tenerlo todo. Lo más probable, sin embargo, era que me daba demasiado miedo el hecho de comenzar a cuestionar aquello que había sido la médula de mi identidad. Después de dos décadas de invertir tanto física como emocional y espiritualmente, ¿qué sucedería si descubría que mi profesión era equivocada? ¿O peor aún, que ya no me gustaba mi profesión y no tenía donde ir? Temía que si no era lo que hacía no sería nada. El temor hacía que no quisiera revisar las cosas.

Me fui haciendo cada vez más irritable en la vida cotidiana, y me sentía suspendida entre dos alternativas: o seguía tal como estaba o hacía algunos cambios radicales. Ninguno de los dos caminos me atraía. Quería seguir haciendo lo mismo pero pasarlo mejor. Sentir un grado menor de presión. Como trabajaba en un área en la cual era frecuente que la gente cambiara de empresa, intenté varias veces esa alternativa. Sin embargo, a medida que me movía, veía que mis problemas eran más profundos de lo que aparentaban. El verdadero dilema era que no podía imaginar cómo tener una vida, tener éxito y dinero (y una bella casa), poder (y libertad) y posición (prestigio social). No quería arriesgar todo aquello por lo cual había trabajado, por la remota posibilidad de que mi vida interior, mi vida personal o como se quiera llamar fuese más satisfactoria. Tal como me había ocurrido en mi relación con Richard, yo era rehén de lo que pensaba que se esperaba de mí.

Anna Quindlen recuerda a una mujer que respondió a una conferencia que ella dio acerca de su alejamiento del *New York Times*: "Todo eso de dejar el trabajo está muy bien para usted, ¿pero qué hay de las personas que deben mantener a sus familias?". A Quindlen le alegró que le formulasen esta pregunta porque es un problema real: "Si no lo puede hacer porque, por ejemplo, debe pagar una hipoteca, entonces es imposible dejar el empleo en ese momento", respondió Quindlen. Sin embargo, cuando más tarde la mujer se acercó a hablar con ella, resultó que se trataba de la principal abogada de una de las corporaciones más grandes del país. "El problema de esa mujer no era la hipoteca. Ella no podía hacer un cambio porque una parte de su cerebro estaba cautivo de lo que en el mundo es considerado como éxito" —observó Quindlen—. "Lo que tenía que hacer era quitar el cañón de la pistola de esa parte del cerebro y decirse: 'Un minuto. Cuando esté en mi lecho de muerte no me voy a consolar con la idea de que todos creen que soy un éxito. Voy a tener que decirme a mí misma: ¿Hiciste lo que quisiste con tu vida?'; si la respuesta es no, que Dios la ayude. Será uno de los momentos más tristes de su vida. Eso es lo bueno. Que yo puedo decirme: 'para bien o para mal, en los buenos y en los malos tiempos, tomé el camino que deseaba'."

Esa abogada podría haber sido casi cualquiera de las mujeres con las cuales he almorzado en los últimos cinco años o cualquiera de las que entrevisté para este libro. Es como si todas nosotras estuviésemos a la orilla de un río mirando las vidas que transcurren en la otra orilla, pero ninguna se animase a saltar al agua. "Está fría. Voy a mojarme. Hay corriente. Hay animales que muerden." Dejamos que miles de cosas se interpongan entre nosotras y aquello que decimos desear. Tratamos de evitar los riesgos. Rechazamos el cambio. Nos resistimos a dejar la seguridad de la identidad que conocemos. Todo eso es muy humano.

Traición

Durante la crisis permanecí pegada a la silla de mi oficina, sostenida por la lealtad hacia mi idea original de triunfar en la vida: un gran trabajo y una gran familia. Mientras permanecía sentada, la vida no sólo no era maravillosa, sino que además parecía empeorar paulatinamente. Mi profesión cambiaba día a día y no para bien. Los puestos que antes me parecían un destino seguro y cómodo comenzaron a adquirir el aspecto de tumbonas de primera clase en la cubierta del *Titanic*. Amigas con mucho talento habían sido despedidas. Los íconos de la industria editorial eran tratados sin ningún respeto. "Si les sucedió a ellos...", susurrábamos entre nosotras. En lugar de encontrar un paraíso de respeto y seguridad, al final de sus carreras, tras haber llegado a las más altas posiciones, las personas más encumbradas de la industria editorial podían ser arrojadas al vacío en cualquier momento. Un sentimiento de temor comenzó a filtrarse en todo lo que hacíamos. Veíamos que todos éramos descartables.

"Odio reconocerlo, pero me siento traicionada" —dice Nancy, de cuarenta y cinco años, ejecutiva de una importante industria—. "¿Pero, por qué?, ¿quién creo que me traicionó? ¿Qué derecho tengo a quejarme yo, que tengo dinero en el banco, una pensión y una buena casa?" Cuando la conocí, Nancy acababa de enterarse de que su sección, que era una nueva, iba a desaparecer. Lo que más atónita la había dejado era que los gerentes habían tomado la decisión sin incluirla. Si bien le aseguraban un trabajo, el puesto que le ofrecían estaba varios niveles por debajo del de ese momento. "Dijeron que tenía que volver al área *principal*" —refería ella sarcásticamente—, "para que la gente volviese a conocerme. Cuando estaba en la nueva división me decían que lo que yo hacía era igual que lo que hacían los demás en el negocio principal, pero al parecer no era así. Ahora vuelvo al lugar donde estaba cinco años atrás—." Nancy está particularmente molesta por la manera como están tratando a su personal. Lo más asombroso es que su división no sólo producía ganancias sino que excedía lo proyectado.

Alison, una contemporánea de Nancy, experimenta sentimientos semejantes. "Siento que me engañaron. Me dijeron: 'Ve a la escuela de Comercio y obtén un diploma. Ponte en marcha. Llegarás'. Yo me puse en marcha y, cuando estaba a punto de llegar, me dijeron: 'Lo lamentamos. Las reglas han cambiado y debes trabajar más, hacerte cargo de más responsabilidades y esperar durante más tiempo para obtener una recompensa. Tendrás que volver abajo, moverte más y entonces...tal vez'. Siento que luché en la línea de combate para obtener el privilegio de explotarme a mí misma. Llegué cerca de la cima y me di cuenta de que nadie iba a apreciarme por mi trabajo, no digamos ya quererme. En algunos casos, con cada éxito lo que uno consigue es que le pidan más. Esto no es lo que imaginaba."

Al igual que Alison, Nancy se sentía acorralada. No podía imaginar una vida sin trabajo, pero tampoco soportar la vida con esa carrera. "¿Qué puedo hacer? Tal vez irme, pero en otros lugares no es mejor. Además, no quiero irme. ¿Qué haría con mi vida? Ésta es mi vida. Puedo conseguir un nuevo trabajo, y no tendré ninguna garantía, o puedo aceptar mi nuevo puesto aquí, sonreír y soportarlo, demostrándoles que soy buena deportista. Ninguna de las alternativas me gusta demasiado. Es difícil saber qué hacer porque estoy agotada y no puedo pensar bien."

Las historias de Nancy y Alison se parecen a muchas otras que he escuchado. Las mujeres llegan hasta un punto en sus carreras y entonces se dan cuenta de que las reglas han cambiado. En lugar de tener la seguridad que tenían nuestros padres, por primera vez en nuestras carreras tememos que nos despidan. No nos da miedo porque no seamos buenas en lo que hacemos, sino porque alguna empresa puede comprarnos, o podemos acabar siendo redundantes o siendo eliminadas por razones de presupuesto. En el momento en que llegamos al lugar en el cual podríamos disfrutar de los frutos de nuestro trabajo de toda la vida, las corporaciones se volvieron menos generosas, y el paternalismo que en una época ofrecía un sentimiento de seguridad fue eliminado debido al estrechamiento de los márgenes de ganancia.

Ese cambio devastó a Nancy: "Yo di a ese trabajo mi cuerpo y mi alma y ahora no puedo lograr que me devuelvan el alma" —suspira—. "Estoy anonadada por la cuestión del reconocimiento. No puedo creer lo mucho y lo duro que he trabajado durante tanto tiempo, y todavía estoy esperando que alguien me diga: '¡Eh, Nancy! Buen trabajo. Apreciamos tu contribución, y por todo lo que has hecho te vamos a ofrecer un mejor lugar y un cargo que refleje la confianza y el respeto que sentimos por ti'. En lugar de eso, lo que escuché fue:

'Mira, Nancy, si quieres seguir teniendo trabajo, deberás conformarte con uno más modesto'. Siento que todo el juego ha cambiado y que no tengo opciones."

Las situaciones de otras mujeres no son tan dramáticas como la de Nancy. Sin embargo, no pensábamos que en mitad de nuestras carreras la seguridad laboral pudiese ser un problema. Hemos comenzado a trabajar no por el placer de hacerlo, sino más bien para conservar un empleo. Este cambio en el clima de las empresas coincide con el éxodo de muchas mujeres que habían alcanzado buenas posiciones y que se sienten presionadas porque tienen cada vez más responsabilidades y menos recompensas. "Cuando nosotras adquirimos poder, el trabajo comenzó a perder su significado" — señala Jane en una conversación que tuvimos aproximadamente un año después de que dejara su primer profesión—. "Todos estaban asustados. Nadie disfrutaba del trabajo. Creíamos que estaríamos satisfechas para siempre con el trabajo. Sin embargo, en un determinado momento comenzamos a darnos cuenta de que no íbamos a obtener todo ese poder y respeto que esperábamos. En realidad no echo de menos todo eso."

Muchas de nosotras, para esa época comenzamos a preguntarnos: "¿Esto era todo? ¿Es esto lo que deseo para mi vida?". Cuando las garantías de seguridad y reconocimiento se ven amenazadas y desaparecen debido a un cambio en el mundo de los negocios, nuestros sueños personales —pospuestos u olvidados en nombre de la buena vida que estábamos construyendo—, comienzan a resurgir. El modelo de éxito se desvaneció y miramos nuestras vidas desde una perspectiva distinta. (Las mujeres más jóvenes, que vienen detrás de nosotras, tienen una tarea diferente pero igualmente agotadora: deben avanzar sabiendo que al mundo corporativo sólo le importa el mundo corporativo. Con los ojos abiertos por la realidad de las reconversiones y las reestructuraciones, la falta de alternativas de trabajos interesantes para estas mujeres hace que ya comiencen sus carreras conociendo los límites.)

En lugar de constituirse en una experiencia liberadora, esto crea una profunda crisis en las mujeres. En este momento ya hemos invertido mucho, psicológica y financieramente, en nuestro trabajo. Descubrimos que hemos atado nuestras velas a una roca. No nos podemos imaginar fuera del trabajo pero vemos que el camino por donde transitamos no nos lleva donde pensábamos. Como hemos vivido bajo la consigna de que Más es Mejor, cualquier cosa que signifique menos —aunque sea menos tensiones— nos parece un sinónimo de fracaso. Comenzamos a comprender la paradoja del éxito: no necesariamente queremos más, pero no contamos con una sociedad que apoye esa clase de ideas.

No es casual que hayamos llegado hasta este punto en el momento en que habíamos logrado algún grado de éxito. El ritmo de nuestro trabajo se redujo y tuvimos un instante (por primera vez en años) para detenernos a examinar lo que nos rodeaba. Descubrimos que habíamos confundido el movimiento con la satisfacción. "Permanecer estancado es una experiencia de trabajo muy distinta que estar en movimiento" —dice Rosabeth Moss Kanter—. "La escasez de oportunidades puede desembocar en una rápida decadencia del interés que suscita un puesto, al igual que el efecto estimulante de un ascenso puede desaparecer rápidamente si no hay otros ascensos a la vista."[1] Las cosas que estábamos dispuestas a pasar por alto antes por el ascenso o la posibilidad de realizar un trabajo interesante comienzan a perder su camuflaje e ignorarlas nos resulta demasiado difícil.

Otra razón por la cual la perspectiva cambia después de haber obtenido ciertos logros es que las mujeres necesitamos sentir que hemos demostrado lo que valemos para poder separar lo que hacemos para vivir de quienes somos como personas. Como dijo la escritora Terri Apter: "La condición de la mujer tenía que cambiar antes de que ella se animara a protestar. Las mujeres tenían que modificar sus percepciones acerca de sus habilidades y sus expectativas y también el sentimiento de lo que es justo. Tenían que adquirir la fuerza necesaria para combatir el prejuicio que había engendrado el silencio".[2] Esta perspectiva no se produce sino después de haber madurado lo suficiente o alcanzado logros suficientes como para sospechar lo mucho que se ha dado en aras del éxito.

Como el proceso es acumulativo y muy sutil, es difícil ver cómo los mensajes culturales que continuamente nos han trasmitido han dirigido nuestras vidas. El menosprecio de los valores privados y personales en favor de los dominantes y aprobados va sucediendo lentamente. La mujer comienza a ver el patrón justo después de haber hecho muchas elecciones. Hace falta experiencia y confianza en uno mismo para evaluar un sistema en el cual nos hemos apoyado para desarrollar esa misma confianza. Sin embargo, a medida que la evolución de la mujer en los lugares de trabajo sigue adelante, cada vez se hace más claro que, en algún momento, nuestros programas se apartan del sistema de valores del autosacrificio o del héroe.

Mientras triunfé en mi carrera no encontré ninguna alternativa subversiva del éxito. Necesitaba la aprobación y el respeto de mis pares y de mis superiores para poder valorarme. Yo igualaba ese reconocimiento con el éxito. Sin embargo, cuando llegué a un lugar desde el cual pude ver las cosas desde otra perspectiva, tomé conciencia de lo mucho que había concedido y de las consecuencias de todo lo que había hecho para lograr el éxito tal como lo definía mi padre. Tal vez llegué suficientemente arriba como para poder ver una panorámica de mi vida. Quizá fuese porque mi vida era cada vez más caótica pues mis responsabilidades proliferaban a un ritmo muy acelerado. Tal vez comencé a experimentar un sentimiento de mortalidad, tal como le sucedió a Jane.

Evaluar los proyectos

En un cierto momento de nuestras vidas, muchas mujeres descubrimos que los proyectos que teníamos a los veinte años —aquellos que reflejaban quienes *pensábamos* que seríamos— ya no se pueden sostener. Algunas de nosotras tenemos una maravillosa vida personal y una carrera más o menos. Otras, una carrera fantástica y una vida personal limitada. Las demás, un poco de cada cosa en algunos momentos y nada o casi nada en otros. Vemos que el equilibrio es imposible y que tendremos que plantearnos difíciles elecciones.

Marissa Clark, una vendedora de bienes raíces de Minneapolis, de treinta y nueve años, se dio cuenta de que ella ni siquiera deseaba aquello que la sociedad considera un triunfo: "Comprendí que me había pasado la vida tratando de que el mundo me confirmara, porque yo era muy insegura. Creo que el hecho de no tener hijos me hizo aún más decidida. Supongo que lo que más me importaba era triunfar, porque pensaba que no teniendo hijos no iba a llenar los requisitos que hacen falta para ser una mujer triunfadora. Como no tengo hijos, no puedo tener éxito. Punto final.

"Esto no es ni siquiera algo consciente. Es inconsciente. Yo recibí el mensaje de que las mujeres sin hijos no eran mujeres completas, ya que no habían cumplido las tareas asignadas para ser una buena mujer americana. Yo pasé por un período en el cual deseaba tener hijos y además una carrera, y pensaba que podía tener ambas cosas. Luego me di cuenta de que tenía problemas de salud y eso me disuadió del tema de los hijos. Para ser sincera, me sentí aliviada." Marissa sostuvo una prolongada lucha consigo misma. En realidad, ella no deseaba tener hijos. Sin embargo, creía que si no lo hacía, sería un fracaso como mujer. Trató entonces de luchar para superar sus sentimientos en relación con lo que estaba bien. Además, Marissa sabía que para ella la carrera era algo importante. Sin embargo, el exceso de energía que puso en ella para tratar de compensar las insuficiencias del resto de su vida hizo que dejara de amar su trabajo. Lo que realmente quería Marissa era cambiar de profesión y convertirse en una trabajadora social. Sin embargo, temía que, si cambiaba de carrera para adoptar una que tuviera menos prestigio, sería una fracasada en todos los aspectos de su vida. Necesitaba su trabajo para obtener prestigio social en algún terreno, para tener una identidad valiosa. Sin embargo, se deprimió cada vez más al seguir con los bienes raíces sabiendo que deseaba hacer otra cosa. Comenzó a perder su capacidad para juzgar la calidad de su vida. Al igual que otras mujeres, al llegar a este momento de crisis, Marissa vivió durante un tiempo con la desagradable conciencia de que dos sistemas de valores diferentes pugnaban por dirigir su vida. El resultado fue una sensación temporal de fracaso y falta de valor.

Todas las cartas estaban sobre la mesa. Ella deseaba una nueva vida y sabía que tendría que hacer algo con la presente. Las mujeres que llegan a este punto cuentan con la perspectiva y la experiencia suficientes como para saber que, tomen la dirección que tomen, siempre tendrán que pagar un precio, ya sea que valoren el trabajo por encima de la vida personal o viceversa. Es un momento en el cual la competencia entre los dos mundos —el laboral y el personal— se concreta. El trabajo también comienza a resentirse, ya que la energía se dispersa para manejar las tensiones que produce esta relación controvertida. Descubrimos que, si somos fieles a nuestros antiguos proyectos, bajan nuestras posibilidades de ser felices, pero aún no somos capaces de planear un proyecto nuevo. El hecho de ver claramente pero sentirse incapaz de actuar suele ser muy doloroso.

COMENZAR A VIVIR DE DENTRO HACIA FUERA

"Justo a los treinta comencé a sospechar que existía un poder interior al cual yo estaba dejando a un lado" —recuerda Gloria Steinem—. "Aunque la manera como yo me había criado me alentaba a situar el poder en cualquier parte menos dentro de mí, comencé a tomar cada vez más conciencia de la necesidad de comenzar desde dentro.[3] Resulta novedosa e inquietante la idea de que nuestro poder personal sea igual que nuestra capacidad profesional y que podamos tener un proyecto interior que sea diferente de las expectativas de la sociedad. Nos resulta asombroso porque nos hemos pasado la mayor parte de la vida permitiendo que las cosas externas nos configuren y nos definan. Le hemos dado mucho poder a las instituciones (y a sus agentes). Sin embargo, en el momento en que comenzamos a darnos cuenta de que hemos llegado al lugar donde estamos gracias a nuestro talento y no por la suerte o la generosidad de los superiores, nuestra perspectiva cambia completamente. Durante años nos hemos centrado en lo que los superiores pensaban de nosotras. Tuvimos que hacerlo porque la administración es un juego de poder, maneja los ascensos, concede excepciones especiales y determina el ritmo y el tipo de progreso de una carrera. No es sorprendente, entonces, que tuviésemos la tendencia a situar la fuente de nuestra buena fortuna fuera de nosotras mismas. Sin embargo, en un momento logramos lo suficiente como para comenzar a comprender que nuestro talento es nuestro y que nuestros puntos fuertes son independientes de los de nuestros maestros, mentores o jefes. Empezamos a ver que nosotras también éramos poderosas.

El obstáculo más grande para adoptar esta perspectiva había sido nuestra actitud de confiar en fuerzas e instituciones externas y conferirles el poder de definirnos y valorarnos. Mientras dependimos de ellas, no asumíamos los méritos de nuestro esforzado trabajo. Sin embargo, cuando nuestras vidas no resultaban tal como esperábamos, nos culpábamos a nosotras mismas y no a las instituciones que nos instaban a seguir en ese camino. Janet Andre es una especialista en el tema de las mujeres y el trabajo. Según ella, la mayor parte de las mujeres que no logran en lo profesional lo que desean piensan: *"Es por culpa mía. No fui suficientemente agresiva, o no trabajé lo bastante en ese proyecto.* Se culpan a sí mismas". La asesora Shoya Zichy está de acuerdo: "Las mujeres se echan la culpa de su propia situación. Se dicen: '¿Por qué no soy feliz aquí? Me han dado todas las oportunidades, entonces ¿por qué?'".

Esta imposibilidad para hacer funcionar al mismo tiempo todos los aspectos de la vida es un punto de inflexión. Es el momento en que las mujeres podemos separar lo que somos de lo que hacemos. Podemos recuperar nuestras habilidades personales y nuestras aptitudes. La mayoría de las mujeres sospechamos que nuestras vidas están limitadas por las circunstancias, tanto personales como profesionales. En efecto, muchas veces son las capacidades que tenemos las que han posibilitado la subsistencia de este estado de cosas. Si no hubiésemos sido tan capaces, nuestras vidas se habrían desorganizado hace mucho tiempo. Fue, en cambio, la modificación de la perspectiva personal la que dio lugar a esa profunda crisis.

Adele Scheele, estratega laboral y autora de *Skills for Success*, nos cuenta la historia de una universidad femenina del medio oeste cuyo rector se dirigió a ella para pedirle consejo. Los informes de enfermeras que se habían graduado indicaban que estaban fracasando en sus lugares de trabajo: o se iban o las despedían. De cualquier manera, las autoridades estaban consternadas. ¿Qué debían hacer? ¿En qué estaban fallando? ¿Qué papel tenía la universidad en este problema? Cuando Scheele analizó los datos cuidadosamente, descubrió que la universidad funcionaba bien. Las enfermeras no se limitaban a obedecer órdenes, sino que en su formación habían desarrollado la capacidad de pensar en forma crítica. Scheele plantea un paralelo entre estas enfermeras y las mujeres profesionales con éxito. Las mismas habilidades que las llevan al éxito son las que les permiten pensar de modo crítico, pero, cuando se aplican esta capacidad a sí mismas, sienten que no se adaptan o que no quieren adaptarse más a sus ambientes de trabajo. El fracaso que encierran en su interior en ese momento es el punto de partida para un tremendo cambio. Sólo cuando experimentamos una crisis en nuestras expectativas, la mujer que se esconde debajo de esa persona recubierta por innumerables capas de adaptación puede comenzar a cuestionar su modo de vida.

LA LIBERTAD

En ese momento recibimos el mayor regalo que puede darnos el conflicto de nuestra relación con el trabajo. Mientras experimentamos un nuevo sentimiento de confianza en nosotras mismas, nos damos cuenta de que el problema no radica en nuestro interior. Acabamos de separarnos de un viejo libreto. "Fue como cuando descubrí que los problemas matrimoniales que había tenido eran debidos a mi esposo y no a mí" —cuenta una abogada recientemente divorciada—. "De pronto comprendí que el problema no eran los cinco kilos que nunca logré eliminar después del nacimiento de mi hijo, ni que él se sintiera amenazado porque yo tenía mi propia carrera. Comprender estas cosas tal vez me ayudó a ver que algo no andaba bien en la empresa para la cual yo trabajaba. Cuando una cena con un cliente es más importante que llevar a tu hijo a su primer campamento, es que algo está mal en el trabajo, no en mí."

En el momento en que con respecto al futuro y la felicidad se plantean opciones del tipo "o...o" es que hemos llegado a una situación que nos va deteriorando o debemos arriesgarnos a realizar un gran cambio. De pronto parece posible reconstruir una vida basándose en pequeños trozos de sueños postergados y en rastros de expresión personal que habíamos dejado archivados largo tiempo. "Cuando comprenden que ellas no son el problema, que el problema está en el sistema, se sienten muy aliviadas", sostiene Shoya Zichy, que ha visto cómo esto le sucedía a muchas mujeres. "Las habilidades que usaron para llegar hasta la posición que ocupan adquieren el estatus de altos valores."

El cambio en la percepción lo modifica todo. La obstinación que siempre les criticaban tildándola de agresiva o dura, ahora es la plataforma necesaria para comenzar con una empresa propia. La capacidad para resolver problemas que usaban para reparar cosas que no debían serlo se convierte en un arma para el cambio personal. En otras palabras: todas aquellas cosas que las mujeres analizaron tratando de ver por qué el trabajo no funcionaba acaban por ser restituidas. Estas capacidades no eran el problema.

Junto con este reconocimiento aparecen los temores, ya que sabemos que tendremos que oponernos a un sistema de valores en el que hemos vivido toda la vida y que rige nuestra cultura. Es comprensible que nos preguntemos si nos hemos vuelto locas. Deberemos afrontar los demonios de la inseguridad económica, la pérdida de la posición social, la pérdida de la identidad. Después de todo, tenemos a nuestro alrededor un mundo que ejerce una enorme presión para que sigamos haciendo lo mismo. Una vez que el tema del cambio aparece, crece la resistencia que se le opone. Si no tenemos cuidado, nuestra nueva fuerza interior puede ser ahogada por el mar del *status quo*.

CAPÍTULO CINCO

LA RESISTENCIA
EN EL MOMENTO
DEL CAMBIO

Me llevó un buen tiempo separar mi amor por el trabajo de mi temor a no tener nada. Hasta que lo logré me resistí a hacer cambios. La resistencia fue una maestra maravillosa. Llenó de obstáculos el camino entre el lugar donde yo estaba (bastante desdichada con mi vida) y el sitio a donde temía ir (¿mi casa?, ¿el trabajo por cuenta propia?, ¿una nueva empresa?, ¿una nueva carrera?) Antes de que pudiera hacer cambios verdaderos y duraderos en mi vida, tenía que saber cuáles eran las cosas que me ataban a la que llevaba hasta ese momento.

Si verdaderamente deseamos llegar a una situación en la cual el trabajo funcione bien para nosotras, debemos zambullirnos en el agua y ver cómo es la realidad de nuestra resistencia. De lo contrario seguiremos siendo rehenes de nuestros temores. En su libro *Thinking*

Out Loud, Anna Quindlen cita algo que dijo Dorothy Thompson en 1939: "Hoy en día no es posible existir como persona —con plena conciencia— sin tener un encuentro con una misma y sin definir las razones por las cuales una vive, aclarar para qué vive, qué cosas le importan y las que no le importan".[1]

Para hacer lo que sugiere Thompson, debemos saber dónde estamos, qué nos gusta de ese lugar y qué no nos gusta. Debemos estar dispuestas a cambiar el sistema aceptado del éxito reconocible por algo que nos gratifique individualmente. Debemos poder vivir según nuestros propios valores y para ello tal vez tengamos que hacer algunos sacrificios importantes. Para hacer ese enorme cambio se necesita coraje y, generalmente, hace falta haber atravesado grandes desdichas. Sin embargo, hasta que logramos comprometernos, la mayor parte de nosotras pasamos por una etapa de profunda inercia y de parálisis, porque aún no nos atrevemos a dejar lo que tenemos. Además, queremos saber que estamos haciendo lo correcto. Este tipo de embotellamiento afectivo puede durar bastante tiempo, pero es una buena oportunidad para concienciarnos de nuestras vidas y diseñar nuevos planes. Mientras tanto, todos los mensajes confusos acerca de quiénes debemos ser en el futuro resuenan en nuestros oídos. Es una época de confusión, un tiempo de miedo, pero también se perfila como una etapa importante en el proceso de encontrar un trabajo de funcione. Sólo enfrentándose a los obstáculos reales e imaginarios de nuestras vidas podremos llegar hasta la otra orilla. "El mejor camino es siempre el que atravesamos", dijo Ralph Waldo Emerson. Para él era sencillo decirlo.

DECISIONES Y PUNTOS DE INFLEXIÓN

Mary Perkins está en el ojo del huracán de una fusión de empresas, examinando dos gráficos parecidos entre sí. Sabe que detrás de esos diagramas hay personas y que dentro de unos días le pedirán que elija entre esas personas. Al mismo tiempo, sabe que, unos pisos más arriba, hay alguien que examina diagramas entre los cuales hay un recuadro que contiene su nombre. "Nuestra Empresa acaba de fusionarse con otra muy grande. En este momento estos papeles están en todas partes y nadie sabe quién va a conservar su empleo y quién no." Su oficina tiene las paredes desnudas y muebles nuevos, heredados de un ejecutivo que cayó víctima de una *reconversión*. "Estoy en medio de una crisis y debo tomar grandes decisiones acerca de si voy a seguir adelante, ver qué pasa y aceptar lo que me ofrezcan, o si me voy a ir. Odio esto. Odio esto. Odio esto."

Mary sabe que, si decide quedarse, la nueva megacorporación la hará trabajar aún más. Si opta por irse, no tiene idea de qué sucederá o quién llegará a ser. Ha llegado a uno de esos momentos en que "hay que reducir algo", según sus palabras. Algo va a limitarse, o en su trabajo o en su vida personal, por el bien de la otra parte. Mary lucha por tomar una decisión clara y debe afrontar la resistencia cuando contempla las opciones a las cuales se enfrenta. Quién es y qué hace son partes profundas de su identidad y de su seguridad. Por eso le cuesta imaginar cualquier tipo de cambio, incluso uno que aparentemente la haga más feliz. Como consecuencia, Mary está paralizada, suspendida en mitad de la carrera y de la vida.

Reconoce que lo que aparenta ser una elección profesional es en realidad un dilema más profundo: "Mi problema no es fundamentalmente laboral, porque puedo adaptar mi cerebro a muchas cosas, soy capaz de hacer casi cualquier trabajo" —reconoce—. "Mi problema es: ¿qué deseo espiritual y emocionalmente? Puedo realizar cualquier trabajo que me pidan, pero ¿a qué precio? La pregunta no es si estoy dedicada por completo o si puedo triunfar en esta carrera, es más bien: ¿Cómo quiero que sea mi vida? Hay diferentes opciones y posibilidades. Es distinto, en cambio, cuando uno vive para el trabajo o para la familia."

Mary llegó a un punto de inflexión en el cual debe tomar decisiones que tendrán consecuencias reales a largo plazo. Ella desearía tener claros sus valores y prioridades, porque de ese modo la elección sería mucho más fácil. Sin embargo, confiesa que, hasta el momento en que se sintió verdaderamente arrinconada, estuvo posponiendo la toma de decisiones dolorosas. Ahora todo bulle al mismo tiempo: los sentimientos acerca de quién es, qué desea, qué necesita, y qué espera el mundo de ella. Sentada en el centro del huracán, le resulta difícil decidir en qué dirección avanzar, si regresar al lugar de donde vino o ir hacia uno completamente nuevo. Recuerda cómo se sintió cuando su padre enfermó gravemente. Él le dijo en ese momento: "Tu trabajo es tu trabajo y tu vida es tu vida. No mezcles las dos cosas". Ella ahora les dice lo mismo a las personas que trabajan para ella. Comprende que los trabajos y los jefes van y vienen. Sin embargo, cuando debe aplicar esa sabiduría a su propia vida, no le resulta tan sencillo.

Mary está luchando para encontrar las fuerzas que le permitan vivir de ese modo, pero para eso debe descubrir qué es lo que la impulsa. "Lucho por eso todos los días" —dice—. "A veces me digo: 'Ahora me impulsan mis valores'. En ocasiones me pregunto si estoy haciendo lo correcto, si deseo triunfar como corredora de bolsa, si deseo mudarme a una casa más pequeña y pasar más tiempo con mi familia. Otras veces me digo: 'Tengo amigas que manejan una empresa ¿habré perdido el tren?'. Todo el tiempo estoy cuestionándome, pero en el fondo sé que mis valores son los que conducen mi vida y no lo contrario. Eso me hace sentir bien, pero de todas maneras sé que aún debo aclarar muchas cosas. Tengo una hermana melliza a la que le está pasando algo semejante. Hay un modelo al respecto. Uno comienza a pensar y se pregunta: *¿Qué pasa aquí? ¿Se trata del trabajo o del dinero? ¿Qué estoy haciendo?*".

La aguja de la valoración gira

Conforme Mary investiga las respuestas a estas preguntas, encuentra que no son tan claras. La aguja de la brújula de la valoración va dando vueltas, impulsada por la estática externa e interna. Internamente está el temor: temor a la inseguridad financiera, a la pérdida de la posición social, del rumbo, de la identidad. En lo exterior, Mary sabe que no puede irse simplemente de su trabajo. Ella es la que más dinero gana en su casa;

es la que provee todos los beneficios. Su estilo de vida depende de sus ingresos y sospecha que no ha nacido para ser una madre de jornada completa. Es difícil saber a dónde ir cuando tantas cosas internas y externas se resisten al cambio.

"En este tiempo de temor tengo que lidiar con las transiciones del tipo *Está bien, puedo hacerlo de otro modo. Eso es lo que todavía no he logrado del todo.*" Ella aún no está preparada para llevar adelante los cambios que sospecha que van a hacerla feliz, variaciones que podrían dar como resultado una vida diferente. Ha invertido mucho en la que tiene ahora y duda si debe abandonarla. Sospecha que una de las razones por las cuales está esperando ver lo que ocurre en su empresa es que espera no tener que tomar una decisión que la aparte del camino tradicional hacia el éxito. En algún sentido, si los hechos toman la decisión por ella, entonces todo lo que tendrá que hacer será soportar el cambio. "Desdichadamente, la mayor parte de mi vida he esperado disparadores externos. Creo que en muchos casos las mujeres necesitamos que nos arrinconen. No queremos tomar decisiones. Queremos que las tomen por nosotras. Después de que eso sucede, una pasa por el doloroso proceso de transición y sale más feliz y más sana. Sin embargo, no queremos tomar la decisión."

Como el éxito se ha transformado en una parte de la identidad, empequeñecer cualquier aspecto de la profesión es como si nos limitáramos a nosotras mismas. Dependemos de un trabajo que nos define. Esta comprensión da una característica particular a la crisis de Mary. Su decisión no es simplemente quedarse o irse. Se refiere a qué debe dejar a un lado y a definir qué es lo importante en su vida. Tiene que ver con mostrar el coraje que le permita trazar el camino que la llevará a la satisfacción espiritual y a la vida de equilibrio que dice desear tanto.

"No hay un paradigma o un modelo que podamos copiar" —concluye—. "Hay personas que son modelos, pero no podemos extraer de sus vidas lo que debemos hacer con la nuestra, porque las combinaciones de variables siempre son diferentes. Uno tiene que tomar las propias. No hay respuestas fáciles. Es un ejercicio que debemos hacer en soledad. Es un desarrollo interesante, pero no es fácil."

No es sorprendente que Mary vacile entre el temor y el deseo de cambiar. Parece peligroso cuestionar el sistema de valores convencional, en el cual la medida del éxito se basa en el dinero, la categoría social y el poder. Además, nos gustan los privilegios que el dinero y la posición nos confieren. Por eso, cuando llega el momento de decidir, es posible que dudemos frente al poder.

Cuando evaluamos la posibilidad de hacer cambios que puedan afectar lo que ganamos, lo que hacemos, la valoración que los demás hacen de nosotras y el modo como nosotras mismas nos percibimos, acabamos preguntándonos el valor que esas cosas tienen para nosotras. Estamos desafiando los valores por los que nos regimos. ¿En qué creemos realmente? ¿Refleja nuestra vida esas creencias? ¿Qué es lo que se interpone en nuestro camino? Lo que parece un simple cambio en la estructura de nuestras actividades cotidianas implica una verdadera modificación interior en cuanto al valor que le asignamos a casi todas las cosas de nuestra vida.

Algo que nos desorienta enormemente en esos momentos de ambivalencia es que estamos obligadas a analizar hechos que nunca habíamos cuestionado. Al sumergirnos más profundamente, vemos que hemos dado gran valor a cosas que en realidad sólo respondían a la convención de igualar al vecino. Hemos adornado nuestra participación en una semana laboral de cuarenta horas, repartidas en cinco días a la semana, con todo tipo de virtudes morales, aunque en realidad sólo era una estructura histórica. Crecimos pensando que ser trabajador era ser una buena persona. Todas las mujeres encuestadas estuvieron de acuerdo en que trabajar mucho era importante, aunque muy pocas habían cuestionado la estructura del trabajo, y, si lo habían hecho, menos mujeres aún habían encontrado alguna alternativa diferente. Después de conversar sobre este tema en un grupo, una mujer dijo: "Dios. ¿Quién murió y pudo seguir cumpliendo la jornada laboral?". Casi ninguna de las entrevistadas refirió haber confeccionado un plan económico basándose en sus deseos y no en las necesidades. Cuando lo hicieron fue porque, como dijo una mujer de Nueva Jersey: "No podía seguir así. Si no simplificaba la vida, no iba a poder seguir viviendo de ningún modo".

Pese a que más de la mitad de las mujeres incluidas en mi estudio sentían que "ya no trabajaban para ellas", más de los dos tercios no habían hecho nada al respecto. Un tercio de las encuestadas decía que no se les ocurría qué otra cosa podían hacer. Otro tercio admitía que sentían que habían invertido tanto en sus carreras que no podían comenzar de nuevo. El último tercio decía que no podían afrontar el cambio. En otras palabras, si bien las preocupaciones económicas existen, las mujeres sentían que las cuestiones relativas a la identidad y al deseo eran factores igualmente importantes para mantenerlas en un trabajo que no las satisfacía.

LAS RESISTENCIAS

Al reunirse en grupos de apoyo, tarde o temprano las mujeres comenzaron a hablar de cómo les gustaría que fuesen sus vidas. Cada una tenía una brújula interna que apuntaba en una cierta dirección. La dirección era diferente para cada una, aunque existían semejanzas generalizadas. Todas las mujeres deseaban trabajar y que el trabajo fuese más significativo. Querían un ambiente laboral con menos jerarquías, menos dominado por los hombres, más flexible y más sensible. A todas les gustaría poder dedicar más tiempo a su familia y a sus amigos y estar sometidas a menos tensiones. La mayor parte consideraba que estaba haciendo una escasa contribución a su comunidad. Muchas, sin embargo, dejaban de lado estas observaciones porque les parecían poco prácticas o imposibles y confinaban entonces estas posibilidades de vida mejor a un espacio enterrado más allá de la conciencia para que no volvieran a aparecer. Estas mujeres dejaban que el valor de las hipotecas, las rentas, las cuotas de los autos y las de las escuelas determinasen el curso de sus vidas. Denigraban el valor de sus deseos y de las cosas que podían satisfacerlas. Además, si en algún momento intentaban llevar a la práctica sus sueños, escuchaban las voces de sus padres que les decían: "¿Quién te crees que eres? El trabajo es duro. Por eso se llama trabajo". Eso ya era suficientemente vergonzoso como para conducirlas a un punto muerto. Aun dejando de lado los mensajes ancestrales, todas las mujeres contaban historias en las que la sociedad conspiraba contra el cambio.

Eres lo que haces: lo que ve la sociedad

Marie Wilson, presidenta de la Fundación Ms., cuenta la historia de cómo, siendo madre de cinco hijos, iba a las fiestas con su marido. "Yo estaba casada con un músico y teníamos muchos hijos. No trabajaba fuera de mi casa. En el mundo de mi esposo, si alguien no era músico, no era nada. Yo iba a todas esas funciones y, cuando se daban cuenta de que yo no era música, pasaba a no existir, me hacía invisible. Una noche fui a una función y una mujer me preguntó: '¿A qué te dedicas?'. Yo le respondí que tenía cinco hijos y entonces ella pensó: 'Tal vez puedas decirme cómo se quitan los pañales'. Estaba tratando de encontrar algo útil en mí."

Las mujeres saben que esta cuestión de la identidad es probablemente su preocupación principal: todo lo que tienen que hacer es mirarse a sí mismas con los ojos de otro y así verán reflejados los mensajes conflictivos respecto de la valoración que se hace de las mujeres. En términos heroicos, lo que hacemos determina aproximadamente lo que somos y lo que valemos. Como el modelo ante todo busca perpetuarse, el trabajo es casi sagrado. De esto se desprende que cuanto más importante sea nuestra profesión —cuanto más dinero, éxito y poder obtengamos de él— más importantes seremos.

En un sentido, ese mensaje impulsó a las mujeres a incorporarse a las fuerzas del trabajo casi tanto como el deseo de independencia económica. La lucha por la igualdad profesional también fue una pelea para que se considerara a las mujeres tan valiosas como los hombres. Sin embargo, el sistema apareció con la fórmula "vales lo que haces", que era precisamente la que había dado menos valor al trabajo femenino y, por lo tanto, a la mujer. No resulta sorprendente que nos resistamos a cualquier cambio que implique salirse de la esfera tradicional del éxito. Sentimos que perderíamos valor instantáneamente. Resistirse a esto es un indicio de cordura.

La devaluación según el sexo o *como una mujer*

Anna Quindlen sostiene a partir de su experiencia que "cuando las personas cuestionan los supuestos de la sociedad o el valor de la estructura empresarial, se suele denigrar su punto de vista". Cuando ella decidió renunciar a su prestigioso puesto en una empresa para dedicarse enteramente a ser novelista, abundaron los comentarios que trataban de explicar su elección: "¿Algunas personas que querían saber por qué me había ido les preguntaban a mis amigos: '¿Acaso a Anna la estaban dejando de lado o iban a echarla?' No podía ser simplemente lo que yo decía, es decir,: 'El *New York Times* es una gran institución, pero ya no me da todo lo que yo necesito'. Tenía que ser más bien 'No podía con el trabajo' o 'En el fondo, es una chica', es decir que, para encontrarles sentido, tenían que echar estrógeno a mis decisiones. No podía ser que uno encontrase una fuente de satisfacciones más completa. Más bien era: 'Quería pasar más tiempo jugando con los niños', lo cual deja por completo a un lado el hecho de que he pasado tanto tiempo jugando en el parque durante los últimos doce años que puedo columpiarme y pensar en la reforma de una ley sin transpirar una sola gota".

Casi todas las mujeres que piensan en alguna otra cosa que no sea un ascenso se encuentran con alguna versión de la experiencia de Quindlen. Cindy Mason recuerda a ese amigo bienintencionado que una vez le dijo a su esposo: "Nunca cuentes con dos salarios, porque un buen día lo querrá dejar y quedarse en casa". Cindy admite que ella persistió en la facultad de Derecho y que luego trabajó como abogada durante más tiempo del que hubiese querido en parte porque quería demostrar que podía. Se propuso demostrar que hombres como el que había aconsejado a su esposo estaban equivocados con respecto a mujeres como Cindy. No es necesario decir que, cuando ella finalmente decidió tomarse un respiro, además de sus preocupaciones respecto del dinero, la identidad y la carrera, tuvo que afrontar la vergüenza de haber confirmado las ideas de ese hombre.

Cuando Alicia Daymans, una directora artística de cuarenta y dos años, le contó a su padre que pensaba aceptar un puesto con menos responsabilidades, "él me dijo —en realidad la mayor parte de los hombres lo hubiesen dicho—: 'Diles que te vas por tu hija, ¿quién puede discutir un motivo como ese?'". Tres meses después de haber comenzado a escribir este libro, mi padre comenzó a urgirme para que consiguiese otro trabajo. Su idea de lo que era el trabajo no incluía la posibilidad de alejarse de él voluntariamente. A cualquiera que se resistiese al *status quo*, se le aplicaban las leyes de la física: para cada acción existe una reacción igual y en sentido opuesto. Las fuerzas de resistencia que superamos para entrar en una profesión evitan que luego la cuestionemos.

Cualquier cambio que no nos dé más —más dinero, más poder, más prestigio— resulta sospechoso. Hasta el cambio de turno implica un retroceso. No se ve el avance que puede implicar en calidad de vida para el que lo propone. Rechazar los valores de éxito que la sociedad propone es un acto peligroso. Es un signo de rebeldía que muestra a lo que la gente le da valor en la vida. Si uno rechaza este criterio, está rechazando a las personas, y la defensa inmediata es menospreciar las intenciones y las acciones.

En un grupo de mujeres que entrevisté (todas las cuales habían dejado o cambiado su lugar de trabajo en la comunidad financiera), cada una podía contar una historia acerca de cómo sus superiores habían intentado atribuir el alejamiento a alguna razón "femenina". "Escuché que me iba porque me casaba" —comentaba una mujer, Dorothy, que en realidad lo hacía porque tenía claro que nunca la iban a ascender. Ella se fue para establecer su propia empresa de inversiones. Jean, una mujer de cincuenta años que era una de las mayores de la empresa donde trabajaba, recuerda que "mi partida fue atribuida a un deseo de quedarme en casa y ser esposa y madre. Correcto. Después de veintitrés años fue un súbito cambio de opinión. Parece, en cambio, que nadie reparó en que estaba rodeada de hombres de ética dudosa y nadie parecía darse cuenta".

Al conversar, mujer tras mujer fueron explicando detalladamente cómo no tomaban en serio las explicaciones que ellas daban. Lo hacían sutilmente, pero lo hacían: por el hecho de ser mujeres no trabajaban como los hombres, eran emocionales, o las vencía el instinto maternal. La furia ante la desigualdad de oportunidades es vista como irracionalidad. Dejar un puesto para apartarse de un comportamiento sin ética o cuestionable es considerado falta de *sentido del humor*. Desear un trabajo de menos cantidad de horas o más flexible para hacerse cargo de los hijos es sinónimo de una disminución en la capacidad para lograr cosas. Mientras que el modelo del hombre proveedor sea considerado como lo *normal*, permanecerá siendo un estándar, y cualquier alejamiento del mismo nos hará *menos* que aquellos que lo aceptan sin ningún problema.

Como tendemos a cuestionar el modelo solamente cuando algo lo iguala en importancia, probablemente se nos tomará menos en serio por algunas cualidades que son más valiosas para nosotras. Esto nos desorienta y nos causa tensiones internas, ya que, cuando hacemos algo que nos parece valioso, perdemos consideración o valor. El sistema no toma prisioneros. Aunque cada vez hay más excepciones, en general quien no hace lo adecuado para alcanzar el éxito, cede ante el fracaso.

Resistencia estructural

La misma estructura del trabajo frustra cualquier intento de edificar una vida más equilibrada o que se apoye en otros valores además de los profesionales. La inercia, la tradición y la necesidad de ejercer control se combinan para crear un sistema que se resiste a la flexibilidad. La doctora Marcia Brumit Kropf es la vicepresidenta de investigación y servicios de asesoramiento de Catalyst, una organización sin fines de lucro que trabaja con las empresas y profesionales para conseguir cambios en favor de las mujeres. En 1966 concluyó un importante estudio sobre la estructuración del trabajo que culminó con la publicación de *Making Work Flexible: Policy to Practice*.[2] Sostiene que "las estructuras actuales estaban designadas para los empleados del pasado". Podemos preguntárselo a cualquier mujer que haya intentado acortar su horario de trabajo para incluir aquello a lo que graciosamente nos referimos como una vida personal u hogareña. Si eso llega a ser posible, la primera consecuencia será que ya no la tomarán en serio. (Un hombre entrevistado en un grupo dijo que él tendría que estar físicamente muy enfermo como para que una reducción en el horario laboral no se castigase severamente tanto social como profesionalmente.) Lucy Cohen, una coordinadora de mercado de una empresa farmacéutica, de treinta y siete años, dice que cuando tomó un horario de cuatro días a la semana "dejó de ser registrada en las pantallas de los radares de las personas. Fue como si me saliera de órbita por completo. Estaba claro que ya no formaba parte del juego porque había manifestado que había otras cosas más importantes para mí que permanecer en el trabajo durante setenta horas. Rompí las reglas y me expulsaron del club". Aun así, Lucy se consideraba afortunada porque le habían dado la posibilidad de trabajar con un horario de tiempo parcial, aunque hubiese perdido posición, oportunidades y beneficios concretos.

El valor que se deposita en la cantidad de horas de trabajo hace que cualquiera que quiera manejar ese tema de una manera un poco diferente sea visto como alguien que no toma el trabajo con seriedad. "Usted no desea que piensen que elige otra cosa porque es más importante que el trabajo" —dice Kropf—. "Eso hace que mucha gente se quede en el lugar de trabajo. Pienso que se debería prestar especial atención a la educación de los valores personales." Kropf sostiene que muchas empresas saben actualmente que deben cambiar. "Uno lee su política y sus afirmaciones y piensa: '¡Qué maravilla!', pero pocas personas resultarán beneficiadas por esas líneas o esos programas porque sienten que las considerarán menos comprometidas, menos leales o menos apegadas a su profesión." Kropf cree que un cambio de estructuras siempre debe ser precedido por un cambio de valores, porque de otra manera siempre nos chocaremos con los viejos principios, y hacen falta muchas horas y mucho trabajo para obtener cualquier clase de reconocimiento, recompensa o progreso.

Hasta la estructura de mandos de las empresas es sostenida por ciertos valores. "El modelo tradicional implica que hay alguien que está a cargo de alguien y así sucesivamente a lo largo de toda la pirámide. Se trata de órdenes y de control: 'Yo sólo confío en ti, así que debo asegurarme de que estés aquí y debo decirte lo que debes hacer y averiguar lo que has hecho'." Este modelo habitualmente deja en manos del supervisor los criterios a partir de los cuales se juzgará si el empleado está actuando bien y, por extensión, si el empleado puede hacerse cargo de una tarea importante, realizar un trabajo delicado o ascender al siguiente nivel. Naturalmente, en ese tipo de sistema las personas no quieren hacer nada que pueda perjudicar la relación con su jefe. Aunque todo el mundo tiene superiores y la mayor parte de las personas piensan que este sistema tradicional basado en la falta de confianza lleva a la comunicación deficiente, la estructuración tradicional sigue siendo la más común. Además, esta organización se resiste al cambio: para el momento en que las personas llegan a posiciones de poder relativo o real, se han convertido en partes del sistema; aunque no les guste, lo valoran porque les ha dado todo lo que tienen.

Anna Quindlen enfatiza lo sensible que es esa área. Si usted está tratando de dejar el sistema o de cambiarlo y por casualidad tiene un hijo, "lo que usted les estará diciendo esencialmente a estas personas es que han sido padres deficientes. Cada vez que usted quiera cambiar trabajo por un mayor equilibrio, el mensaje subliminal será: 'Usted no fue un buen padre'. Aun cuando no quiera decir eso, le puedo asegurar que ellos en algún sentido lo escucharán de ese modo".

Aunque la familia muchas veces es el factor que ejerce más presión para modificar la organización del trabajo, también existen otras razones con igual peso. Una abogada, que también era socia desde hacía seis años en un estudio jurídico, manifestó que quería trabajar diez meses al año y enseñar dos meses con el objeto de renovar su mente, mantener el entusiasmo y modificar la rutina del trabajo. Como sus compañeros nunca lo habían hecho, ella tampoco tuvo la posibilidad de hacerlo. Si quería ser socia, debía hacer las cosas de un modo semejante a los demás.

Además de la actitud "tienes que estar presente para conseguirlo"; muchas veces existen verdaderos castigos para las alternativas. Hay beneficios que sólo se conceden a los empleados con jornada completa, lo cual para los norteamericanos significa más de tres veces por semana. Ahora que más de la mitad de las mujeres encuestadas en varios trabajos manifiestan que son las proveedoras principales de sus hogares, el peso de mantener los beneficios recae en ellas. Una mujer sola no puede darse el lujo de sacrificar una pensión. Una mujer que tiene una familia que depende de ella debe tener un seguro de salud. Dado el aumento del desempleo tanto en Europa como en América, las mujeres que solicitan más flexibilidad en sus trabajos corren el riesgo de ser sustituidas rápidamente.

Las oficinas en el hogar, el correo electrónico, las transferencias telefónicas y otras facilidades de trabajo *alternativas* alientan las posibilidades de un cambio estructural, pero despiertan grandes resistencias porque implican una pérdida de control. Tal como señala Marie Wilson: "Lo que descubrí en los años setenta, cuando comencé a barajar facilidades alternativas para el trabajo, es que, cuando uno se inmiscuía en la organización del tiempo de una empresa, eso era percibido como una terrible amenaza". Señala, además, que la estructura de beneficios y compensaciones está regulada gubernamentalmente de una manera tal que frustra el aumento o la disminución de beneficios que se basen en arreglos alternativos de tiempo y lugar. La modificación de esas reglas provocaría grandes transformaciones. "Les daría a los trabajadores un control sin precedentes sobre algo —el tiempo— que siempre ha servido para controlar a los trabajadores." Irónicamente, hasta los sindicatos luchan contra la flexibilidad en los horarios. En 1997 se presentó en el Congreso un proyecto que permitiría a los trabajadores salirse del sistema de cuarenta horas cinco veces por semana, creado hace sesenta años para asegurar una paga justa. Los sindicatos, temerosos de que volviesen a producirse abusos en cuanto a las retribuciones, lucharon por mantener la actual estructura, aun cuando la composición de la fuerza de trabajo fuese muy diferente de la de hace sesenta años. El sistema de valores que relaciona los dólares con las horas todavía se considera más valioso que el que promueve la flexibilidad.

El peso psicológico del modelo de trabajo en un lugar fijo, cinco veces por semana, sin compartir las tareas, es tan fuerte que hasta las mujeres que trabajan por su cuenta admiten que a veces sienten que están estafando a alguien si no trabajan muchas horas. Sue Weathers, una analista de sistemas de treinta y nueve años, decía: "Yo hago mi trabajo, hago gimnasia, preparo almuerzos, hago la compra, instalo un sistema y llevo a mi hija al partido de fútbol. Mi esposo llega después de una operación de ventas de dos días y siento que es él quien ha estado trabajando". Hemos heredado un modo tal de valorar la organización del trabajo que nos resulta muy difícil apreciar nuestros méritos fuera de esa estructura.

El regreso

Fue sutil, pero fue. Un año después de haber dejado mi empleo, sonó el teléfono. Un viejo jefe mío me llamaba para ver si estaba interesada en tomar un empleo varios niveles inferior en cuanto a responsabilidad, sueldo y posición que el último trabajo que había tenido.

—¿Cómo está tu hijo? —preguntó— ¿Todavía va a la escuela?

Era indudable que suponía que mi hijo era la razón por la cual yo permanecía en mi casa.

–No has trabajado últimamente. Hay pocas personas que podrían ofrecerte algo tan bueno. Debes tenerlo en cuenta.

Cuando le recordé que en realidad yo estaba en mi casa trabajando en un libro, me repitió que cuanto más tiempo me quedase en casa más difícil me resultaría encontrar un empleo. Le di las gracias y corté. Meneé la cabeza varias veces para quitarme de encima la contaminación mental que me había dejado.

Una de las resistencias más fuertes que impide a las mujeres dejar un trabajo siquiera durante uno o dos años es la idea de que tal vez no podrán regresar. Como el trabajo está estructurado de una manera lineal, las carreras consisten en ir subiendo los peldaños de auxiliar, asociada, gerente, directora, vicepresidenta. Si una se descuida, alguien más joven (y habitualmente hombre) rápidamente se filtra en nuestro lugar para cubrir el hueco y borrar hasta la más leve huella de nuestra ausencia. "¿Cómo explicar mi hueco de siete años?" —pregunta una madre de tres hijos, mientras describe una entrevista laboral—. "Miré a través de la mesa a un muchacho a quien unos años antes yo podría haber estado entrevistando para contratar como ayudante y pensé: '¿Qué puedo decir? ¿Durante los últimos siete años he estado pisando bananas y quitando dibujos de las paredes.*

Estoy aburrida de permanecer despierta toda la noche y deseo volver a trabajar?'. Sé que él piensa que yo ya no tengo ideas a tono y que estoy fuera del circuito. Dice que está 'formando un equipo', y yo tengo el claro presentimiento de que mi papel será el de madre y no el de profesional de la salud. Además, tengo cinco veces más experiencia que él y creo que lo sabe."

En sus conferencias a lo largo del país, Anna Quindlen también descubrió que el regreso era una gran preocupación para las mujeres. "Es el tema que aparece con más frecuencia cuando salgo a dar conferencias" —dice— "y hablo sobre la muerte de mi madre y digo: 'No os voy a decir lo que debéis hacer, pero esto no es un ensayo. Ésta es la verdadera vida, que está transcurriendo precisamente ahora. No sabéis cuánto va a durar. Por eso, si permanecéis ahí sentadas pensando *'Lo que realmente quiero hacer es x cosa'*, es mejor que lo hagáis ya." Mucha gente responde: "¿Y si hago xyz y no funciona? ¿Cómo puedo volver?". Las mujeres saben que si no son fieles al modelo del éxito arriesgan sus formas de vida y sus recompensas.

LA PÉRDIDA DE LA IDENTIDAD

Una de las razones por las cuales las mujeres no dejamos nuestros trabajos es por la simple, sólida y extremadamente válida razón de que nos encanta lo que hacemos. A mí me encantaba ser editora, decidir acerca de libros, darles forma, venderlos. Me encantaba ser mentora y defensora. Me gustaba el hecho de que cuando alguien me preguntaba a qué me dedicaba le decía el nombre e inmediatamente lo comprendían. Me encantaba no tener que dar explicaciones. El problema es que, cuando las mujeres subordinan el resto de su vida a su identidad laboral, se les hace imposible modificar las cosas porque cambiar de trabajo significaría dejar de ser quienes son. Susan Witting Albert, autora de *Work on her Own*, observa que "sin credenciales externas, yo sentía que mi vida no tenía sentido. Sin el trabajo que llenaba mis días, yo me veía vacía. No era real —recuerda—; me había definido tan absolutamente según mi carrera que no tenía otro yo".[3]

Si bien ciertamente ella representa un extremo, la mayor parte de las mujeres que trabajan comprenden que obtienen de su trabajo una gran parte de su identidad. Esto es verdad tengan o no esposo e hijos. Hace cuarenta años las mujeres buscaban en el papel de esposa y madre su identidad en el mundo. Ahora, en lugar de obtener nuestra identidad de los hombres o de la familia, nos la da nuestra tarjeta de presentación, por lo cual nuestra profesión tiene un enorme poder psicológico sobre nuestra vida. La economista de Harvard y escritora Juliet Schor cita a un experto en aprovechamiento del tiempo que dice: "Nos hemos convertido en currículos que caminan. Si uno no está haciendo algo, no esta perfilando su identidad".[4] Las investigaciones demuestran que esto está lejos de ser un fenómeno pasajero. Juzgarnos a nosotros mismos y a los demás según el trabajo que realizamos se ha convertido en un rasgo de carácter elogiable en la cultura occidental.

Si bien este sentimiento de identidad laboral alcanzó su cima más alta en la era de los *yuppies*, es todavía un factor importante para las mujeres que han trabajado consistentemente durante años. La mayor parte admite que, hasta cierto punto, según el tiempo que pasa en su trabajo, deja de lado otras partes de su identidad: jardineras, cocineras, voluntarias. También hay partes que quedan divididas: "Soy madre desde las seis de la tarde hasta las seis de la mañana. Soy esposa los miércoles por la noche, cuando tenemos una niñera. El resto del tiempo soy vendedora" —dice Ellen Mceod, que trabaja en la industria textil—. "Creo que funciona bien, pero no soy demasiado feliz. Siento que no tengo una vida."

Tarde o temprano, sin embargo, si queremos crecer, debemos poner nuestra identidad laboral dentro de un "continente mayor", tal como dice la sacerdotisa Zen de ochenta años, Charlotte *Joko* Beck. Esto asusta a muchas mujeres y las hace detenerse. Cuando dedicamos muchos años para llegar a ser algo, tememos convertirnos en nada. Para la vendedora de bienes raíces Marissa Clark, "dejar mi carrera ha sido la cosa más valiente que he hecho en mi vida". Ella dice que pudo cambiar de profesión solamente cuando " me di cuenta de que en la vida había algo más que buscar una identidad para que el mundo me viese como una persona valiosa. Durante años mi carrera satisfizo mi sentido de la responsabilidad. Vender era fácil. Yo me había establecido y contaba con respeto y una buena posición. Tenía muy buenos ingresos y todos los motivos para pensar que eso se mantendría durante un período de tiempo respetable". ¿Por qué, entonces, dejar a un lado todas estas cosas?

"Por otra parte, al estar en el mundo de los negocios, sentía que pertenecía a algo. Era como pertenecer a la comunidad de ejecutivos, a los vendedores poderosos. Yo pagaba un precio por estar en ese mundo. Parte del precio era que me había convertido en alguien bastante predecible. Dejar a un lado esa identidad parecía una cuestión de comodidad. Sin embargo, yo sabía que esa vida exterior que llevaba me estaba limitando. Sabía que dentro de mí había un mundo aún sin descubrir y que ese mundo me estaba pidiendo que lo explorase. Había una necesidad de examinar mi universo interior, que se oponía a la necesidad de quedarme instalada en el universo exterior. Creo que descubrí que había una fachada en mí. Aunque todo parecía desarrollarse con naturalidad, me costaba adoptar mi rostro ejecutivo. La fachada comenzó a parecerme algo vacío."

Ángeles y chicas buenas

Existe otra parte de esta identidad laboral que nos cuesta dejar a un lado. Como durante años nos premiaron por jugar en equipo y ser *buenas chicas*, nos convencimos de que estos atributos son una buena parte de lo que nosotras somos. Estas cualidades no tienen un valor real si no es dentro del sistema masculino del éxito. Fuera del sistema no, se debilitan y mueren. Aunque eso pueda ser sano, representa una pérdida del yo. En una conferencia que dictó Virginia Woolf en 1931, titulada *Profesiones para mujeres*,[5] hablaba de este fenómeno al que llamaba "El ángel de la casa". Woolf descubrió que si íbamos a trabajar verdaderamente y hacer críticas de libros, como ella verdaderamente deseaba, con integridad, debíamos matar a ese fantasma que se deslizaba por detrás de nosotras y murmuraba: "Querida, eres una mujer joven. Estás escribiendo sobre un libro escrito por un hombre; sé comprensiva, halágalo, engáñalo. Usa las artes propias de nuestro sexo. No dejes que nadie piense que tienes una mente propia". El ángel de Woolf la instruía para que lograra la aprobación social. Ciertas preguntas que desafían la relación entre hombres y mujeres "según el ángel de la casa no pueden ser respondidas de manera libre y directa por las mujeres. Ellas deben ser encantadoras, tienen que conciliar, para ser sinceros, deben decir mentiras para triunfar".

Sesenta años después, las mujeres ya no estamos tan atadas al patrón femenino clásico. Sin embargo, el ángel permanece todavía. El ángel se ha sentado detrás de mí y me ha apartado de aquellos comportamientos que podrían perjudicar mi posición social o profesional. Cerca del fin de mi último empleo, cuando comenzaba a tomar conciencia de todas estas cosas, recibí una llamada telefónica de una agente que representaba a un escritor que era en ese momento muy desdichado. "Él firmó un contrato para escribir un libro para la empresa donde usted trabaja" —me explicó—. "Las personas que él conocía allí ya no están. Él está muy mal y lo único que quiere es devolver el dinero. No quiere escribir un libro en este momento." Aunque los argumentos me pareciesen muy razonables, y por más que yo pensase que lo más correcto era dejarlo en libertad, dije al representante que la empresa quería que el cliente mantuviese su contrato y que no lo liberaría de sus obligaciones. Yo personalmente no estaba de acuerdo, pero no dependía de mí. Sin embargo, si debo ser sincera conmigo misma, tengo que reconocer que en las reuniones en las cuales se llegó a esa decisión yo peleé en favor de los derechos del autor sólo hasta cierto punto. No quería perjudicar mis relaciones con mis superiores por alguien a quien ni siquiera conocía. Sabía que si deseaba tener alguna posibilidad de permanecer en buenos términos con mis superiores debía escuchar a la buena chica, al ángel que había dentro de mí y mantenerme en silencio. En el proceso de llegar al lugar donde estaba, había perdido gran parte del respeto hacia mí misma. Ésa es una de las ironías que se producen al obedecer al ángel: nos recompensan por los comportamientos complacientes, aunque ese tipo de conducta erosione nuestras vidas. Sin embargo, nos negamos a perder nuestra identidad. Estamos ligadas con el reconocimiento y con un falso sentimiento de pertenencia que creemos que el ángel nos brinda. Él nos mantiene atadas a él y a nuestro papel en la empresa con la sutil treta de la aceptación.

Por supuesto que una gran parte del fenómeno de la buena chica tiene que ver con la supervivencia. Tal como señala la doctora Lillian Rubin, escritora, terapeuta y socióloga: "Las mujeres somos concientes de que nos juzgan sobre la base de un estándar diferente. Siempre se fijan límites muy estrechos con respecto a los comportamientos que están permitidos a una mujer. No podemos ser ni demasiado belicosas ni demasiado agresivas, porque eso no nos dará resultado". Sin embargo, otra parte del fenómeno se relaciona con un contrato psicológico. Como sabemos que no nos está permitida una competencia total con el hombre, pensamos que, si somos buenas chicas, si nos mostramos muy responsables, si conciliamos y acordamos, entonces obtendremos el reconocimiento de nuestros compañeros de trabajo que tanto necesitamos. Parece que necesitamos que nos refuercen la idea de que somos buenas personas porque somos empleadas modelos, parangones del autosacrificio. "Las empresas americanas adoran a las personas ultrarresponsables como yo" —decía Ann, una productora—. "Ellos dan por sentado que si hay que hacer algo yo lo haré. Nunca he dejado nada sin terminar. Sé que hacer eso no es siempre bueno para mí. Me enorgullezco de mi responsabilidad, aunque tratar de hacer todo a tiempo me ha llevado a una crisis nerviosa. Como temo decir que no, las cosas se han salido de su cauce."

"El modelo de la buena chica es algo serio" —dice Shelly Lazarus, ejecutiva de Ogilvy and Mather—. "Las mujeres temen ser ellas mismas. No se atreven a poner límites. Temen hacerse cargo de sus propias vidas. Creen que yo puedo hacer esas cosas porque soy Shelly Lazarus. Olvidan que he sido Shelly Lazarus toda la vida, desde que era una simple auxiliar." Probablemente nuestras percepciones se encuentran distorsionadas por este fenómeno de la buena chica y la perfeccionista. Shelly Lazarus recuerda que, cuando era joven, una vez observó a una joven de planificación que corría alrededor de la oficina de su jefe. "Literalmente corría en círculos tirándose de los cabellos porque había prometido a un cliente que le entregaría un plan a la una y las computadoras se habían descontrolado. Mi jefe la miró y le dijo: 'Cálmate. ¿Qué pueden hacerte? ¿Se van a llevar a tus hijos?'." Lazarus a menudo hace referencia a esa historia. Cuando juntamos el perfeccionismo con la urgencia, perdemos por completo la perspectiva de cuáles son las cosas importantes. Nuestra condición de buenas chicas está enmascarando la relación con un trabajo que nos encierra.

Joan Didion una vez dijo que "las personas pueden ser instrumentos inconscientes de valores que conscientemente rechazan de plano". Nada más cierto si nos referimos a las buenas chicas. Todo el proceso es tan silencioso y parece tan natural después de tantos años de escuela y de práctica que no somos siquiera conscientes de las fuerzas que están guiando nuestras vidas. No las vemos porque hemos crecido junto a ellas. No las vemos porque las aceptamos como derechos que debemos pagar para conseguir las cosas. No las vemos porque inconscientemente sentimos que no podemos cambiarlas. Cuando alcanzamos el éxito en estos términos, el ángel vive un día más.

El sistema recompensa a las mujeres que no lo desafían. Una de las ironías de obedecer al ángel es que nos recompensan por un comportamiento complaciente, aunque esta clase de conducta esté erosionando nuestra vida. Cuando intentamos modificar los caminos al éxito tradicionales, dejamos de ser *buenas chicas*. Cuando dejamos de ser buenas chicas, las recompensas del éxito se ven perjudicadas. Tememos que ese mismo sistema del cual queremos liberarnos nos aparte.

El perfeccionismo es la mayor expresión de la condición de buena chica. Al igual que la mayor parte de las mujeres que conozco, estaba convencida de que, si trabajaba lo suficiente y hacía todo bien, si mi trabajo era aceptado, podría hacer cualquier cosa. En tanto estaba centrada en ser una ciudadana libre de sospecha, no podía cuestionar al sistema que me estaba juzgando. El perfeccionismo me mantenía unida a la profesión a través del orgullo. Como el orgullo es una parte importante del perfeccionismo, resulta difícil hablar de la buena chica porque nos sentimos humilladas. Sin embargo, muchas mujeres llegan a admitir que esto constituye una gran parte de su motivación. Una mujer dijo que, cuando hacía cosas que no resultaban perfectas, le parecía que la tierra se iba a abrir y la iba a tragar. El error no era una posibilidad aceptable. Sentía que hasta su supervivencia se hallaba en juego. Cuando experimentamos ese tipo de emociones, no podemos ver claramente cómo son las cosas. Como equiparamos la imperfección al exilio, no hacemos nada —aunque nos sintamos muy desdichadas— que perjudique nuestras vidas. Cuando igualamos la perfección con la urgencia, perdemos la perspectiva de lo que es realmente importante. Ser una buena chica se convierte en una parte de nuestra identidad de persona triunfadora.

La resistencia social

Para la mayor parte de las mujeres el punto álgido de la identidad laboral es el que se relaciona con la interacción social. Existen poderosas razones para que así sea. Tal como dice Albert: "Una mujer con éxito que elige dejar su carrera corre el riesgo de cambiar la identidad que le da su trabajo por una mucho menos prestigiosa".[6] Juliet Schor tambien encuentra en su investigación y en sus entrevistas que las mujeres se siguen identificando con su trabajo más reciente.

Susan Mercado es una abogada de treinta y ocho años que decidió tomarse un año libre tras no haber conseguido que la asociaran a un despacho jurídico de San Francisco: "Durante el primer mes me encerré y luego tuve una total crisis de identidad" —cuenta—. "Recuerdo que me encontré en el supermercado con una compañera de la facultad de Derecho y ella me preguntó qué estaba haciendo. Creo que me pasé quince minutos explicándole que estaba tomándome un poco de tiempo libre, que tenía planes para trabajar como defensora del Estado, y esto y aquello. ¡Diablos! Ella sólo me había preguntado qué estaba haciendo y yo podría haberle respondido que estaba haciendo la compra...". En realidad, Susan admite que se sintió molesta porque se dio cuenta de que estaba pidiendo disculpas por cómo era su vida. "Sabía que lo que yo estaba haciendo no tenía nada de malo, pero me sentía casi avergonzada. Mi primera respuesta fue regresar a casa y comenzar a hacer llamadas para conseguir un nuevo trabajo, aunque en realidad eso no era para nada lo que yo quería."

Schor descubrió que el temor a la falta de aceptación por parte de la sociedad impedía a muchas personas hacer cambios. "Cuando perdí mi trabajo" —dice Laureen, de treinta y cinco años, gerente de un restaurante— "no podía seguir costeando las cuotas del automóvil y tuve que devolverlo. Al comienzo me resultó humillante conducir un auto de segunda mano que compré. Sin embargo, eso me ahorraba además dinero del seguro y me permitía usarlo para otras cosas. Además, tuve un poco de tiempo libre para pensar qué quería hacer en realidad. Ya estaba cansada de trabajar para otros y quería tener mi propio lugar, aunque fuera una franquicia, pero no estaba segura de poder lograrlo. Mis hijos estaban tan avergonzados que querían que los

dejase a la vuelta de la escuela. No son chicos malcria-
dos, pero las madres de sus amigos tienen autos caros y
yo iba allí conduciendo mi chatarra. Lo superaron, pero
me lastimaba. Siempre me preguntaba si había hecho
lo correcto con respecto a ellos."

El temor

Por debajo de todas las fuerzas que conforman la
resistencia está el temor. El miedo es nuestro más poderoso adhesivo. Juliet Schor considera que "hay un gran
miedo a lo desconocido y está también el temor de dejar a un lado algo que ya constituye para nosotras una
segunda naturaleza. Además está la cuestión de la incomodidad social, que es muy importante, aunque no
esté tan desarrollada en nosotros. La gente teme que su
vida de clase media y su apariencia se dañen. Ésta es
una poderosa razón para asustarse".

Solemos combatir el miedo con la evidencia de que
estamos haciendo lo correcto, y generalmente la prueba más rápida al respecto son las recompensas de dinero
y objetos. Nuestra primera inclinación cuando nos sentimos asustados es volver a lo ya probado y buscar la seguridad haciendo lo que en el pasado funcionó. Buscamos
la seguridad económica. Para romper el ciclo del miedo
hacen falta tres cosas: una visión de otro modo de vida,
la expectativa de que podremos lograrlo (un plan) y el
apoyo de familiares, amigos o una comunidad. Dada la
escasez de modelos, esto último es crucial.

Naturalmente tememos perder lo que hemos ganado con tanto esfuerzo. Hemos invertido mucho en

nuestras carreras y arriesgarlo implica ponernos en peligro. Además, nos enojamos porque se nos pide que cambiemos nosotros y, en cambio, el sistema no varía. Sin embargo, la vida muchas veces nos obliga a hacerlo, sobre todo cuando nos damos cuenta de que hemos estado dependiendo de un sistema muy poco confiable. Esto nos hace sentirnos desnudas y vulnerables. Cuando analizamos por qué nos resistimos al cambio, debemos examinarnos por debajo de nuestras armaduras y eso nos atemoriza. Una monja de Minneapolis recuerda un momento en el cual ella se planteó dejar la orden. Se comparaba con una langosta que ha perdido su caparazón. "Tenía que crecer" —cuenta— "y debía perder la protección. Pero estando indefensa sé que, igual que esa langosta, tengo que agarrarme bien a la piedra y permanecer fuera del camino."

Nos resistimos al cambio por todas estas comprensibles razones. Tener cierto grado de miedo a lo desconocido es una prueba de salud mental. Sin embargo, también existe a veces un temor excesivo que nos puede mantener atadas a matrimonios desdichados, a relaciones enfermas, a situaciones laborales limitadoras. Ese tipo de miedo nos dice que no sólo perderemos nuestra identidad, nuestro lugar en la sociedad y la comida de nuestra mesa, sino que también nunca más podremos tomarnos unas vacaciones, que nuestros hijos no irán a la universidad y que nunca tendremos otra vez un trabajo interesante. Este tipo de miedo nos lleva a aferrarnos a lo que tenemos a cualquier precio.

CAPÍTULO SEIS

LA IMPORTANCIA DEL DINERO

Una mañana de septiembre de 1994, mientras mi esposo estaba en el baño afeitándose, tomé un billete de veinte dólares de su billetera y lo deslicé en un calcetín. Inmediatamente quedé horrorizada. Volví a sentir esa sensación de vergüenza que había experimentado a comienzos de mi adolescencia, cuando le robaba dinero a papá para comprar cigarrillos o ir al cine. Lo que acababa de hacer iba completamente en contra de mis principios y de mi identidad. Sin embargo, mis temores económicos eran tan fuertes que desbordaban mis salvaguardas morales.

Hacía tres meses que estaba sin trabajo y no sabía qué hacer con mi vida. Ya no ganaba dinero y cada centavo que gastaba me hacía sentir más endeudada emocionalmente con mi esposo (que es un hombre maravilloso y comprensivo, pero que tiene sus propias complicaciones con respecto al dinero). Unos pocos días antes, él había hecho un comentario inocente sobre la cantidad de la cuenta de la *Visa*. Yo, que era excesivamente sensible, inmediatamente decidí comenzar con un plan de ahorro muy fuerte. Si no ganaba dinero, al menos no permitiría que el dinero desapareciese. Hasta ese momento siempre me había sentido orgullosa de no ser una persona que necesitara mucha ropa, zapatos, maquillaje u objetos. El único problema era que no era realista respecto de mis necesidades. Por eso, después de observar que el dinero que había planeado gastar en una semana había desaparecido en sólo cinco días, en lugar de afrontar la realidad de la organización de los gastos, había robado dinero a mi marido.

Ésta no es una historia de falta de dinero. Yo podría haber ido al banco y haber retirado más. Se trata de que yo no quería afrontar mis hábitos de consumo y mi nueva falta de poder económico. Yo me había mantenido a mí misma durante veinte años y nunca había estado en la situación en la cual alguien pudiera controlar mis acciones vigilando el dinero. Mi esposo se había casado con una socia en lo económico, no con una persona dependiente. Yo nunca había tenido que pensar dos veces antes de comprar un lápiz de labios o un juguete para mi hijo. Ahora sentía que tenía que rendir cuentas de cada centavo que gastaba. (No tenía que hacerlo, pero era lo que sentía y no me gustaba.) Me juré que iba a comenzar a buscar un empleo de inmediato. Había atravesado las crisis de identidad, las presiones sociales y había reacomodado mis expectativas y ambiciones, para finalmente darme en la cara con el muro de la inseguridad financiera y la pérdida de la independencia. Ese día me di cuenta de que los demonios de las angustias en relación con la dependencia y la inseguridad podían tener mucho poder sobre mi vida, aun más que mis principios.

La encuesta número once realizada por la revista *Money* acerca de la actitud de la gente respecto del dinero demuestra que tengo mucha compañía en cuanto a mis sentimientos de pánico en relación con ese tema. Los resultados demuestran claramente que las mujeres se preocupan por el dinero mucho más que los hombres. Nosotras hasta pensamos más en el dinero. Estamos más preocupadas por el pago de las cuentas, por la falta de aumentos salariales y por la seguridad financiera en el futuro. Nos inquieta más el dinero que el idilio: el 60 por ciento de las mujeres (contra el 34 por ciento de los hombres) admitimos pensar más en el dinero que en las relaciones, aunque reconocemos que disfrutamos más del sexo. Aunque parezca gracioso, esto demuestra que el dinero es un imán muy poderoso. Nuestra preocupación de tenerlo en cantidad suficiente nos aparta de las cosas que decimos valorar profundamente: el equilibrio, el cuidado y el tiempo para dedicar a la familia, a los amigos y a nosotras mismas.

En una perspectiva de veinte años respecto de las mujeres y el dinero, la Organización Virginia Slims afirma que el dinero es la fuente principal de tensiones y resentimientos.[1] Más del 80 por ciento de las mujeres que yo entrevisté dijeron que el dinero era fundamental para sus sentimientos de independencia, dos tercios admitieron que se sentían valoradas según la cantidad de dinero que ganaban y más de dos tercios de las mujeres admitieron que el dinero era importante para su sensación de bienestar.

Sin embargo, si uno pregunta a las mujeres acerca del dinero (lo cual se iguala inmediatamente con el materialismo), todas sostienen que no les interesa en sí mismo. En realidad, hasta van más lejos aun: en un estudio llevado a cabo por la Fundación Whirlpool, la gente protestó porque el dinero y el materialismo son demasiado importantes en su vida. Las personas sienten que "el materialismo, la ambición y el egoísmo dominan cada vez más la vida norteamericana, haciendo desaparecer otros valores más importantes, que se centran en la familia, la responsabilidad y la comunidad. Las personas expresan un fuerte deseo de dar mayor equilibrio a sus vidas: no de repudiar las ganancias materiales, sino de lograr un mejor balance con los logros no materiales de la vida.

Cuando nos referimos al dinero, se produce una incómoda dualidad: lo condenamos como craso materialismo que nos separa de lo que realmente valoramos, pero tememos no tenerlo o no poder mantener nuestro ritmo de vida. Esta dinámica nos mantiene atadas por cadenas imaginarias y ligadas con trabajos que nos gustan. También hace que nos quedemos en relaciones que no nos agradan. Consume nuestro tiempo y la energía que necesitamos para encarar otras actividades. Evita que cambiemos nuestras vidas. En un estudio acerca de la vida laboral de las mujeres llevado a cabo en 1995, se llegó a la conclusión de que "el principal obstáculo para seguir adelante con las nuevas prioridades es simple pero profundo: tenemos una gran ambivalencia respecto de la riqueza y los bienes materiales. Si bien nos parecen deplorables el burdo materialismo de nuestra sociedad y sus consecuencias, deseamos el *éxito* para nosotras y para nuestros hijos. La mayor parte de las personas expresan una fuerte ambivalencia en lo que respecta a hacer cambios en sus vidas... Quieren tener seguridad económica y vivir en medio de la comodidad material, pero sus aspiraciones más profundas no son materiales".[2] Dos fuerzas opuestas están instaladas: la mayor parte de nosotras vive en esa brecha entre la necesidad absoluta y la necesidad percibida. Tenemos que sentirnos muy desdichadas para llevar adelante alguna acción que perjudique nuestros ingresos.

El problema con el dinero es semejante a lo que sucede con el agua. Es difícil tomarla con la mano y adopta la forma de su continente, pero en realidad es invisible. Sólo vemos lo que el dinero significa para nosotras en términos de lo que podemos comprar con él. Algunas de esas cosas son intangibles, como por ejemplo la libertad, la independencia, la posición social en la comunidad. Lo que con frecuencia no vemos es que ganar el dinero nos exige un precio, porque debemos invertir nuestro tiempo. Como el deseo de equilibrio se ha convertido en una de las principales preocupaciones de las mujeres, debemos comenzar a examinar más profundamente las decisiones que tomamos diariamente. Como toda determinación acerca de dinero en algún nivel implica elegir entre las necesidades, los deseos y el tiempo, cuando nos decantamos por el dinero, necesariamente hacemos descender otras partes de nuestra vida en la lista de prioridades.

No podremos lograr el equilibrio en tanto no desenmascaremos las promesas que éste nos hace acerca de quiénes seremos, cómo viviremos y cuánto valdremos. No resulta sorprendente que nos resistamos a delinear un panorama adecuado de nuestra relación con el dinero: es tan importante para nuestra autodefinición y supervivencia que resulta muy amenazador como para mirarlo de frente. Cuando lo hacemos, a menudo nos damos cuenta de que escondemos cosas que deseamos y las disfrazamos de *necesidades*.

DEFINIR LA NECESIDAD

Para algunas mujeres, el dinero no es tema de discusión. Tal como dijo Katie Martin, la administradora de un hospital, de cuarenta y cinco años: "Esto no es materia de discusión. Tengo que trabajar. No estoy casada y no avisto la posibilidad de ningún esposo en el futuro inmediato. Mis padres son ancianos y yo los mantengo. Además, tengo que ahorrar para cuando sea vieja". Janet Kennedy, una mujer con dos hijos, recientemente divorciada, dijo: "Siempre fui el principal sostén de la familia. En realidad, creo que mi esposo comenzó a pensar en dejarme cuando le dije que estaba agotada y que quería tomarme un año libre. Creo que temió tener que reconocer lo mucho que dependía de mi trabajo. La parte buena es que mi estilo de vida no cambió demasiado con el divorcio: yo siempre fui la que ganó el dinero".

Estas mujeres, cuyos ingresos son necesarios para el sustento de sí mismas y de sus familias, se han convertido en proveedoras. El 55 por ciento de las mujeres que encuesté —y éste es un porcentaje acorde con el de otros estudios llevados a cabo en Estados Unidos—

colaboran con más del cincuenta por ciento de los ingresos familiares. En otros países no sucede lo mismo, aunque en la mayor parte del mundo occidental el crecimiento del desempleo y la continua reducción de los puestos de trabajo ha hecho que sea frecuente que los hombres pierdan sus empleos. Cuando esto sucede, las mujeres salen a trabajar (por salarios más bajos) para solucionar el problema.

Cuando la mujer es el único o el principal proveedor, ya sea para ella o para la familia, otras cuestiones respecto del desarrollo de la carrera deben ser dejadas de lado. Las prioridades son claras y las opciones están limitadas por la necesidad. Estas mujeres se sienten atrapadas por sus responsabilidades, pero, en general, se resignan frente al hecho de que no tienen muchas opciones. Como se trata de la supervivencia y no del estilo de vida o de cuestiones de identidad, las mujeres niegan menos y tienen menos expectativas. Por encima de todo, la mujer que realmente necesita trabajar para mantenerse a sí misma y a su familia está más decidida en lo que se refiere a su situación que aquellas para las cuales la cuestión no está tan clara.

EL CONSUMISMO

La parte más complicada respecto del tema del dinero radica en la definición de necesidad que utilicemos. La mayor parte de nosotras vive y trabaja no para solventar las necesidades básicas de la supervivencia, sino para satisfacer el estilo de vida elegido. "Una vez que están resueltas nuestras necesidades básicas, el efecto del consumo sobre nuestro bienestar se vuelve engañoso" —dice Juliet Schor—. "¿Cuántas de nosotras primero pensamos en un estéreo para el automóvil como si fuese un gran lujo y luego, cuando llega el momento de cambiar el automóvil, pasamos a considerarlo una absoluta necesidad? ¿Qué decir de la vida antes y después del microondas? No cabe duda de que algunos bienes que adquirimos mejoran nuestra calidad de vida, ¿pero cuántas cosas de las que compramos no hacen más que sumirnos en un torbellino de mercancías?"[3]

Nuestra sensación de lo que necesitamos se ve distorsionada por el hecho de que tenemos que pagar aquellas cosas que deseamos. Continuamente gastamos más de lo que ganamos. Esas deudas nos convierten en necesitados permanentes. Además, las deudas siguen creciendo. El gasto medio de la tarjeta de crédito de una familia aumentó un 33 por ciento de 1993 a 1996.[4] El sentimiento de carencia sigue, pues, creciendo, aunque las necesidades son cada vez más sofisticadas.

El norteamericano estándar consume el doble que hace cuarenta años, y eso es un hecho para todas las clases. (Es un dato verdadero pese a que la brecha de ingresos entre ricos y pobres se ha ampliado después de la crisis del treinta y que el estándar de vida de los más pobres ha declinado.)[5] Hace cincuenta años, poco menos de la mitad de los hogares tenían frigoríficos eléctricos. Ahora todos los hogares cuentan con ellos. También tenemos aspiradoras, radios, televisores y microondas.[6] Todo el mundo occidental de la posguerra se ha movido al ritmo del sueño norteamericano del consumo. En cuestión de dos décadas, lo que había sido la lucha por la vida se convirtió en una pelea. Un hombre de Tejas decía: "Tener lo mismo que el vecino me está matando".[7]

El consumismo es dañino, tal como observa Schor: "las mujeres están más atadas que los hombres. Ellas participan más en la economía de consumo. Creo que este tipo de economía las define más a ellas. Ellas son las consumidoras y lo han sido desde hace mucho tiempo, comenzando desde el día en que las amas de casa hicieron todas las compras. Esto no quiere decir que tengan todo el poder de decisión, pero la realidad es que las mujeres realizan las compras en un porcentaje desproporcionado". No solemos pensar en la educación o en los zapatos de los hijos como formas de consumo, pero lo son.

Con cada pequeña cosa que compramos, tenemos que trabajar cada vez un poco más para poder llegar a pagar las cuotas, que van aumentando. De esa manera, nuestra atadura con nuestro trabajo se va haciendo cada vez más fuerte. Para pagar nuestro estilo de vida trabajamos más horas que hace cuarenta años.[8] Los norteamericanos hoy trabajan el equivalente a dos meses más al año que un alemán o un francés. Tampoco es sorprendente que, a medida que nuestra vida mejora en lo material, empeore en cuanto a la calidad. Hemos entrado en un círculo de ganar y gastar y ganar, y en realidad tenemos menos tiempo para el placer. Después de trabajar y hacer las camas, nos quedan dieciséis horas a la semana sin trabajar. Durante los últimos veinte años y contrariamente a lo que estimaban todas las proyecciones, el horario laboral se ha acrecentado para la mayor parte de la gente.

VALORAR EL TIEMPO Y EL DINERO

En mi investigación, la importancia de ganar dinero apareció como una parte relativamente constante en la vida de las mujeres: el 75 por ciento manifestó que para ellas era importante tanto en el presente como al comienzo de sus carreras. En cambio, el modo como las mujeres habían cambiado la valoración que hacían del tiempo era dramática. Mientras el 60 por ciento de las mujeres sentía que tener tiempo para ellas era una parte importante al comienzo de sus vidas laborales, el 90 por ciento lo consideraban importante en este momento. La importancia del equilibrio había experimentado un ascenso semejante: un 60 por ciento cree que era importante cuando comenzaron a trabajar y el 93 por ciento lo creía ahora. La falta de tiempo de las mujeres es considerado un importante factor de estrés y el agotamiento es característico en las mujeres que trabajan. Todas las entrevistadas dijeron no tener tiempo para sí mismas. El deseo de equilibrio es otro modo de decir que las mujeres quieren más tiempo *libre*, para escapar del tiempo *pagado* o del trabajo.

Sin embargo, no conferimos el mismo valor al tiempo *libre* que al tiempo *pagado*. Sandy se sentía mal al pedirle a su esposo que se llevara al hijo de ambos algunas horas el domingo por la mañana. Ella había estado en casa toda la semana y quería ir a una clase de gimnasia. "Él trabaja toda la semana. Yo me siento culpable si hago algo para mí." Le pregunté entonces que en el caso de que contrataran a una niñera si ésta no estaría trabajando.

–Sí —respondió ella.

–Entonces ¿no estás tú trabajando?

–Nunca lo he pensado de esa manera. En realidad no lo siento así porque nadie me paga.

Hay personas a quienes les pagan para enseñar aerobics, para escalar montañas o para escribir. Sin embargo, cuando nos tomamos un tiempo para realizar estas actividades realizando un sacrificio económico, solemos sentirnos culpables. Esto prueba la medida en que la cultura que nos rodea y nosotras mismas nos resistimos a renunciar al dinero en aras del tiempo.

Cuando el tiempo se hace escaso, debido a la edad o a una enfermedad, tomamos conciencia del valor que tiene para nosotros. Sheila, una contable que experimentó la menopausia a los cuarenta y cuatro años, dice: "Para mí fue una llamada de atención. Siempre dejaba todo para mañana: 'Mañana haré dieta', 'Mañana retomaré la pintura', mañana, mañana, mañana. Sin embargo, siempre había algo más urgente y las cosas quedaban para el día siguiente, y eso de mañana nunca se concretaba. Recuerdo que salí del consultorio del ginecólogo pensando que se había cerrado un gran capítulo de mi vida, y eso cambió lo que yo sentía respecto de otras partes de mi vida. Nunca había tenido hijos y ahora era demasiado tarde. No quería tener que decir lo mismo con respecto a otras cosas".

Cuando a Betsy le diagnosticaron cáncer de mama, el trabajo pasó de la noche a la mañana de ser lo más importante de la vida a ser algo totalmente secundario. "Yo había estado queriendo dedicarle menos, pero siempre me absorbía" —contaba—. "Lamento haber tenido que padecer cáncer para sentir que tenía permiso para realizar largas caminatas o para sentarme tranquilamente en mitad del día a beber una taza de té. El trabajo me estaba tomando demasiado tiempo y estoy segura de que debe de haber un modo menos drástico de apartarse. Ahora que he retomado el trabajo de jornada completa, quiero mantener esta perspectiva. Me está ayudando a disfrutar más de las cosas."

Nuestra apreciación del tiempo viene con la edad. Eso es lógico. Al comienzo de la carrera, cuando aún somos jóvenes e inmortales, somos felices dedicando casi todo el tiempo que estamos despiertas a aquello que pensamos que es la construcción de nuestro futuro. Lo que no vemos al comienzo es que, a medida que vayamos avanzando en nuestras carreras, cada vez se nos hará más difícil sustraer al trabajo algunas horas. Cuando más necesitamos ese tiempo —durante los diez a quince primeros años de vida de nuestros hijos—, a menudo nos encontramos en la cima de nuestras carreras. Debido a la dureza de los ambientes de trabajo, muchas veces tememos que, si nos tomamos las horas necesarias para cuidar de nuestros seres queridos, perderemos el empleo. Generalmente hacemos entonces aquello por lo cual nos pagan. El tiempo pagado adquiere prioridad en la realidad, si bien el tiempo no pagado ocupa un lugar importante en nuestros corazones.

En algún momento nos encontramos tan atadas a las horas que dedicamos al trabajo que se nos hace difícil la transición a alguna clase de tiempo libre. Hasta tomar unas vacaciones es complicado. "Los primeros cinco días de mis vacaciones transcurren alternativamente entre la desintoxicación y la obsesión respecto del trabajo", dice Sarah, una planificadora de medios.

Estamos tan acostumbradas a que nuestro tiempo esté copado por otras cosas que cuando lo tenemos a nuestra disposición no lo valoramos. "Las largas horas eran cosa de hombres" —contaba Ellie—. "Cuantas más horas dedicabas, más importante eras." Es natural entonces que sea difícil contar con tiempo libre. Jill, una corredora de bienes raíces, estaba caminando por la tarde uno de los primeros días de primavera.

–¿No es un día precioso? —preguntó

–Estamos estafando a la empresa —respondió su esposo.

–Yo no —dijo Jill—. He terminado mi trabajo por hoy.

–De todos modos es estafar —insistió el marido—. Pero lo estoy pasando bien.

El tiempo que no trabajamos es "robado". Nuestras palabras y nuestras actitudes cotidianas revelan claramente que valoramos más el tiempo que pasamos trabajando que el tiempo libre.

El proceso de ganar dinero literalmente consume nuestro tiempo, y nos deja sin nada.

–Podríamos haber elegido cuatro horas al día —señala Juliet Schor—, o un año laboral de seis meses. O *cada trabajador de Estados Unidos podría tomarse un año libre sin trabajar y pagado.* Aunque suene increíble, esto responde a la aritmética de la productividad en curso".[9] Si esto es verdad, ¿cuáles son las poderosas fuerzas que se resisten a estas libertades? Según ella, es el poder de la cultura del consumo. La resistencia a cambiar nuestras vidas radica en que valoramos más el dinero que nuestro tiempo.

"La mayor parte de las personas pueden recortar el veinte por ciento de sus presupuestos y seguir manteniendo su estilo de vida" —sostiene Schor. "Eso redundaría en una semana laboral de cuatro días. En efecto, según un estudio acerca de las mujeres y la seguridad económica, el 58 por ciento preferiría trabajar con esa clase de flexibilidad de horario."[10] Si bien la resistencia de las empresas a alterar los horarios sigue siendo el principal obstáculo para que se imponga la semana de cuatro días, Schor señala que existen algunas dimensiones que llevan a no reducir horas y salarios. Las personas temen que no se las considere serias. Además, como señala Schor: "El consumismo es también un fuerte inhibidor para el cambio".

La doctora Lillian Rubin dice que todo el tiempo ve a mujeres que estarían contentas de renunciar al dinero por tener una vida mejor. "Muchas de ellas son mujeres en cuyas familias hay dos ingresos importantes" —observa Rubin—, "pero lo que las detiene es que tienen un estilo de vida que requiere esos ingresos. No están dispuestas a renunciar a ese estilo de vida, se trate de salir a cenar o al cine, de tener niñeras para los hijos, de enviarlos a la mejor escuela de la zona o de tener un teléfono en el auto para estar en contacto. Para ellas todo es necesario y no pueden imaginar la vida de otro modo."

La doctora Rubin ve cómo este consumismo a ultranza ha afectado a las mujeres: "La psicología no crece en el vacío. Crece en un contexto cultural". Ella ve, en su investigación y entre sus amistades, "mujeres que son *yuppies* y sienten pánico por sus hijos de cinco años. Están convencidas de que no tendrán las opciones que nosotras tuvimos. Si una vive con ese miedo, el temor comienza a dominar su vida. Yo digo a las personas que renuncian a su vida por algo que tal vez nunca ocurra que no disfrutan del verdadero tiempo. Ellas me responden: 'Todos están haciendo lo mismo'." Con esa clase de miedo de por medio, la gente intercambia su tiempo por dinero. Las consecuencias de esa decisión (con mascaradas necesarias, no optativas) son profundas. Padecemos literalmente hambre de tiempo. Las mujeres estamos agotadas. Las que no tienen familias que mantener trabajan más horas para pagar vidas más agradables: clubes de salud, vacaciones, casas agradables, ahorros para cuando estén jubiladas. El empobrecimiento del tiempo en realidad es más claro en el caso de las madres que trabajan.

Las investigaciones demuestran que las mujeres están dispuestas a pagar cualquier cosa por el bienestar de sus hijos. Esta necesidad, sin embargo, puede llevarlas a un círculo terrible que les robe todo eso que se conoce como tiempo libre. Cuando se les pregunta, la mayor parte dice que no considera que sus deseos de darles lo mejor a sus hijos y el empobrecimiento de su tiempo formen parte de la misma realidad. La *necesidad* se interpone y oculta la conexión consumista. Sin embargo, estos factores están unidos en lo que Rubin sostiene que son temores y expectativas: temores de que los hijos no tengan las mismas oportunidades, y expectativas de que, si trabajan lo suficiente, les daremos todo lo que puedan necesitar.

El resultado de esta dinámica es un mundo de mujeres que, como una cuerda, están estiradas hasta el punto de ruptura: "Cada mujer profesional que conozco, entre treinta y cuarenta años con hijos pequeños, tiene dos conjuntos de urgencias que compiten entre sí"

—dice la doctora Rubin—. "No son sólo valores, sino también *urgencias*. Estas mujeres desean y necesitan una identidad profesional exterior a sus hogares, y por otro lado desean y necesitan una identidad de madres. Siempre están atrapadas en un juego imposible de ganar. El día tiene sólo una determinada cantidad de horas y las personas tenemos una cantidad limitada de energías. El niño sólo está despierto una determinada cantidad de horas. Si uno se va a trabajar a las nueve y regresa a las seis, no pasará mucho tiempo con el niño." Rubin dice que ella suele ver a mujeres alteradas, hombres alterados, familias alteradas: "Las personas sienten que su vida es como un tiovivo. Los hombres trabajan cuarenta, cincuenta, sesenta horas a la semana. Quieren ser padres diferentes de como fueron los suyos, pero es difícil hacerlo después de las nueve de la noche. Los niños pequeños se quedan despiertos hasta las diez y están exhaustos. Además, eso hace que no quede tiempo para la pareja, ni para los amigos, ni para ponernos al día con el trabajo que no terminamos en la oficina". Muy a menudo la búsqueda de un buen estilo de vida y de lo mejor para los hijos desnaturaliza lo que se busca y deja a las personas deprimidas, sin aliento y solas (pero con buenas universidades y autos). Justo cuando se disponen a dejar a un lado el miedo y a tener en cuenta la posibilidad de enviar a sus hijos a una escuela que no cuesta tanto dinero, se pueden liberar de las cadenas del consumismo que los mantienen atados a un reloj que no pueden controlar. Las horas se van en proporción directa con la factura de la tarjeta de crédito.

La promesa del dinero

Si el dinero sólo significara mantener las apariencias o desear buenas escuelas, nuevos microondas y estéreos para los autos, entonces no sería un problema de tanto peso. Lo que ocurre es que el deseo de dinero está muy relacionado con la necesidad de combatir el miedo: "Las mujeres están aterrorizadas ante la posibilidad de convertirse en ancianas indigentes" —dice Kathleen Boyle, una asesora financiera especializada en inversiones femeninas—. "Ése el mayor temor. Quieren saber que van a estar seguras, seguras, seguras." Tener dinero nos da la certeza de que esos horribles temores nunca se harán realidad. No serán indigentes incapaces de cuidar de ellas mismas ni quedarán apartadas de la comunidad. Con dinero, sus hijos nunca tendrán que privarse de nada.

Para las mujeres, tener dinero significa la supervivencia, el control y la libertad. Nos dice y le dice al mundo si tenemos o no éxito. El dinero compra la seguridad. El dinero evita las indignidades e injusticias que nos proporciona un ambiente empresarial dominado por hombres. Lejos de ser una cuestión de comodidad o de lujo, el dinero es no tener que figurar como dependiente en el formulario de impuestos de otra persona.

Si bien es indiscutible que todos necesitamos dinero para vivir y que la mayoría de nosotros necesita el reconocimiento de sus amigos, su familia y sus compañeros de trabajo, el problema aparece cuando permitimos que una cosa —el dinero— nos dé tanto poder para mitigar todos los problemas de nuestra vida. Al hacer esto, se vuelve tan importante que no tenemos más remedio que valorarlo por encima de todas las cosas y, por extensión, estimar todo aquello que hacemos para ganarlo. Así, desembocamos en una situación sin salida: necesitamos el dinero (creemos) para nuestra existencia material y psicológica, pero cada vez podemos tolerar menos las cosas que tenemos que hacer para ganarlo.

La promesa de independencia

"La dependencia económica lleva a la dependencia emocional. Eso es inevitable", dice Lillian Rubin. Evitar este tipo de existencia llevó a las mujeres al mundo del trabajo, impulsadas por necesidades materiales y psicológicas. Por encima de todo, las mujeres valoran su independencia. Rubin misma recuerda que, cuando estaba recién casada y era estudiante de doctorado, dependía económicamente de su esposo. "Sé que durante los primeros años de mi matrimonio con Hank yo estudiaba. Hank trabajaba y nos mantenía" —recuerda—. "Todo era difícil, hasta comprarle un regalo a él, pese a que Hank nunca hubiese dicho: 'No puedes gastar dinero'. Él sentía que era nuestro y que teníamos suficiente. Sin embargo, indudablemente para mí el dinero era de él."

Cuando Rubin llegó a ser profesional y comenzó a ganar dinero se sintió profundamente mejor. "Conozco la diferencia en lo profundo de mi alma. Sé que nunca hubiese gastado quinientos o mil dólares sin sentir que tenía que pedir permiso. Ahora, si quisiera gastar cinco mil, lo haría. Se lo diría, pero no le pediría permiso. Me sentiría de un modo diferente. De hecho, me siento de un modo diferente."

Ganar dinero da a las mujeres poder y libertad, así como una identidad diferenciada del hombre o de la familia. Esa capacidad de ganar dinero es el ladrillo con el cual se construyen la autoestima y la libertad personal. Las mujeres dicen frecuentemente que desean trabajar porque no quieren que nadie decida sobre su vida.

Sin embargo, con el correr del tiempo, la pureza de esta libertad puede ensombrecerse. Tomamos pequeñas decisiones que van creando un modo de vida que nos ata a nuestros talonarios de cheques. No vemos las cadenas que nos rodean y que van uniendo nuestros sueños a los cheques. Muchas mujeres han aceptado que llegaron a sentir que sus deseos eran rehenes de su dinero. Karen es una mujer soltera de treinta y dos años que mantiene a su madre enferma. Acaba de romper su compromiso con un hombre de quien podría haber dependido económicamente. Voluntariamente dejó durante seis meses su trabajo en un banco para recuperarse del agotamiento y para explorar su sueño de ser novelista. Sin embargo, cuando sus ahorros se acabaron, se dio cuenta de que debía regresar al trabajo. En realidad el banco le desagradaba, y me llamó para saber si yo pensaba que podría ganar un buen dinero con la publicidad, un trabajo que pensaba que iba a gustarle más. En lugar de decirle directamente que no —lo cual hubiese sido adecuado—, le pregunté cuánta importancia tenía para ella el dinero. "Enorme" —respondió—. "He sido pobre y no quiero volver a serlo. No quiero tener frío. No quiero tener dificultades para comprar un billete de avión para ir a ver a mi familia. No quiero que un vendedor me grite y no ser capaz de volverme y marcharme para ir a comprar a otro lado."

Le dije a Karen cuáles eran los salarios de la publicidad. "Será mejor que vuelva al banco" —respondió ella—. "No puedo ser pobre y feliz. Prefiero estar aburrida en el trabajo y tener unos buenos ingresos." Emocionalmente, Karen necesitaba la seguridad y la libertad que da el dinero. Su necesidad de independencia era tan profunda y poderosa, estaba tan ligada con su supervivencia psicológica que aunque tenerla le impidiera otras opciones importantes estaba dispuesta a hacer el trato. Como Karen necesitaba dinero para asegurar su independencia emocional, debía afrontar la desdichada realidad de que tenía que pagar esa libertad con el tiempo que en el fondo deseaba dedicar a otras cosas.

La asesora Janet Andre observa que a veces la búsqueda de la independencia nos lleva a las mismas relaciones de poder de las que queremos escapar. "La libertad económica es el centro de todo en este país. Es lo que hace que las mujeres permanezcan en empleos que no les gustan y en relaciones malas. Una de las razones por las cuales nos atamos a nuestras carreras es que el trabajo adquiere mucha importancia debido a todo lo que hemos tenido que hacer para obtenerlo. Para mí, lo importante nunca fue el empleo en sí, sino más bien la libertad de movimiento y el no tener que fingir ni ser una persona dependiente. Sin embargo, irónicamente, eso fue lo que me sucedió en el trabajo. Cuanto más alto llegaba, más me sucedía." Muchas mujeres me contaron historias como la de Janet: luchaban para escapar del control o la censura de sus padres o de sus parejas y acababan en complicadas relaciones con sus lugares de trabajo.

Para muchas de nosotras nuestra misma identidad depende de poder mantenernos. Jane recuerda que "los dos períodos más difíciles de mi vida desde el punto de vista de la independencia no fueron cuando me casé, sino cuando mi futuro esposo Alex se mudó a mi apartamento y, el más difícil de todos, cuando tuve que depender de él económicamente, aunque fuese por un corto período. Yo había trabajado toda mi vida. Hasta los cuarenta y cinco años años tuvimos economías separadas" —dice con visible incomodidad—. "Yo tenía mi dinero y él el suyo. Yo tenía mi cuenta bancaria y él la suya. Luego, cuando dejamos nuestros empleos y nuestros ingresos no fluyeron como antes, ese criterio dejó de tener sentido. Teníamos lo que teníamos. Y era un ingreso de la indemnización que había recibido Alex y ciertas inversiones. Teníamos que reorganizar todo. Abrimos nuestra primera cuenta conjunta, lo cual me asustaba terriblemente. Me dieron una tarjeta de crédito a nombre de él. Él manejaba el dinero. Yo sentía el suelo resbaladizo bajo mis pies. Él es un hombre muy generoso. No es para nada controlador, pero de pronto yo no estaba ganando dinero. El dinero era una gran parte de mi identidad independiente."

La mayor parte de las mujeres siente los altibajos en sus ingresos igual que Jane: cree que necesita un ingreso independiente para conservar su identidad. Sólo un tercio de las mujeres encuestadas en mis investigaciones dijeron que se sentirían cómodas dependiendo económicamente de otra persona en caso de que dejaran de trabajar durante un tiempo. Sólo un 5 por ciento manifestó que el dinero no era un factor importante en su independencia. De todas las estadísticas de este estudio, fue la más contundente.

La libertad económica puede ser una parte importante de nuestra identidad, pero además nos da poder. El dinero y el poder van juntos. "No hay nada tan igualador como el dinero" —dice la doctora Rubin—. "Cuando hablamos de mujeres que ganan bastante, podemos decir que abrigan sentimientos de poder. Sin embargo, al entrar en mi oficina tal vez tengan un aspecto de total desamparo si están pasando por una etapa en la cual sienten pánico por no tener un esposo o un bebé, pero permanecen en sus trabajos porque saben que sin éstos tendrían la sensación de que no son nada. Tienen, así, los recursos para concederse una buena vida."

EL DINERO Y EL ÉXITO

La cantidad de dinero que una persona gana suele ser la medida que usamos más frecuentemente para evaluar el éxito. Cuando alguien dice: "Tiene verdaderamente éxito", generalmente se refiere a que gana mucho dinero. Cuando comenzamos a analizar nuestra relación con el dinero, una de las resistencias que experimentamos es el temor a dejar de tener éxito si lo intercambiamos por tiempo o si aceptamos un trabajo no tan bien pagado, pero que nos gusta más. En el modelo masculino del éxito, cuanto más dinero ganemos, más valiosos somos. Las mujeres también han adoptado este criterio. Mientras estemos compitiendo por la igualdad, el dinero será la medida del lugar donde estamos situadas en el juego. Sin embargo, sólo servirá para medir una pequeña parte de lo que somos.

Una posición social importante suele estar muy relacionada con el dinero que se tiene. Cuando Juliet Schor entrevistó a mujeres que podrían descender de nivel laboral, se dio cuenta de que los mayores obstáculos para el cambio no eran las preocupaciones acerca de la seguridad económica, sino más bien sobre la vergüenza social. Schor advirtió que las personas temían que, si perdían parte de sus ingresos, pondrían en peligro su capacidad para mantener la apariencia de clase media. "Ése es un poderoso motivo para seguir trabajando."

No es frecuente que nos sentemos a cuantificar las apariencias. Alison, que desea instalar su propio negocio pero que siente que aún no puede costearlo, admite que podría conducir un automóvil más viejo. Sin embargo, no quiere estar fuera de lugar en su nueva comunidad. Ella se centra en la necesidad de pagar la cuota del auto y no en el día por semana que debe trabajar para afrontarla. Aunque hagamos muchas bromas al respecto, mantener las apariencias sigue siendo muy importante para nuestra autoestima. En una fiesta de cumpleaños de un niño de tres años, una de las mamás dijo sentirse avergonzada por las marionetas de cinco dólares que había comprado para el niño, después de haber visto los regalos más sofisticados que habían llevado las otras madres. Cuando alguien dijo que el niño no conocía la diferencia entre un regalo de cinco dólares y uno de cincuenta, la madre contestó: "No, él no, pero su mamá sí".

En gran medida la posición social depende del éxito financiero. Los ingresos económicos han sustituido a otros criterios de división de clases. Personas que no tienen más méritos que el signo dólar llenan las páginas de revistas que se dedican a celebrarlas. Toda nuestra sociedad se dedica a adular tanto a esas personas que no es raro que todos nos fijemos en nuestros ingresos. Lillian Rubin recuerda a una paciente de cuarenta años que la fue a consultar muy deprimida y desanimada. Esta mujer había estado ganando más de un millón de dólares al año, pero lo único que en realidad deseaba era concebir un hijo. Sin embargo, se resistía a dejar de trabajar. La combinación entre su agitada agenda de viajes y la ambivalencia de su esposo casi aseguraba que el embarazo no se produjera. "Es necesario aceptar" —decía Rubin— "que, aunque las mujeres crean que no han elegido nada, a los treinta y pico o cuarenta años han realizado miles de elecciones que las han llevado hasta donde están. Esta mujer no lo admitiría, pero su éxito y el dinero que ganaba fueron más importantes para ella que el deseo de tener un hijo."

Si las promesas de tener dinero nos susurran más fuerte de lo común, perdemos toda perspectiva acerca de cuánto es suficiente. En entrevistas llevadas a cabo con mujeres que habían pertenecido a la comunidad financiera durante los florecientes años ochenta, esto era muy evidente: "No importa cuánto dinero ganaras, siempre había alguien que ganaba más. Eso hacía que una siguiera adelante. Sin embargo, si me comparo con mi hermana, que es enfermera, estoy fuera de la escala" —decía Jo Ann Peletier, una ex corredora de bolsa de cuarenta y cinco años. Al igual que Ellie, Jo Ann se consideraba triunfadora hasta que comenzó a mirar a su alrededor. "Es relativo" —dice ahora—; "hoy estoy redefiniendo lo que significa el éxito para mí. Sin embargo, he tenido que atravesar todo este torbellino para poder hacerlo. Tenía que llegar hasta el infierno del éxito y volver." Si permitimos que el dinero sea la principal medida del éxito, siempre encontramos modos de que sea insuficiente. Atar nuestra valoración y nuestra felicidad a lo que el dinero puede comprar es un juego peligroso. Nos encadena a las cuentas bancarias y ascensos, además de despojar de valor a lo que queda de nuestra vida.

Afrontar la distancia existente entre los valores

El éxito, el poder y la independencia son muy importantes para la mayor parte de las mujeres que trabajan. Las buenas escuelas, la buena comida, la buena ropa, la buena música, las casas bellas, habitualmente terminan siendo lo "más importante". Estas cosas también son importantes para los hombres. Sin embargo, como las mujeres tienden a vivir de una manera más multidimensional que los hombres debido a sus responsabilidades para con la familia, tenemos que terminar concediendo más cosas que los hombres. Desde el comienzo, a los hombres se les dice que el trabajo tiene como objetivo atrapar esa santísima trinidad: el dinero, el poder y el éxito. Aprenden a valorar el dinero y lo que éste aporta como medida de su misma masculinidad.

Además, saben que tienen pocas opciones: el mundo occidental valora a los hombres que estiman el dinero y a los que producen dinero. Para las mujeres, en cambio, la cosa no está tan clara. Nuestra relación con el dinero es históricamente más indirecta: teníamos que atrapar a un hombre y conservarlo para tener dinero. Para muchas, esto sigue siendo así. Tal como sostenía Gloria Steinem: "El poder económico de una chica de dieciocho años probablemente exceda al de un chico de dieciocho, porque ella tiene la juventud y la belleza necesarias para conseguir dinero de un hombre. Sin embargo, éste es un mal negocio, porque son mejores los cincuenta dólares que una gana que los quinientos que la hacen dependiente". Hemos llegado a valorar la juventud y la belleza no por sí mismas, sino por su capacidad de dar ganancias.

Como el mundo del trabajo se ha estructurado para ayudar a los hombres a conseguir lo que la sociedad considera que deben, no es sorprendente que cuando las mujeres entran a trabajar en esos ambientes se encuentran atrapadas entre dos modos de valorarse tanto a sí mismas como a su vida. En las generaciones anteriores no existía una distancia entre los valores, se trataba de dos mundos diferentes. Ahora, como los mundos de los dos sexos se combinan, hemos interiorizado el abismo que separaba estos dos mundos. En mi encuesta había grandes diferencias entre los modos como las mujeres pasaban su tiempo y entre las cosas que decían que valoraban más. En cada caso, existen circunstancias que explican la brecha, y estas circunstancias siempre conducen a la necesidad de más dinero.

Nuestra última y más fuerte atadura con el trabajo, por lo tanto, es el dinero. Pensamos que si ganamos la cantidad suficiente, si tenemos suficiente seguridad económica, entonces podremos solucionar los problemas del equilibrio en nuestras vidas. Por supuesto, la falacia de ese pensamiento radica en que, si ponemos el dinero por delante, seguiremos cimentando el sistema de éxito que lleva a la falta de equilibrio desde el comienzo. Como decía Shelly Lazarus: "Dios te ayude si trabajas y no te gusta lo que haces, ya que ninguna cantidad de dinero te hará feliz. Simplemente, así no funciona".

EL PRECIO DEL DINERO

Estamos pagando este dinero con nuestra tranquilidad mental. En una descripción reveladora, la encuesta de la Organización Virginia Slims mostró que las personas más estresadas de Estados Unidos eran mujeres con empleos de jornada completa e hijos menores de trece años. Un punto más abajo (y en intersección con ellas) estaban las mujeres que se identificaban como ejecutivas o profesionales. En los últimos veinte años, el 89 por ciento de las mujeres sintió que ha aumentado la calidad de los trabajos que se les ofrecen, la compensación (86 por ciento) y las oportunidades de liderazgo (86 por ciento). En cambio, el 45 por ciento de las encuestadas revela que sus matrimonios han empeorado, y todos los estudios demuestran que las madres que trabajan temen que sus hijos se vean afectados por su falta de tiempo. Estas condiciones son las que establecen las tensiones que conducen a las madres a salirse de la órbita de sus carreras con sus vidas descontroladas.

Aunque la mayor parte de las mujeres piensa que teniendo más dinero tendrían vidas más fáciles, cuando en mi encuesta les preguntamos qué querían de sus vidas, la mayor parte de las respuestas no fueron materialistas. El afecto, la unión, más tiempo (y ese viejo favorito que es perder peso) fueron las cosas mencionadas con más frecuencia cuando se les preguntaba qué necesitaban para vivir mejor. En efecto, un estudio llamado *La búsqueda del equilibrio*, llevado a cabo en 1995, llegó a resultados asombrosos: "Las aspiraciones no materiales superaron a las materiales por márgenes muy amplios... La mayoría de las norteamericanas estarían mucho más satisfechas si contaran con más tiempo que compartir con su familia y sus amigos... si su vida les planteara menos tensiones y si pudiesen hacer más cosas en favor de la comunidad".[11] Los autores del estudio estaban sorprendidos por el hecho de que la gente valorara las actividades familiares y las relaciones humanas por encima de los logros materiales. Cuando formularon la pregunta: "¿Qué es lo que impide a la gente satisfacer estas aspiraciones? ¿Qué los aparta de su familia, sus amigos y les provoca tensiones en sus vidas?", la respuesta fue clara: tratar de mantenerse en una posición o de avanzar.

Cuando se les preguntó si cambiarían dinero por tiempo, todas las mujeres respondieron que sí, aunque con un enorme *pero*: ellas sabían que intercambiarían algo más que dinero. Estarían cediendo sus aspiraciones y sus logros. Juliet Schor señala que renunciar a los ingresos significa "que las personas deben apartarse del modelo establecido de éxito. Si estamos hablando de mujeres profesionales y ejecutivas, como las reglas del trabajo son tales que no existe demasiada flexibilidad para trabajar una cantidad limitada de horas y seguir estando en carrera y tener éxito, si alguien quiere tener equilibrio en su vida, quiere tener tiempo y ser una madre apropiada, seguramente tendrá que hacer un cambio de trabajo importante, porque en general es difícil cambiar el horario conservando el puesto. La gente suele tener que cambiar de una profesión a otra que le permita llevar una vida más tranquila o dejar directamente de trabajar, ya que de lo contrario llega a un callejón sin salida".

Como la mayor parte de las mujeres quiere trabajar y las carreras dan mucho más que dinero —autoestima, expresión, independencia e identidad—, aparentemente se encuentran atrapadas entre dos sistemas de valores cuyos conflictos crean tensiones y crisis. Es muy difícil aprender a revalorizar aquellas cosas que antes carecían de valor para nosotras.

Las mujeres han luchado por la igualdad económica y les resulta insoportable tener que pagar por ella con la calidad de su vida. El hecho de que sean tan pocas las mujeres que se quejan en voz alta enfurece a Gloria Steinem ya que, como ella señala, eso significa que muchas "han comprado la idea de que no han sido suficientemente buenas". En lugar de criticar los valores y los comportamientos de la cultura del éxito, las mujeres asumen la culpa por las cosas que no lograron sobre sus espaldas. "La cultura está muy ocupada tratando de culpar al individuo y diciendo: 'Bien, si no puedes lograrlo, es culpa tuya'", dice Steinem con furia. "No podemos comprar eso, porque nos hace sentir culpables. Ellas se preguntan: '¿Por qué no soy una supermujer?' Nadie es una supermujer. No es posible hacer todo lo que se supone que debe hacer una mujer. Una no puede hacerlo sin transformar la organización del trabajo" —enfatiza—. "No podemos integrarnos a la estructura del trabajo tal como está. No existe la posibilidad de integración igualitaria de la mujer en la economía en la actualidad. No es factible por todas las demás responsabilidades que tienen las mujeres. No será posible hasta que los hombres sean tan iguales en el hogar como las mujeres lo son fuera de él. No hasta que transformemos el sistema."

Tal como está estructurado el trabajo, estamos obligadas a elegir. ¿Qué pondremos en primer plano? Si elegimos el dinero, deberemos comprender que no va a hacer todas las cosas que promete. No podemos comenzar a hacer cambios en nuestra vida hasta que no evaluemos el valor y la prioridad que damos a estas promesas. Hasta ese entonces, viviremos en la brecha entre lo que decimos que deseamos y lo que realmente hacemos. "Eso significa reordenar los valores", dice Lillian Rubin. Tiene razón. No podremos hacer cambios en nuestra vida hasta que afrontemos qué significa el dinero para nosotras.

CAPÍTULO SIETE

EL CAMBIO

Yo no soy diferente de otras mujeres: Hago cambios en mi vida a partir del disgusto y del deseo. El modo como hago los cambios, sin embargo, a veces se parece más a un acontecimiento que a una elección. Sólo realizo grandes cambios cuando está bien claro que *tengo* que hacerlo. A menos que mi salud mental esté en juego, siempre encontraré un modo de aferrarme a lo que me está sujetando, porque estoy convencida de que es lo correcto. Soy una buena chica.

Había estado chocándome contra las paredes de mi nuevo trabajo durante meses, cuando finalmente decidí ir a consultar a una terapeuta. Esperaba que me diese algún consejo acerca de cómo evaluar los pros y los contras, pero en lugar de eso me contó la historia de una mujer que nadaba atravesando un lago con una piedra en la mano. A medida que esta mujer se acercaba al centro del lago, comenzó a hundirse, debido al peso de la piedra. "Deja esa piedra", le gritaron unas personas que estaban mirando desde la orilla. Sin embargo, la mujer siguió nadando, ahora desapareciendo a ratos bajo el agua. "¡Deja la piedra!", le gritaban los observadores cada vez más fuerte. La mujer había llegado a mitad del lago y se hundía ahora tanto tiempo como el que salía a la superficie. Una vez más la gente le gritó: "¡Deja la piedra!", y la mujer desapareció por última vez, pero alguien la escuchó responder: "No puedo. Es mía".

La historia me pareció horrible, pero capté el mensaje: para que mi vida mejorara, iba a tener que librarme de aquello que me estaba hundiendo. Yo esperaba que mi carrera me diese más de lo que en realidad me podía ofrecer. Entre los cambios de clima del mundo corporativo y las expectativas, que yo depositaba en mi trabajo para definir mi existencia, había puesto demasiado peso en algo que ya no podía sobrellevar esa carga. Cuando mi carrera dejó de darme el reconocimiento o la satisfacción de las cuales yo dependía, me di cuenta de que tenía pocos lugares donde depositar mi autoestima e identidad. En realidad, durante veinte años pasé la mayor parte de mis horas de vigilia centrada siempre en lo mismo.

Viví lo suficiente como para darme cuenta de que en el pasado había hecho dos clases de cambios: los superficiales y los profundos cambios de perspectiva. Sin estos últimos, seguramente los primeros no hubiesen durado demasiado. Si quería llevar a cabo algún cambio importante, ya era hora de dejar la piedra. Tenía que dejar la carga del miedo de no tener dinero. Dejar la piedra de las grandes expectativas de hacerlo todo y bien. Si mi carrera no hubiese estado en su punto más álgido, seguramente no hubiese prestado atención al hecho de que me encontraba bastante mal. Tuve que hacerlo porque estaba en el punto de inflexión: nadar o hundirme.

Finalmente, me dispuse a abandonar mis falsas expectativas respecto de la vida y el trabajo. Iba a tener que comenzar a definir el éxito a mi modo.

Disparar el cambio

Sé cuáles eran las opciones: podía continuar como estaba: infeliz pero con mucho trabajo. Sin embargo, estaba convencida de que mi batería ya no resistiría tanta carga. Podía cambiar de empleo (cosa que había hecho tres veces en los seis años previos) pero no veía nada mejor a mi alcance, o podía correr el riesgo y dejar de trabajar un tiempo para ver qué hacer con mi vida. Como no quería realizar otro cambio que tal vez no funcionara, me armé de valor y me adentré en lo desconocido.

Yo elegí irme. La mayor parte de las mujeres, en cambio, necesitan algún hecho exterior para decidirse a hacer alguna otra cosa. "Es muy difícil disparar el gatillo una misma" —dice la asesora Janet Andre, refiriéndose al catalizador que finalmente hace que una mujer pueda cambiar—. "Lo que admiro de Ellie Daniels es que pudo disparar su propio gatillo sin una excusa externa. La mayoría de nosotras necesitamos alguna razón: 'Tuve hijos, me casé, mi madre enfermó'. Habitualmente es algo relacionado con la familia. Es poco frecuente que las personas digan: 'No quiero hacer más esto porque no quiero ser más esta persona'." Para mí el disparador fue un cambio de directivos. Para Jane fue el diferente clima que percibió en la empresa.

Por encima de todo, las mujeres suelen decir que han dejado su trabajo porque éste les exige mucho y no han podido encontrar un equilibrio. Esto suele suceder más que nada en ciertas etapas de la vida de una mujer. Dada la combinación de poca flexibilidad y altas expectativas (como somos mujeres), tenemos que trabajar más y mejor para tener éxito, y eso se hace casi imposible cuando aumentan las demandas fuera del trabajo. Janet Andre sostiene que "solamente las mujeres más organizadas, coherentes y con mucho talento son capaces de lograr al mismo tiempo salir airosas en la crianza de los hijos, el cuidado del esposo y el hogar, además de cumplir con las obligaciones del trabajo". La otra razón por la cual las mujeres dejan sus empleos es, según André "porque, aunque fuesen capaces de lograrlo, de todos modos no van a conseguir el puesto. Es decir que, aunque usted esté dispuesta a sacrificarse en el altar del sueño ejecutivo, existen más posibilidades de que el lugar lo obtenga un hombre menos cualificado y comprometido, pero más atractivo por el hecho de ser hombre y de adaptarse al grupo de los muchachos. Por esta razón, muchas mujeres consideran que no vale la pena intentarlo y eligen otros trabajos. Realicé una encuesta para una institución financiera que había perdido al ochenta por ciento del personal femenino, muy bien preparado, en el momento en que estas mujeres eran más productivas. Los resultados mostraron que más del noventa por ciento de esas mujeres seguían trabajando.

Eso los impactó mucho: las mujeres no se iban para quedarse en sus casas sino para trabajar en un ambiente más sano.

Rosabeth Moss Kanter en su investigación encontró que, a medida que las oportunidades para las mujeres disminuyen, la insatisfacción crece. Las mujeres son más proclives a hacer cambios cuando las recompensas que reciben a cambio de sus esfuerzo disminuyen de manera constante y demostrable. Como muchas mujeres tienen familia justo en el momento en que los avances disminuyen o se detienen, para la gente resulta sencillo interpretar que han dejado de trabajar o que han cambiado lo que estaban haciendo por sus compromisos familiares.

Sin embargo, en muchas entrevistas, cuando iba más allá de la superficie, ellas admitían que era verdad que deseaban más flexibilidad y más tiempo para estar con sus hijos, pero que, si se hubiesen sentido más felices en su trabajo, se las hubieran arreglado de algún modo. El trabajo era para ellas demasiado importante en lo económico y en lo relacionado con su identidad como para dejarlo de esa manera. Además, todas las mujeres con las que hablé deseaban trabajar. Mi investigación demuestra que si las cuestiones económicas no fuesen un problema, menos del diez por ciento de las mujeres profesionales encuestadas hubiesen decidido ser madres todo el día. Cuando la entrevisté por primera vez, Alicia Daymans dijo que había decidido dejar su puesto porque deseaba pasar más tiempo con su hija. Sin embargo, después de mucho conversar, apareció la razón verdadera: ella tenía diferencias morales y filosóficas con los dueños de la revista. Es verdad que le interesaba pasar más tiempo con su hija, ya casi adolescente, pero ella misma admite que eso solo no hubiera bastado para embarcarse en un cambio tan radical.

Alicia sufrió su situación durante un tiempo, pero fue algo totalmente inesperado lo que disparó el cambio. "Puede sonar extraño" —confesó—, "pero mi hija quiso ir a una Escuela Dominical, y como no éramos religiosas, acabó yendo a la iglesia Metodista, a la que asistía una de sus amigas. Para llevarla a la escuela, tenía que quedarme al servicio religioso. De pronto tuve una hora por semana para sentarme y pensar." El hecho de estar en un entorno en el cual las personas hacían un trabajo social responsable le dio el coraje necesario para buscar un trabajo de cuatro días a la semana que le proporcionase la posibilidad de volver a explorar sus deseos de enseñar.

En cambio, para otras mujeres "lo que habitualmente ocurre es que una situación dispara el cambio" —dice Shoya Zichy, que ha visto a muchas pacientes en esta situación—. "Por ejemplo, las despiden. Una de las cosas que ocurre cuando alguien es desdichado, es que comienza a comunicarlo de alguna manera sutil. Uno no trabaja tantas horas o no está tan bien dispuesto, y esas cosas se evidencia y lo convierten en un candidato para el despido."

La edad también es un factor que puede disparar el gatillo. Si no se trata de la salud de los demás, como en el caso de Jane, nuestra propia mortalidad puede ser el catalizador para el cambio. Para Donna, una ejecutiva de IBM, solamente una enfermedad grave podía detenerla como para ver las cosas de otro modo: "Todo lo que hacía era trabajar todos los días, desde las siete de la mañana hasta medianoche. También trabajaba los fines de semana, y una parte de mí sabía que estaba pisando un terreno peligroso. Una parte de mí sentía que tenía que hacer esto porque no quería que nadie me dijese que no podía. Mi incapacidad para decir que no y para cuidarme acabó por doblegarme. Era como estar cautiva, pero aceptándolo y sin tener las fuerzas necesarias para cambiar la situación. Yo estaba muy involucrada y no tenía otras medidas con las cuales comparar y ver qué era normal. Era como si estuviese cayendo por una cuesta y no tuviese fuerzas para detenerme. Esperaba que alguien me detuviera. Era peor que el cáncer, porque sabía que me dirigía derecha hacia el infierno, pero no sabía dónde estaba el final de la caída".

Un día Donna descubrió un bulto en su pecho. "Cuando supe que tenía cáncer, seguí trabajando durante tres días como si nada hubiese sucedido. Después de tres días me di cuenta: *no puedo hacer esto*. Entonces, literalmente me desconecté. Lo más importante para mí era la recuperación, y el trabajo pasó a un segundo plano. No tuve que pensarlo mucho. Contaba con una identidad independiente. Tenía bien claro que mis objetivos eran recuperarme y vivir plenamente la vida día a día. Una de las cosas que me dije a mí misma fue: *Yo podría suspender mi vida durante un año y dedicarla sólo a la quimioterapia, pero ¿y si al final de ese año he muerto? ¿Y si no me recupero? Entonces ése habrá sido el único año que tenía. Creo que lo mejor será pasarlo muy bien*. En ese momento utilicé mi trabajo como un ancla. Aparté de mi vida a todos aquellos que no me hacían sentirme bien. Fue el año más intenso de mi vida y nunca me he arrepentido de lo que hice."

Después del año de quimioterapia, Donna trató de restablecerse completamente en su trabajo, pero éste no lograba captar su interés, entonces se tomó un permiso: "Ha sido la cosa más temeraria que he hecho. En IBM eran momentos difíciles, y sabía que estaban despidiendo a la gente, pero tenía que hacerlo". Durante su ausencia Donna se casó y, cuando se la ofrecieron, aceptó una indemnización. "Nunca hubiese aceptado algo así de no haber tenido cáncer" —cuenta Donna—, "pero veía lo que sucedía en IBM y me pregunté: *¿quiero vivir en medio de estas presiones?* Me quedé muy contenta después de aceptar la indemnización y recuerdo que cuando firmé los papeles le dije a mi jefe: 'Es un trato fantástico'."

EL CAMBIO IMPLICA UN DUELO

La última cosa que se esperaba Robin Ingram a los cincuenta y cinco años era ser despedida. Con alivio acababa de firmar un nuevo contrato con la empresa, en la cual había sido directora de comunicaciones durante más de veinte años. Robin suponía que pasaría con tranquilidad sus últimos tres años de carrera. Sin embargo, cuando seis meses después de firmar el contrato nombraron un nuevo presidente, fue desplazada porque estaba demasiado unida a la administración anterior. "Yo siempre decía en broma que las empresas eran una herramienta del diablo" —contaba—, "pero nunca pensé que algo así iba a sucederme a mí. Había visto cómo trataban a otras personas, pero yo siempre había salido bien parada. Ahora era mi turno. Alternaba entre la depresión y la furia."

Yo conté a Robin que tardé un año en recuperar el equilibrio después de dejar el trabajo. Todavía a veces tengo pesadillas en las que me despiden (me habían echado dos veces a causa de ventas de empresas y fusiones) Aunque esta vez dejar el trabajo había sido una decisión mía, apenas me aparté unos pocos pasos de la puerta cuando me di cuenta de que iba a lamentarme enormemente. Debía decir adiós a algo más que el trabajo. Tenía que cambiar todo mi modo de vida. Hasta ese entonces había estado ocupada por una gran lista de cosas. Todas esas cosas me habían hecho pensar que me querían y me necesitaban. El dinero que ganaba hacía que no tuviera que transpirar por cada compra y mi tarjeta de presentación me convertía en alguien interesante que presentar en las fiestas. Tenía que lamentarme por la comunidad de la que había formado parte. Además, debía llorar la pérdida de mi sueño: una fantasía que se hubiese realizado si.....

La parte más difícil de mi intenso dolor fue el hecho de darme cuenta de que no era suficiente yo sola con trabajos para hacer. Me di cuenta de que dependía de algo que no podía controlar: mi carrera. Descubrí que esa carrera me daba poder y que ahora que no la tenía me había oscurecido por dentro. En realidad emocionalmente no era tan distinta de las madres de mis amigas, que después de treinta años de matrimonio se habían encontrado sin identidad y sin objetivos cuando sus esposos se marcharon con otras mujeres (generalmente más jóvenes). Algunas no pudieron superar la tristeza. Otras se levantaron y organizaron su vida de una manera más completa e interesante que la que habían vivido anteriormente.

El dolor tiene un papel importante en el cambio. Nos ayuda a aprender del pasado y a olvidarlo. En el caso del trabajo, comprendemos en qué nos satisfacía y en qué no. Si no experimentamos el dolor, no podemos avanzar emocionalmente. En todas mis entrevistas todavía no he encontrado una sola mujer que perdiera su empleo o que se fuera voluntariamente y que desee volver al mundo laboral en las mismas condiciones. Todas han manifestado que lo que les ocurrió las ayudó a ver con claridad que habían estado dependiendo de algo poco confiable. Es posible que busquen un nuevo desafío intelectual, un mejor salario o un trabajo más interesante, pero seguramente no regresarán a trabajar con las mismas expectativas de que las cuiden o las elogien. Van a ir a trabajar para hacer el trabajo. Nada más y nada menos.

Esto le sucedió a Petra Baker, que se tuvo que enfrentar a la opción de aceptar un trabajo de menor nivel (con el mismo sueldo) cuando la empresa tecnológica en la que trabajaba fue reestructurada. Además del dolor de perder su cargo, Petra se sintió traicionada por su jefe y mentor. Ella había pasado de un día para otro de ser su protegida a ser prescindible. Justo cuando Petra comenzó a aceptar lo que estaba sucediendo, ejerció algún control sobre la situación. Se dio cuenta de que, si bien ella no podía modificar lo que había sucedido, sí podía elegir cómo quería afrontarlo. Como no podía mantenerse si se iba, aceptó el puesto que le ofrecían. Sin embargo, después de aceptar, supo que en adelante sus expectativas respecto del trabajo serían muy diferentes. Ella pudo separar quién era de qué hacía y, varios meses después, dice sentirse mejor en relación con el trabajo y con ella misma. Se las ha ingeniado para encontrar algunas cosas del nuevo trabajo que le gustan más que las del anterior: una comunidad creativa, algunas tareas estimulantes. Como no se dedica a complacer a todo el mundo ni a ser perfecta, ha vuelto a disfrutar del trabajo. Tal como le sucedió a Petra, muchas veces cuando nos vemos obligados a renunciar a algo podemos ver con claridad los problemas. Es entonces cuando comenzamos a desear un cambio de planes y perspectivas.

El equilibrio

Deseo lo que quieren la mayor parte de las mujeres —una buena mezcla de trabajo, juego, amor y cosas importantes. Quiero equilibrio. Sin embargo, he estado tan centrada en las cosas que se pueden medir —el dinero y el éxito— que dejé de lado lo interior. Shoya Zichy sugiere a sus pacientes que piensen en reconstruir su vida de la misma manera como un alfarero hace una vasija. "Se coloca una mano por dentro y otra por fuera. Manteniendo entre ellas una presión constante se elaboran los objetos." La mano exterior representa los factores genéticos, la inteligencia, el apoyo familiar, las expectativas, la educación y las oportunidades en la vida. Si hemos juzgado toda nuestra vida según cómo funciona la mano del exterior, la vasija se rompe hacia dentro. La mano del interior representa las características innatas de nuestro carácter que dictan nuestras preferencias, lo que más energía despierta en nosotros. Ésa es la que no solemos manejar." Zichy, que ha visto a miles de mujeres llegar a un lugar de equilibrio, dice: "Una vez que una ve lo que tiene que hacer y lo que quiere hacer, no teme. No es que lo haga de la noche a la mañana, pero, si sabe en qué dirección va, se despierta al día siguiente y se dice: 'Nuevamente estoy bien'".

La respuesta para lograr que la vida y el trabajo sean placenteros y satisfactorios radica en utilizar las dos fuerzas de una manera equilibrada, de modo tal que se combinen para formar un todo. En nuestras expectativas originales no estábamos tan equivocados: una vida completa combina el trabajo y la vida personal. La única diferencia es que no tiene por qué resaltar la cultura del éxito, la mentalidad consumista o la identidad de la tarjeta de presentación. "Demasiado énfasis en la mano exterior y una pierde el control de la vasija" —dice Zichy—. "Cuando una comienza a confiar en la mano interior, recupera el equilibrio y el control." El problema es que confiar en esta *mano interior* implica apartarse del modelo masculino del éxito y no centrarse en lo que este modelo considera valioso, es decir, los logros, el poder y el dinero. Supone, en cambio, valorar lo que es importante para cada persona. Significa dar lugar a la amistad, a la familia y al tiempo. Implica cambiar el orden de prioridades y la distribución del tiempo. Quiere decir llevar lo privado al mundo público. Cuando hacemos todas estas cosas sentimos que estamos arriesgando la aprobación y el reconocimiento de toda una cultura.

Tal como les sucedió a las demás mujeres de mi encuesta, durante los años que trabajé la importancia de la ambición, el dinero, la posición y el poder se fue diluyendo. Se hicieron, en cambio, más importantes la amistad, la vida familiar, la diversión y la independencia. Todas ésas son las cosas para las cuales la mayor parte de las mujeres manifestaron no tener tiempo. Su vida externa les indicaba la cantidad de espacio que ocupaba la vida interior. A medida que los trabajos se hacían más exigentes, el espacio interior se hacía cada vez más pequeño.

Para tener una vida plena debíamos poner en equilibrio la vida interior así como la exterior. Esto significaba aprender a valorarnos por lo que éramos y no por lo que hacíamos. Tal como decía Anna Quindlen: "Hay que hacerse suficientemente fuertes como para que tus valores superen los valores de la cultura y los valores de la empresa. Hay que hacerse tan fuerte como para decir: 'Sí, yo sé cómo define el mundo el éxito, pero yo soy demasiado vieja, demasiado inteligente y he hecho demasiadas cosas como para permitir que otros definan el éxito por mí'".

REENCONTRARNOS

Sería agradable si los cambios pudiesen producirse de manera clara y ordenada: primero modificamos nuestra perspectiva y luego nuestras acciones. Lamentablemente, a la mayor parte de las personas no nos sucede así. A medida que vamos dando tumbos en la oscuridad, descubrimos que estamos en un complicado proceso de combinar lo externo con lo interno, lo concreto con lo amorfo, lo probado con lo arriesgado. A las cuatro de la mañana sabemos exactamente qué hacer, pero con el amanecer ese conocimiento se esfuma.

May Benson se encontraba en esta situación hace algunos años. Su historia refleja la lucha de las mujeres que desean recuperar su identidad y las cosas que son importantes para ellas. Apegada a lo que hacía, pero deseosa de tener una vida equilibrada, profunda y de calidad, May pensó que había encontrado un modo que le permitía integrar los dos mundos. Sin embargo, finalmente tuvo que rechazar los dos y comenzar algo nuevo.

Al igual que la mayor parte de las mujeres entrevistadas, May, que se había graduado en la universidad a mediados de los años setenta, imaginó algunas cosas: "Supuse que iba a trabajar y pensé que en algún momento iba a casarme. También imaginé que después de tener hijos iba a seguir trabajando. Me habían educado para creer que podía hacerlo todo. Quería una carrera, pero no tenía una verdadera imagen de qué era eso. Mi primer objetivo fue ser psicoterapeuta, pero rápidamente me di cuenta de que si quería lograr algo importante en ese campo tendría que hacer el doctorado, y ya no podía seguir estudiando".

May acabó siguiendo a un novio que se fue a Seatle: "Busqué uno de esos trabajos proverbialmente interesantes, audaces y bien pagados. No importaba mucho de qué se tratara, en tanto presentara estos requisitos". Como le costaba conseguir este trabajo, May comenzó a trabajar temporalmente en un centro comercial. Cinco años más tarde era la encargada de compras del departamento más grande del centro. Seis años más tarde, aburrida, decidió volver a la universidad. "Siempre había sido bastante buena en matemáticas y en finanzas, y entonces me pregunté: '¿Por qué no?' Nunca lo medité realmente, pero estábamos a comienzos de los ochenta y me pareció adecuado y divertido."

Después de asistir a la escuela de comercio, May pasó diez años trabajando en una empresa y avanzando bien en ella. Se casó con un compañero de trabajo ("Los dos nos quedamos en la empresa, pero él cambió de departamento. Uno trabaja tanto en esas empresas que finalmente los únicos hombres que conoce son sus compañeros de trabajo") y llegó a ser la primera mujer directora de su departamento. A los ocho años de estar trabajando allí, quedó embarazada de su primer hijo. "Pensé: *¡Qué bueno! Tendré que comenzar a hablar con la gente y a pensar quién puede cuidar al bebé ¿Qué se hace para encontrar a alguien? ¿Cómo comenzar a regresar a casa a las seis cuando aquí todos consideran que ésa es la mitad de la jornada?*" —recuerda—. "Eché un vistazo a mi sección. Quería hablar con alguien que tuviese hijos y que supiera cómo manejar esta cuestión de ser mamá, y me di cuenta de que no había nadie. Había muy pocas mujeres que tuviesen hijos y cargos de responsabilidad. También había pocos hombres cuyas mujeres hubiesen vuelto al trabajo después de tener hijos. Descubrí que por primera vez me sentía diferente de todos los demás. Pensé que por primera vez iba a hacer algo distinto de la cultura masculina."

May estaba nerviosa, pero además molesta por tener que descubrir sola cómo hacer los cambios necesarios. Ella sabía mucho acerca de empresas, pero nada sobre las opciones existentes para el cuidado de los niños. "No tenía ningún modelo al cual acudir" —recuerda—. "Yo nunca quise dejar de trabajar. Sabía también que no quería seguir trabajando la misma cantidad de horas y no me gustaba lo impredecible. Fui muy clara con todos mis superiores, que se mostraron muy comprensivos. Todos eran tipos tradicionales, casados y con hijos. Todos tenían esposas que se quedaban en casa y se ocupaban de todo. Hasta tenía en esa época un jefe, que de puro amable preguntó:

–¿Puedes correr por las escaleras?

–No soy discapacitada. Sólo estoy embarazada —le respondí.

–Te admiro porque piensas volver, pero no puedo imaginarlo.

"Yo pensé que sí podría lograrlo. Sin embargo, me molestaba que nadie me apoyara y el no tener modelos de referencia."

A los ocho meses de embarazo a May le ofrecieron un importante ascenso. Le dijeron que se podía tomar un permiso por maternidad y que le guardarían el puesto. May pensó en rechazarlo porque temía que fuese demasiado exigente, pero todos sus mentores le dijeron que lo aceptara, ya que de lo contrario no se la tomaría en serio nunca más. May aceptó el ofrecimiento y se fue a su casa para tener a su hija.

El permiso por maternidad duró tres meses, que para May fueron muy difíciles. "Yo era la típica madre primeriza que aprendía sobre la marcha, y para mí era bastante duro. A diferencia de lo que ocurría en la oficina, nadie me decía '¡Qué bien has estado hoy!' u 'Hoy no fue tan bien, pero, descuida, mañana será mejor.'"

May se dio cuenta de que estaba acostumbrada a un sistema de estímulos y que el bebé no le daba nada de eso. "Los primeros seis meses fueron los más duros de mi vida. Me costó muchísimo amamantar y hacerlo era para mí una presión muy fuerte. Siempre había sido buena en el trabajo, cualquiera que fuese, pero sentía que ahora no era buena en el trabajo de madre. Sentía que había fracasado y sufría cada vez que estaba frente a una lata de leche, que decía 'El segundo mejor alimento para tu bebé'. ¡El bebé tenía tan sólo tres semanas y yo ya le estaba ofreciendo lo 'segundo'. Sin embargo, era demasiado omnipotente como para darme cuenta de que necesitaba ayuda."

May regresó al trabajo y después de un año se produjo una oportunidad: su empresa (que tenía cien mil empleados en todo el mundo) decidió que necesitaba un departamento que se ocupase de aquellas mujeres que deseaban trabajar y tener una familia al mismo tiempo. Ofrecieron a May, que estaba embarazada de su segundo hijo, el puesto de directora. "Hubo tres cosas que casi me llevan a rechazarlo. En primer lugar, estaba entusiasmada pensando que sería un modelo y que podría demostrar que uno puede realizar un trabajo comercial en cuatro días a la semana. En segundo término, era una persona experimentada en mi departamento y hacía lo que yo consideraba *trabajo verdadero* y no esta cosa difusa del trabajo / familia. En tercer lugar es que una voz interior me decía: *Segundo hijo: tiene que ir a un trabajo más fácil.* Por primera vez me iba a echar a un lado conscientemente."

Los inseparables motores del equilibrio y el sentido

May aceptó el puesto, y por primera vez en años sintió que dedicaba su tiempo a algo distinto de la búsqueda del éxito. Al comienzo sintió que estaba fracasando (el teléfono no sonaba todo el tiempo) y su agenda tenía espacios en blanco. Además, llegaba a su casa con tiempo para preparar la cena.

Sin embargo, lenta y gradualmente, May se dio cuenta: "Ése era un trabajo que *amaba*. Las inversiones me gustaban y nada más. Yo me sentía muy comprometida con este trabajo y tenía el objetivo de que la empresa se diese cuenta de que las cuestiones de trabajo y la familia eran terriblemente importantes. Era fundamental que descubrieran que era un buen negocio ayudar a las personas a manejar sus carreras de diferentes modo. No había un buen camino y un mal camino. Mi mentalidad de negocios decía: *Es importante para la gente, para todo tipo de buena gente que hace cosas buenas para la empresa. No todos van a trabajar sesenta horas a la semana durante el resto de su vida. No todos van a querer cambiarse de sitio cuando tú quieras que lo hagan*". May encontró un profundo sentido a su trabajo: "Desde el punto de vista de la identidad, era la primera vez que yo decía 'quiero hacer esto' en lugar de que viniera alguien y me dijera 'Queremos que hagas esto o aquello'. Era la primera vez que decía lo que quería. Creo que después de tantos años había vuelto a mi vocación de psicoterapeuta." May comenzó a definir el éxito por lo mucho que ayudaba a la gente y no por lo que ganaba.

Redefinir el éxito

Al cabo de dos años, sin embargo, la empresa decidió suspender el programa por razones *presupuestarias*. Angustiada, May discutió con los directivos: "Este trabajo es muy importante" —dijo—. "Yo no llevo la cuenta de cuántas personas evité que se fueran. Yo he ayudado a personas que pasaban por situaciones críticas y logrado la comunicación entre gerentes y empleados." La empresa respondió ofreciéndole cualquier otro puesto que ella quisiese. "En ese momento la sola idea de volver a las inversiones me hacía subir la presión arterial. Les dije que era una decisión comercialmente equivocada, pero ellos no lo veían así. Se trataba de elegir entre volver a las inversiones o irme. Por eso me fui."

Tener que irse enfureció a May. Había trabajado mucho para esa empresa durante doce años y le importaba mucho. Su esposo seguía trabajando allí, así como muchos de sus amigos. Estaba furiosa. "No comprendieron que yo les estaba planteando una cuestión comercial. Podrían haber dicho 'Ya no la comprendemos. Ha estado con nosotros durante doce años y ya no es la misma que cuando era directora y hacía buenos negocios. Es difícil tratar con ella y quiere cosas que nosotros ya no comprendemos. No encaja en nuestro sistema'."

Los directivos —en su oficina eran todos hombres— le aconsejaron que tratara de manejar un territorio más amplio, que ocupase un sector mayor del diagrama de la empresa. "Pero eso ya no significaba nada para mí. En realidad, nunca había significado demasiado, pero lo aceptaba. Nunca me había interesado ser la número uno, pero en ese momento estaba haciendo un trabajo que consideraba tan importante que ya no me interesaban el cargo ni el sueldo." May trató de hablar con ellos y hasta les ofreció continuar con el trabajo con un salario menor, pero ellos no comprendieron. "Dijeron: 'Se ha pasado todo un año negociando una rebaja de salario. Algo le debe de pasar'".

May sintió que le decían: "Como no es importante para nosotros, no debería ser importante para ti. Me descalificaron como miembro del grupo y en cierto sentido eso hizo que fuese más fácil irme. Sin embargo, lo gracioso fue que de golpe pensé que por qué había tardado tanto en darme cuenta. Me mantuve aferrada a la empresa demasiado tiempo y según me iba comprendí que estaba tomando el camino que deseaba."

Cuando May anunció que iba a trabajar por su cuenta, todo el mundo pensó que lo hacía para poder pasar más tiempo con sus hijos. "Eso era agradable, pero no era mi motivación" —dijo—. "Había pasado toda mi vida adulta trabajando en empresas y aceptando sus planes. Ahora yo debía determinar qué era lo importante. Si por ejemplo decidía trabajar voluntariamente unas horas en la guardería de mi hijo, estaba bien. El primer día que trabajé por mi cuenta tuve la oportunidad de escuchar a Anna Quindlen hablar acerca de su abandono del *New York Times* y sentí que yo también lo lograría. Escucharla me confirmó que había algo malo en ellos, no en mí."

May recuperó lo que era importante para ella. Le llevó casi veinte años, pero encontró una manera de combinar su amor por los negocios, su tiempo para la familia y hasta su sueño original de convertirse en psicoterapeuta. Sin embargo, para tener esta nueva vida, tuvo que renunciar a algunas cosas: a un cargo importante, a un poco de dinero, a una valoración social y a sentirse parte de un *paquete*. May admite que en algunos momentos se sintió egoísta, un poco irresponsable y algo tonta, por no mencionar de desdichada. Hasta años después, al contar la historia, rompió a llorar: "No sabía" —se disculpó— "que todavía me sintiera herida. Es que me sentí muy traicionada, no sólo por la empresa, sino por todas mis expectativas. Yo creía realmente que lo correcto era hacer lo correcto. Pero en ese mundo no lo era. No era eso lo que se buscaba." Cuando le pregunté a May si ahora era más feliz que antes, ella responde que sí, pero con una aclaración: "Me gustaba el mundo del poder. Me gustaba ejercer mucha influencia y la posibilidad de cambiar para mejor la vida de las personas. Ahora también puedo hacer esas cosas, pero en una escala mucho menor. No importa cuánto me guste tener mi propio negocio, no me siento tan triunfafora como antes. Por supuesto, tampoco quiero serlo." Sin embargo, ha sido muy importante la satisfacción de realizar un trabajo que le gusta y de salirse de la esfera del éxito, dominada por los hombres. Hacer lo que le parecía importante liberó a May de vivir una vida llena de tensiones. "¡Liberada!" —exclama—. "Así es como me siento. Soy libre para hacer el trabajo que me gusta y que me parece importante". Ella se siente como las mujeres que describe Shoya Zichy: "Las mujeres que lo han hecho y lo han dejado tienen una perspectiva completamente distinta. Es como no ir a una fiesta porque uno no tiene ganas, en lugar de no ir porque uno no ha sido invitado". Lamentablemente muchas mujeres pueden desprenderse de los viejos paradigmas sólo después de sentirse muy desdichadas. Sin embargo, a medida que sean más las mujeres que desafíen los valores culturales, será más fácil para otras seguirlas.

Sin quererlo, May pasó de una vida centrada en el éxito convencional a una de autenticidad. Una vida de autenticidad significa una vida de equilibrio y profundidad. En algún momento del proceso, lo que valoraba en su interior se volvió más importante que lo que temía que el mundo pensara de ella. Cuando se trata de hacer cambios, no hay desafío más grande.

Cuando las mujeres se dan cuenta de que tras la crisis del trabajo pueden lograr reafirmar sus verdaderos valores, sienten una gran confianza y un gran alivio. Como dice Mary Pipher: "Hay una nueva energía que proviene de los vínculos, de la elección de la conciencia sobre la negación".[1] La experiencia de May ejemplifica el movimiento hacia una vida integrada, ese nuevo modelo que las mujeres dicen desear y no tener. Ella no tuvo más remedio que elegir y comprender sus propios valores. Debió dejar de lado las expectativas culturales y las instrucciones que le ladraban en el oído y que pretendían dirigir sus movimientos. Las cosas que estaban bien para sus mentores masculinos no lo estaban para ella. Tuvo que mantener su rumbo y al mismo tiempo oponerse a las personas que le habían dado oportunidades. Como el curso de un río, las curvas del avance de May se produjeron por la erosión en los puntos que el sistema más presionaba. Si ella no hubiese prestado atención a sus deseos o no hubiese reconocido la legitimidad de los mismos, May podría haber dejado que el trabajo exterior siguiese dañándola cada vez más.

La necesidad de validación

Para que una mujer encuentre una nueva manera de valorarse, los anteriores criterios tienen que dejar de funcionar. El deseo de más equilibrio y sentido en nuestra vida debe hacerse suficientemente fuerte. El disgusto frente a las desigualdades o valores erróneos de nuestro lugar de trabajo así como nuestra sensación de fracaso o agotamiento deben ser suficientes como para superar las fuerzas de la resistencia personal y cultural. Como los cambios que hacemos implican pasar de un estándar objetivo a uno subjetivo, necesitamos apoyo exterior, validación, aprobación y permiso. Crecemos siendo evaluadas, calificadas, y nuestro primer impulso es mirar afuera para ver el reflejo de lo que estamos haciendo. "Como no valoramos lo que no produce dinero" —dice Shoya Zichy— "las mujeres necesitan permiso para ser quienes realmente son. Si alguien es un genio en la Bolsa de Comercio, el mundo lo recompensa. En cambio, si alguien es bueno como terapeuta físico, no se tiende a valorarlo tanto porque con eso no se hará rico. Sin embargo, el ejecutivo que dirige General Motors no podría hacer el trabajo del terapeuta aunque su vida dependiese de ello. No sabría enseñarle a un hombre a caminar o a salir de su silla de ruedas." Cuando pagamos comparativamente tan poco al terapeuta físico, estamos enviando un claro mensaje de que no es valioso para la sociedad: ser, en cambio, la cabeza de una empresa es algo más alto, una aspiración más valiosa.

Las mujeres sabemos que eso no es verdad. Sin embargo, a veces vivimos como si lo fuera. Pasar de un sistema de valores aprobado a uno más personal parece casi imposible, especialmente cuando no tenemos modelos a quienes seguir. Sin embargo, si no lo hacemos, nadie lo hará por nosotras. Hasta que no redefinamos el éxito y los valores de una manera más amplia, como para incluir el equilibrio y la profundidad en nuestra vida, seguiremos atrapadas en carreras que nos exigen juzgar un mundo por encima de otro.

CAPÍTULO OCHO

EL TRABAJO QUE FUNCIONA

La manera como trabajamos es un vestigio de otra era. Todos lo sabemos. Si queremos un trabajo que funcione, deberemos poner en marcha los cambios. Debemos dejar de cumplir esas reglas que nos obligan a no ser lo que somos, tenemos que resistirnos a los temores que nos asustan de lo que seremos o no seremos si hablamos, y deberemos encontrar las maneras de incorporar todas esas cosas que decimos valorar. Hemos desempeñado el papel del canario del minero: hemos trabajado mucho para finalmente darnos cuenta de que no hay oxígeno suficiente como para tener una vida equilibrada tanto en lo personal como en lo profesional. Nos espera el trabajo de transformación.

Sería muy agradable y claro si hubiese una solución con seis pasos sencillos que las mujeres pudiesen seguir para encontrar un trabajo que las hiciese sentir mejor, las convalidara y se acomodara a las múltiples demandas y deseos de su vida. Sin embargo, ésa es una fantasía tan grande como la de tenerlo todo. No va a suceder. La realidad es que no existe una única solución para las mujeres: nuestras vidas son demasiado diversas y variadas. Algunas no tenemos hijos y otras tenemos diez. Algunas mantenemos a nuestras familias y otras trabajamos más por la satisfacción que por el salario. El espacio que ocupa la familia en la vida de una mujer se expande y se contrae en distintas etapas de la vida. Una mujer que tiene un hijo de dieciocho meses abordará el trabajo de una manera diferente que cuando su hijo tenga dieciocho años. Cada mujer y cada situación son distintas. Podemos ubicarnos en distintos puntos de una serie continua en diferentes momentos de la vida. No hay un único modelo de trabajo que funcione. Si intentamos crear uno, en algún momento se hará demasiado rígido como para soportar los temblores de la tierra.

El trabajo nunca funcionará a menos que cambiemos el modo como valoramos el éxito y la manera como juzgamos nuestros avances hacia él. Si no comenzamos por nuestros valores, cualquier cambio será meramente cosmético. Por eso, es tan importante que las mujeres sustituyan su dependencia emocional, psicológica y hasta económica por un sistema más amplio y flexible de identificación. Ese sistema debe premiar el equilibrio por encima de los logros; la profundidad sobre la posición social; la inclusión sobre la jerarquía; el producto por encima del proceso. Sólo si cambiamos estos valores podremos crear un nuevo panorama de vida próspera que permita que las prioridades cambien a través del tiempo según lo dicten las necesidades. En ese sistema el trabajo debe ocupar un lugar importante, pero no exclusivo. Esto es terriblemente difícil, porque las mujeres de esta generación no tenemos modelos de este tipo para imitar. Conocemos el éxito sólo en la versión de nuestros padres: todo o nada. Interiormente, sin embargo, la mayoría sospechamos que hay otra manera de vivir. Por eso, cuando alguien se sale de la línea habitual, inmediatamente nos sentimos atraídas por su historia.

Cuando la actriz Sherry Stringfield, que interpretó a la doctora Susan Lewis en la famosa serie de televisión *Urgencias* decidió cambiar su gran celebridad por una vida más normal, apareció en todos los titulares: "*¿Quiero seguir en este camino?*", se preguntaba. "*¿O deseo un camino diferente?* He podido probar bien lo que trabajar en este programa significó en mi vida y me he dado cuenta de que no es para mí".[1] Stringfield sencillamente quería más tiempo para ella y para sus relaciones. Necesitaba un ritmo más tranquilo y deseaba disfrutar de la vida. Sin embargo, sus sencillos deseos conmovieron al país y acabaron en una primera plana. "Reconozco que lo que estoy haciendo no tiene muchos precedentes. Algunas personas lo pueden criticar desde el punto de vista de la ética del trabajo norteamericana. Sin embargo, ¿qué hay de la ética norteamericana de los valores familiares? Hay personas a las que les parece extraño que yo no quiera ser famosa... ¿Es acaso tan extraño que yo quiera tener más tiempo para ser libre y para estar con mi familia?"[2] La elección de Stringfield chocó con nuestro sistema predominante de valores, dominado por el dinero y el éxito. No es que a ella no le guste trabajar —le encanta trabajar. El problema es que quiere hacerlo de una manera más sana. No quiere dejar a un lado su vida.

Si, tal como le ocurrió a Stringfield, nos damos cuenta de que nuestro valor radica en muchas cosas diferentes y no sólo en nuestro trabajo, vamos a poder disfrutar más de lo que hacemos. Nuestro sentimiento del yo, nutrido de muchas cosas de nuestra vida, dará al trabajo menos poder sobre nosotras. Sólo encontraremos un empleo que funcione cuando nuestra carrera sea una pieza dentro del rompecabezas de nuestra vida. Las mujeres lo sabemos. Sin embargo, es tan fácil quedar atrapadas en el circuito del éxito que podemos perder perspectiva sin darnos cuenta. Además, si vivimos de este modo será más fácil juzgar cómo nos va en la vida: todo lo que tenemos que hacer es observarla y ver cuán bien nos acomodamos a la cultura de las imágenes prefabricadas.

Sólo cuando las mujeres nos encontramos, como me sucedió a mí, mirando el cañón de la pistola mientras me decían: "La carrera o la vida", nos disponemos a ir más allá de esas imágenes. Inmediatamente nos asaltan nuestros temores y pensamos que nos juzgarán negativamente por las cosas que hemos elegido. Además, eso sucederá y no serán tan sólo los demás, sino también nosotras mismas. Sea cual sea la elección de una mujer, la van a criticar de todos modos. Yo temía que la gente dijera: "No pudo con todo" o "Se fue a cuidar a sus hijos porque no tuvo más remedio". Una mamá en la guardería de mi hijo me decía: "Me siento avergonzada por no estar haciendo más. Aunque intelectualmente sé que educar a mi hija es más importante que acrecentar el patrimonio de una empresa, de todas maneras siento que debería estar haciendo más cosas".

Otras madres se consuelan leyendo estudios en los cuales sostienen que si ellas son felices sus hijos serán felices. Nuestra cultura no suele juzgar bien a las mujeres que eligen el tradicional papel masculino de proveedor. Además, mientras aprobamos a un hombre que tiene una espléndida carrera y no tiene familia, una mujer con ese mismo perfil es objeto de pena, tanto por parte de los demás como de ella misma. Hasta nuestros hijos han absorbido estos criterios por los cuales la mujer siempre pierde. Cuando Stephanie dejó su carrera como ejecutiva de una empresa japonesa, su hija de ocho años regresó de la escuela pidiéndole por favor que volviera a trabajar. Ella se sentía incómoda porque las madres de todas sus amigas trabajaban. Comparativamente, parece que Stephanie no estaba haciendo lo suficiente. Otra mujer me contó que no fue aceptada como socia en un gabinete jurídico porque, después de haber estado trabajando quince horas diarias, el gabinete decidió que no quería asociarse a una mujer que daba tan poca importancia a su familia. "No importa qué opción tomemos" —dijo Anna Quindlen—, "nos castigarán de todas maneras. Por eso debemos elegir lo que nos haga felices a nosotras."

Como la mayoría de las mujeres necesitamos trabajar, debemos arreglar varias cosas en nuestra vida. La mayoría debemos buscar equilibrios diversos, ya que tenemos hijos, hipotecas, matrimonios o padres ancianos de quienes ocuparnos. Muchas mujeres manifestaron que les parecía egoísta reducir sus ingresos para trabajar cuatro días a la semana. "¿Y la calidad de vida de mis seres queridos?"—se preguntaban—. "¿Cómo voy a hacer algo que tendrá efectos tan negativos?" Es más fácil valorar nuestras contribuciones sumando cheques que teniendo en cuenta el tiempo que dedicamos. Además, para llegar a ese lugar de independencia y equilibrio, debemos estar dispuestas a examinar los principios que se encuentran detrás de todas nuestras afirmaciones, y eso significa analizar honestamente dónde está la línea que divide la subsistencia de los gastos que nos dan la *calidad de vida*. En algún momento hemos cruzado una línea invisible que dividía el ganar dinero para ser independientes y el ser prisioneras de este dinero. Estamos atrapadas en nuestras deudas y en nuestros estilos de vida y pagamos por ello con nuestro tiempo.

LAS NUEVAS REGLAS PARA EL ÉXITO

Una vez que asumí mis temores con respecto a lo que la gente pensaría de mí y me di cuenta de que ese miedo y mi afán de ganar dinero me tenían atrapada, las cosas comenzaron a cambiar. Yo empecé a percibir que había cosas que podía controlar y otras que no. Sí, en el trabajo había sexismo. También circulaban los prejuicios, el acoso y la desigualdad de oportunidades. Ésos seguían siendo problemas reales. Sin embargo, yo era la única responsable de haberme aferrado a la idea de que, si trabajaba lo suficiente y era lo bastante buena, ninguno de esos problemas afectaría mi carrera. Mi identidad de buena chica me decía que estaría eximida de las barreras del sexo y que si me comportaba de manera adecuada tendría los privilegios que había tenido mi padre y mi lugar de trabajo se haría cargo de mí.

Ha llegado el momento de aceptar que en este terreno estaba completamente equivocada. Esa promesa actualmente no es cierta ni siquiera para los hombres. El trabajo no era lo que yo había pensado que sería. Cuando trataba de equipararlo a mis expectativas, lo que hacía era preservar un sistema que no me tenía en cuenta. Lo que debía hacer era buscar un nuevo contrato, establecer un nuevo vínculo con mi trabajo: una relación con reglas nuevas. El trabajo me gustaba demasiado como para aceptar un vínculo que me exigía adaptarme a valores y comportamientos que encajaban mejor con una mujer que no tuviese vida personal (si es que existe una criatura así). La nueva relación con el trabajo implicaría algunos cambios en mi vida: tendría que dejar a un lado una parte del perfeccionismo y ya no sería uno de *los muchachos*. Esa identidad ya no era mi pasaporte hacia el mundo sino más bien mi guardián.

Analizando las reglas tácitas que yo había dejado que gobernasen mi carrera, comencé a verlas de una manera diferente. Quería seguir esas normas porque recibía algo a cambio, pero, cuando dejé de recibir el beneficio, empecé a percibir que me exigían ser distinta de lo que en realidad era. Un buen trabajo no podía funcionar si significaba enterrar las mejores partes de mí misma.

Comencé a observar a las mujeres que admiraba. Ellas no parecían hacer demasiadas concesiones. Estas mujeres *excepcionales* vivían su vida de acuerdo con nuevas y diferentes leyes. Yo vi que estas modalidades se aplicaban a distintos tipos de situaciones laborales y que podrían funcionar en todas las condiciones. Todas esas reglas contradicen lo que nos enseñaron que deben hacer las mujeres para encajar en un mundo masculino.

Por eso, al comienzo no nos sentiremos muy seguras con ellas. Sin embargo, si queremos trabajar sin dejar de ser quienes somos, manteniendo nuestros valores intactos, tendremos que romper parte de nuestros viejos hábitos y llevar a cabo alguna acción.

1. Decir adiós a la buena chica

Probablemente lo que más nos mantiene atadas a una situación desdichada en el trabajo es nuestro papel de buena chica. Como creemos que si hablamos nos desvaneceremos y perderemos la identidad, nos mantenemos en silencio, nos adaptamos y tragamos lo imposible. "Reconozco este horrible impulso a la obediencia, la gentileza y el comportamiento femenino" —dice Letty Cottin Pogrebin—. "Observo la tendencia que nos lleva a comportarnos como buenas chicas." En tanto esta actitud se mantenga en uno de los primeros lugares de la lista de cosas que valoramos de nosotras mismas, será muy difícil cambiar. Como la misión de una buena chica es adaptarse, ella no puede, por definición, desafiar nada. Permanecerá herméticamente cerrada en un entorno que nunca le hará justicia.

2. Romper los votos de silencio.

Si no abrimos la boca, no podremos negociar nada. A partir de la adolescencia aprendimos que callar lo que pensábamos sería recompensado. La psicóloga Mary Pipher describe con mucho detalle lo perjudicial que resulta este silencio para las jóvenes. Baja la autoestima y crea una falta de autenticidad. Como explica Pipher, las mujeres comienzan a cambiar en esto a partir de la menopausia, cuando se les permite "recuperar la autenticidad de la adolescencia". Ella señala que Margaret Mead observó este fenómeno en todo el mundo. Hasta le puso un nombre: entusiasmo posmenopaúsico. "Como ya no son objetos bellos dedicados a cuidar de otras personas, son nuevamente libres para convertirse en dueñas de su propia vida", dice Pipher.[3] En el caso de las mujeres que yo entrevisté, observé que este *entusiasmo* no tenía por qué esperar a la menopausia. Al aproximarse o cruzar la línea de los cuarenta, se producía esta magia en la mayor parte de ellas. El horizonte es más limitado y el interior se libera. Pero ¿por qué esperar para expresarnos libremente? Mientras esperamos, nos aliamos al *status quo* y dejamos que las convenciones nos limiten. Hacemos que las personas teman plantear necesidades familiares o flexibilidad en los horarios. Contribuimos a la existencia de dos mundos separados y a la lucha por el éxito como único modo para sentirnos bien con nosotras mismas. Lejos de darnos seguridad, el silencio nos sofoca. No hay nada peor que permanecer mudas en el momento en que nuestro trabajo (ése que pensamos que lograríamos con el silencio) pasa a manos de un hombre con más voz y menos condiciones.

3. Aprender a perder

Yo realmente creía que si trabajaba suficiente nunca, nunca perdería. De esa manera nunca tendría que elegir, sino que siempre podría continuar haciendo lo imposible. La fantasía de no fallar era mi versión femenina de la quimera de la inmortalidad. Cuando me topé con el límite, iba a la velocidad máxima en todos los caminos de mi vida, y la colisión que se produjo entre las limitaciones de mi vida y las del sistema hizo que pudiera ver, por primera vez, que se podía vivir de otra manera. Como yo había estado tan empeñada en triunfar, nunca pensé que el problema podía estar fuera de mi persona. Nunca se me había ocurrido desafiar al mundo del trabajo y sus valores. Sólo me había desafiado a mí misma. Así, cuando fracasé, lo hice por mi cuenta

Cuando formé mi sistema de valores, cuando me convencieron de que podría ser lo que quisiera, no aprendí la diferencia entre hacer lo mejor que yo podía y hacer lo mejor que podía hacerse. Mi valor, según creía, radicaba tanto en solucionar situaciones difíciles como en poder hacer muchas cosas de manera brillante. Se suponía que lo que yo podía lograr no tenía límites. Por eso, si abandonaba algo, mi valor descendía inmediatamente. Yo creía que tenía el deber de hacer todo. Sin embargo, cuando me sentí arrinconada por mis ambiciones y las de la gente que me rodeaba, tuve que volver a examinar esa *verdad*.

La mayoría de nosotras nos sentimos muy orgullosas de hacer nuestro trabajo a la perfección. Tal como decía, frustrada, Leanne, redactora de guías de turismo, "Yo compré todo lo que mis padres me vendieron. Creía que ser perfecta era un objetivo alcanzable". Sin embargo, cuando pagamos con las horas de nuestro día para obtener esa perfección pero nadie lo reconoce, es que ha llegado el momento de pensar en dejar a un lado nuestro apego a esta regla. Detrás de nuestro perfeccionismo suelen encontrarse dos demandas silenciosas: "Seremos perfectas si nunca nos abandonan (despiden)" y "Si somos perfectas, nos amarán para siempre (y nos reconocerán con ascensos y dinero)".

Cuando fracasamos (y no me refiero a errores monumentales, sino a deslices aburridos, tales como olvidar una fecha de vencimiento, omitir a una sección en un informe) pensamos que nos estamos arriesgando al abandono y a la bancarrota. En realidad, sólo nos arriesgamos a un poco de incomodidad ante los demás y ante nosotras mismas. Es asombroso ver lo lejos que llegamos para evitar sentirnos humilladas por nuestra condición de seres humanos. Yo lo sé porque he estado en ese lugar muchas veces. Muchas de las mujeres a quienes entrevisté sintieron que habían caído en la trampa perfecta y que no sabían cómo salir de ella. La única manera de hacerlo es fracasar periódicamente en cosas pequeñas. De ese modo iremos cambiando nuestra definición de fracaso.

"A veces siento que las únicas mujeres que son felices son aquellas que se sienten cómodas con el fracaso" —recuerda Shelly Lazarus que solía decir una de las principales redactoras de su agencia. "Las madres que trabajan se suelen sentir bien con el fracaso, porque siempre están fracasando; si eso las afecta, no pueden continuar con sus dos papeles, pero si pueden continuar deben aceptar que siempre le están fallando a alguien: les fallan a sus hijos o a sus amigos porque no pueden estar con ellos, o le fallan al trabajo porque no están tan concentradas como otras personas, que ponen el ciento por ciento en sus empleos." Cuando las personas estén dispuestas a cambiar la perfección por la plenitud, cuando las mujeres estén listas para renunciar a la perfección, entonces podremos encontrar mujeres felices que trabajan.

4. DEJAR DE INTENTAR SER TAN *TRIUNFADORA*

En unas notas que repartían en el Centenario de la Mujer en la universidad de Toronto, Claudette Mackey-Lasonde, directora de Enghouse Systems Ltd, sostenía que "de algún modo nos hemos olvidado de explicar a las jóvenes que cada vez que eligen algo están dejando de lado otra cosa. Parece que hemos ignorado esta verdad tan simple. Cuando elegimos transitar un camino, hay otro que se bloquea. Algunas personas aparentan tenerlo todo: un trabajo atractivo, poder, categoría, pero lo que no poseen es felicidad, satisfacción o interés en lo que están haciendo...". Su mensaje era que las mujeres pagan un cierto precio por lo que eligen. Citó un estudio que demuestra que la abrumadora mayoría de los ejecutivos canadienses varones son casados, a diferencia de más del cincuenta por ciento de sus colegas femeninas. Señaló también que, mientras la mayoría de los ejecutivos canadienses tienen hijos, menos de la mitad de las mujeres de esa condición los tienen. También a diferencia de lo que ocurre con sus colegas masculinos, más de la mitad de los matrimonios de mujeres ejecutivas acaban en divorcios. "Más allá de las estadísticas" —dice— "conozco a algunas de estas mujeres. Son las personas más solitarias que me he encontrado. Conozco mujeres que no han tenido hijos a causa de sus trabajos. Sé que algunas tienen hijos, pero ni siquiera reconocen que son madres. La ironía es que muchas veces el precio del éxito incluye renunciar a la vida familiar cuando la familia suele ser la razón por la cual las personas trabajan tanto."

Las observaciones de Mackey-Lasonde no se refieren solamente al hecho de tener que pagar un precio, sino también a las consecuencias. Cuando tratamos de alcanzar las dos imágenes del éxito que aprendimos por separado cuando éramos jóvenes, estamos tratando de lograr un imposible. En lugar de intentar una y otra vez alcanzar estas metas irreales, dejemos de intentarlo y confesemos que se trata de una fantasía. De no ser así, muchas mujeres seguirán culpándose por no haber logrado el objetivo.

5. Llevarse la vida personal a la oficina

Otra de las reglas clave que aprendimos en la ruta hacia el éxito en nuestras profesiones era que había que mantener en privado las cuestiones íntimas. No había que llevar al lugar de trabajo los problemas o preocupaciones femeninas. Teníamos que arreglarnos solas. Debíamos establecer compartimientos. Sin embargo, a medida que vamos adquiriendo más confianza, con la experiencia y la madurez, podemos comenzar a renegociar qué es público y qué es privado. Idelisse Malavé observa que, cuando dejamos de lado los valores externos de la cultura del éxito, podemos comenzar a crear trabajos que incluyan otros principios. "Se trata de realizar un esfuerzo concertado para rechazar esta oposición entre lo público y lo privado. Creo que se trata de lo que comenzamos a perder en la niñez. Se debe volver a capturar la autoridad de la propia experiencia y de lo que uno sabe. Se trata de respetar lo que sabemos, de aceptar "esto no funciona", en lugar de volvernos contra nosotras mismas y decir: "Hay algo malo en mí. No pude lograrlo". Cambiar y hacer una vida basada en nuestros valores significa aceptar la autoridad de nuestra propia experiencia." Este rechazo a la cultura del éxito pone en cuestión lo que corresponde llevar o no de nuestra vida al trabajo, lo que es éxito y lo que no lo es, y comienza a reevaluar lo que hacemos con nuestra vida.

Esto ya está sucediendo, en la medida que cada vez más mujeres nos infiltramos en la cultura de los negocios. Inevitablemente, aportamos nuestra compleja vida, que se expande y repliega, a ese sistema lineal.

Gloria Steinem señala que "somos las últimas personas integradas al sistema, pero no es posible integrar a las mujeres a la economía tal como está. Somos el grupo más transformador y revolucionario, porque tenemos que redefinir el trabajo para incluir la educación de los niños y las cuestiones hogareñas, e insistir en que los hombres también lo hagan".

Lo privado, mundo escondido de mujeres y niños, ha pasado de la casa a la oficina. Contrate a una mujer y también estará contratando a su familia. Lo importante es si acepta la mujer esta realidad y cuánto actúa en consecuencia. Precisamente es debido a las responsabilidades hacia los padres, hijos y amigos que nuestra presencia comienza a cambiar las reglas y los papeles de todo el mundo.

6. No lo hagas sola: la importancia de la comunidad

Hasta que un número considerable de mujeres ocupen puestos de respeto y de poder, cualquier mujer que lleve adelante una alteración respecto del camino tradicional lo hará de una manera muy privada y aislada. A menudo dependemos de nuestros jefes, que deben hacernos *favores* o concedernos *permisos especiales*. Esto necesariamente nos separa de nuestra comunidad de trabajo, ya sea por la culpa que caracteriza a los favorecidos o porque nos han enseñado a no hacer demostraciones delante de los menos afortunados. "Tómate el día" —le digo a una empleada que necesita estar en su casa una vez por semana—, "pero, por favor, no se lo digas a nadie." En este deseo está implícito, o bien que en ese caso el privilegio sería revocado, o bien que yo tendría problemas con mis superiores.

Este sistema degradante refuerza la estructura de poder, que tiene la capacidad de conceder y de quitar. Pero, además, hace algo más dañino: quiebra la comunidad. Sólo teniendo una comunidad, las mujeres nos sentiremos cómodas para realizar los cambios que tenemos que hacer para conseguir el equilibrio y la armonía. Para que comencemos a llevar las cosas que son importantes para nosotras al mundo del trabajo, tenemos que sentirnos seguras, y la única forma de sentirse segura (y no una estúpida ni una loca) es teniendo a nuestro alrededor personas que refuercen lo que hacemos.

El problema es que fuimos educadas en una sociedad que glorifica al individuo y sus logros. Nos hemos convertido en las *mujeres hechas a sí mismas*. En su libro de 1975 *Getting Yours: How to Make the System Work for the*

Working Woman, Letty Cottin Pogrebin utiliza el término "abeja reina", tomándolo de la personalidad de Carol Tavris, y se atribuye su carácter de prefeminista.[4] "La verdadera abeja reina triunfó en el mundo del trabajo masculino, y al mismo tiempo llevó adelante una casa y una familia con la mano izquierda. 'Si yo pude hacerlo sin ningún movimiento que me apoyara' —dice su actitud—, 'las demás mujeres también pueden.'" La abeja reina "saborea el hecho de ser *especial,* de tener condiciones que le permiten llegar a posiciones altas, que normalmente se les niega a las mujeres". Si una mujer es abeja reina, inmediatamente se la separa del resto, y entonces no hay esperanza de que un grupo se forme en nombre del cambio. Es trágico lo poco que esto ha cambiado en veinte años.

Todas estas cosas demuestran lo mucho que hemos concedido en función del éxito. Todas estamos usando nuestra energía para elevarnos y para perpetuar un sistema que nos recompensa por separar o dejar a un lado la parte privada de nuestra vida. A medida que ascendemos por los peldaños de nuestras profesiones, nos vamos apartando de los valores que aceptamos en la intimidad de una entrevista como muy importantes para nosotras. Además, no lo hablamos con otras mujeres sino para puntualizar que nuestro jefe es una basura. Al no conversarlo, perpetuamos el problema que hace que el trabajo no funcione bien para las mujeres. Estamos colaborando en la exclusión de nuestros valores de la definición de éxito.

Sin embargo, si las mujeres miramos a nuestro alrededor, veremos que tenemos mucha compañía. Somos muchas las que rechazamos la rigidez y la estrechez de la cultura del éxito. Son mujeres como Jane, Ellie y May. Tal como señala Shoya Zichy, las mujeres necesitamos validación. Como toda la cultura refuerza los principios masculinos, una mujer que trate de cambiarlos en el vacío no consigue nada. "Es cierto que tenemos que hacer algunos cambios internos" —señala Idelisse Malavé— "pero no tenemos por qué hacerlo aisladas. Si podemos terminar con esas falsas divisiones: público/privado, mente/cuerpo, comunidad/individualidad; si podemos comprender más profundamente el significado de 'lo personal es político', las cosas ocuparán otro lugar. Las mujeres, aun esforzándose por imponer un nuevo modelo de individualidad, no van a lograrlo" —advierte—: "No se transforma una sociedad, una cultura, una comunidad, a través de acciones individuales. Se trata de un problema compartido, pero insistimos en las soluciones individuales. Eso no es una estrategia apropiada. No se trata de sentarse y decir: 'Está bien, hay opresión y discriminación contra las mujeres. ¿Y qué ocurre conmigo? Voy a trabajar mucho y, si me esfuerzo tres veces más que un hombre, seré muy inteligente y podré superar estos problemas'".

Actuar de forma colectiva mejora las cosas para todos. En su trabajo *Re-linking Work and Family*, Lotte Bailyn, de la escuela Afred P. Sloan de Administración de empresas del MIT, y sus colaboradores demostraron que "sin una comprensión colectiva de que los problemas personales afectan a todos los empleados... no será posible relacionarlos sistemáticamente con los sistemas de trabajo y las prácticas del entorno laboral". (Bailyn define como *familia* a todo aquello que tenga algo que ver con la vida personal.) En efecto, ellos observan que "el hecho de considerar los problemas del trabajo y la familia como cuestiones individuales que requerían adaptaciones individuales en realidad produjo consecuencias negativas, no sólo para la vida personal de los trabajadores y para el objetivo de un lugar de trabajo igualitario para los dos sexos, sino también para el trabajo en sí mismo". El grupo observó que las discusiones en grupo aliviaban a las personas, que dejaban de pensar que los problemas se debían a algo personal.

Sin embargo, a muchas mujeres aún las incomoda la idea de actuar en forma conjunta. Durante años hemos dependido de nuestros logros individuales. Siempre nos recompensaron, nos elogiaron o nos promovieron a partir de ellos. Además, muchas de nosotras recordamos las observaciones negativas que se hacen sobre las que intentan llevar a cabo acciones colectivas. Pogrebin siente que los medios de comunicación enturbian los sentimientos colectivos, porque, cada vez que una mujer dice que es feminista, la imagen que se difunde es la de una amargada. En efecto, Pogrebin afirma que lo que más lamenta es que ve poca voluntad por parte de las mujeres por crear un movimiento nacional que transforme nuestra vida e incluya los valores que son más importantes para nosotras. "Veo mujeres que se enojan cuando les ocurren cosas y se quedan solas con su enfado y su frustración; se los tragan y piensan que es algo que tienen que soportar. No se les ocurre comprobar qué le pasa a la mujer que está en la mesa de al lado, en la oficina de al lado o en el edificio contiguo para ver si son dos, tres u ocho las que comparten el mismo problema. "Las mujeres no quieren que las consideren escandalosas, porque saben que sin acción colectiva sólo se las verá como personas molestas."

Mi esposo y yo una vez tuvimos una agria discusión porque él sentía que yo tenía una absurda necesidad de conversar sobre mi vida y las cosas que me ocurrían con mis amigas. Sin embargo, la verdad es que, sin el apoyo de ellas, yo nunca hubiese tenido la claridad ni el coraje de transformar mi vida y reordenar mis prioridades de la manera que más me convenía. Como probablemente no iba a encontrar demasiado apoyo en mi trabajo, necesitaba buscarlo en las personas que me querían. Yo compartí todas mis etapas: el lento descenso hacia el letargo, el sentirme abrumada, y la aparentemente extraña decisión de dejar el trabajo. Cada una de nosotras apoyaba a las otras mientras discutíamos nuestras opiniones y buscábamos respuestas más allá del tradicional mundo del trabajo.

Para cambiar los principios culturales necesitamos una comunidad. "Un valor no es un valor a menos que esté organizado y se actúe conforme a él" —dice sabiamente Marie Wilson—. "Eso es la Iglesia: un organizador de valores." Si las mujeres hablan unas con otras, entonces las que parecen opciones individuales pueden convertirse en un sistema de valores. Los cambios que hacemos en nuestra vida pasan a formar parte de algo mayor que la suma de las partes. Sólo de esta manera es posible ampliar nuestra definición de éxito.

7. Vivir conforme a nuestros valores

Nada va a cambiar si no vivimos conforme a nuestros valores, si no decimos en voz alta: "No puedo asistir a una reunión de planificación el sábado. Es el día que mi hijo juega al fútbol" o "Los miércoles tengo que retirarme a las cinco y media porque tengo que asistir a una clase." Si bien esto parece mucho más sencillo de hacer cuando uno tiene un hijo (yo nunca dudé en informar al desdichado que llamase a las 5.42 de la tarde que tenía exactamente tres minutos para hablar, antes de que yo me fuese), en realidad, se trata de una opción disponible para todos. Sin embargo, para poder aprovecharla, debemos dejar a un lado la maratón de horario propia de los machos. ¿Acaso esto implica que si alguien anda por la oficina a las siete de la tarde conseguirá ese ascenso para el cual usted ha estado trabajando durante tanto tiempo? Posiblemente. Pero también significa que, cada vez que establezcamos un límite entre el trabajo y el resto de nuestra vida y establezcamos prioridades, lograremos un poco más de control. Tal como señaló Marian Woodruff, una contable de Denver: "Siento que es como si yo tuviese dos perros en mi vida: uno amoroso, dulce y paciente y otro salvaje, violento y fiero. Durante años alimenté al perro malo para mantenerlo tranquilo, para que no me atacara. Sin embargo, después de muchos años me he dado cuenta de que el perro bueno se estaba debilitando cada vez más. Estaba desnutrido. Yo había estado alimentando al perro equivocado".

Shellly Lazarus tiene claras sus prioridades: no sale los sábados por la noche y pasa los fines de semana con su familia, no importa lo que ocurra: "Por este motivo he perdido algunos amigos" —dice—, "pero debo ser clara respecto de lo que es más importante para mí". A Lazarus le encanta su trabajo y siempre fue así. Ella vive según sus principios. "Muchas mujeres vienen y me hablan del equilibrio —comenta—. "Siempre les digo que lo primero es tener claro cuáles son las prioridades que uno tiene, y luego es necesario el coraje para poder actuar conforme a ellas y para asegurarse de que las demás personas lo comprendan. Si usted teme decir a su jefe: 'No voy a venir porque tengo la fiesta de la escuela de mi hijo', seguramente tendrá problemas."

Lazarus recuerda un discurso que dio cuando la nombraron la Mujer Publicitaria del año. "Les conté la historia de lo que me ocurrió cuando me asignaron la cuenta más importante de la agencia. Estaba allí, en mi primera reunión con el representante de la empresa, y él me dijo: 'Qué bueno que usted se integra ahora, porque dentro de tres semanas vamos a reunirnos todo un día los veinte más interesados en este negocio y vamos a hacer la planificación para los próximos cinco años.' Yo respondí: 'Me parece muy bien, pero yo no podré llegar hasta la una'. Él me preguntó por qué y le respondí que era el día de la excursión de mi hijo. 'Usted está bromeando...', dijo el hombre, a lo que yo respondí: 'No, en absoluto. Es el día de la excursión, y la verdad es que tres semanas después de la reunión nadie recordará quién estuvo allí de nueve a una, en cambio, si no voy a la excursión, mi hijo no lo olvidará nunca'." En ese punto de su discurso, Lazarus se dio cuenta de que varias mujeres del público habían comenzado a llorar. "¿Sabes por qué se sienten mal?" —me preguntó Lazarus—. "Porque ellas no fueron a la excursión. Todavía hay muchas personas que temen pensar de ese modo. Hace falta mucho valor para dirigirse al cliente y decirle que uno no va a ir hasta la una. Creo que creé un nuevo problema a esas mujeres, porque ahora se sienten más confundidas. Sé que algunas piensan: *Shelly*

Lazarus puede hacerlo porque es quien es, pero yo todavía no me he ganado ese derecho. Sin embargo, yo siempre fui así y creo que por eso siempre me ha encantado trabajar."

Cuando atribuimos a nuestro trabajo el poder de darnos o quitarnos oportunidades, estamos renunciando a nuestra autoconfianza y a nuestra verdadera independencia. Cuando demos prioridad a nuestras vidas, según las cosas que individualmente sean importantes para cada uno, seguiremos necesitados del refuerzo exterior que conseguimos de nuestros trabajos. Somos demasiado conscientes de lo que sacrificamos por el trabajo, pero si seguimos sin incluir el resto de las cosas en nuestras agendas, el trabajo siempre estará primero. Si Shelly Lazarus tiene razón, podemos hacer las dos cosas. Primero debemos anteponer lo que más valoramos, y el resto vendrá solo.

8. No existe el *TRABAJO FEMENINO*

Para realizar un verdadero cambio, tendremos que ampliar nuestra definición de éxito para que incluya lo que la sociedad ha menospreciado y llama *trabajo femenino*. Si damos igual valor al trabajo de cuidar de los demás, ocuparnos de la casa, mantener relaciones y otros objetivos que no son pagados o que reciben un sueldo muy modesto, inmediatamente tendremos opciones más *importantes* que beneficiarán tanto a los hombres como a las mujeres. En los años setenta, por ejemplo, cuando los hombres ingresaron en el campo de la enfermería, los sueldos comenzaron a subir y el estigma de ser un hombre con un trabajo *femenino* comenzó

a disolverse. De esta manera, se ampliaron las oportunidades de los hombres y creció la compensación para
las mujeres. No hay esperanzas de crear un mundo de
trabajo equilibrado para hombres y mujeres si no asignamos un valor interno igual al trabajo sin remunerar
de colaborar con la comunidad y con el hogar. Nosotras decimos que valoramos el afecto y los sentimientos
más que nada. Si no hacemos algo al respecto, seguirán
siendo cuestiones relegadas a los ratos libres de nuestros días laborables.

9. Trabajar fuera de la estructura

Para bien o para mal —y es posible que para las
dos cosas— la mayor parte de las mujeres comienza a
trabajar con horario de nueve a seis. Nosotras aceptamos las dos semanas de vacaciones al año, los aumentos anuales, el escalafón, porque estamos acostumbradas. Además, así son la mayor parte de los ofrecimientos
que reciben las jóvenes graduadas. Sin embargo, ese
modelo es tan sagrado como nosotras queríamos que lo
sea. Si estamos dispuestas a arriesgar el éxito convencional —la categoría social, el título, el dinero, el poder—, es posible que encontremos que hay otras personas que tienen éxito a su manera.

Detenerse

Hacer una pausa durante más de un mes requiere
una cuidadosa planificación económica. Los riesgos son

la reinserción, la reinserción y la reinserción. La forma más frecuente de hacer una pausa es tomar un permiso (lo más normal es que sea de un año y medio) para estar con un hijo. Algunas madres trabajan un día a la semana; otras, como un grupo de abogadas de Washington D.C., abrieron una organización, Abogadas en sus Casas, que ayuda a las mujeres a mantenerse unidas y apoyadas. Estas mujeres reconocen que muchas de ellas están perdiendo la oportunidad de asociarse a un despacho importante, pero lo consideran un desafío a la única posibilidad de la carrera al estilo masculino. Detenerse un tiempo refleja la realidad de la vida de las mujeres, que es más cíclica, y muestra una perspectiva realista con respecto al hecho de que las que tienen familias deben soportar tensiones adicionales en ciertas épocas de la vida.

Las otras mujeres que hacen una pausa son como Ellie, personas agotadas después de años de adicción al trabajo. Realizar una pausa requiere un planteamiento cuidadoso, y no sólo en lo económico. Janet Andre recomienda que la mujer de todos modos permanezca ligada con su antiguo mundo —sea a través de una asociación profesional, un grupo comunitario o alguna otra organización—; principalmente por razones psicológicas. "Sin un ancla que las ayude en la transición, muchas mujeres se acobardan después de un año y regresan corriendo hacia su viejo mundo." Como durante tanto tiempo hemos definido nuestras vidas según lo que hacíamos, muchas mujeres, cuando dejan de trabajar se sienten "invisibles" y su autoestima cae estrepitosamente. En lugar de esperar durante un incómodo período hasta que llegue el momento de poder comenzar a definirse en otros términos, es comprensible que alguien trate de buscar desesperadamente en su vieja identidad y que a veces regrese a algo que le resulta familiar, aunque se trate de una vida de trabajo no satisfactoria. Asociarnos con algo malo, pero conocido, muchas veces nos resulta más tolerable que sentir que no somos nadie y que no pertenecemos a ningún lugar.

Los beneficios de detenerse durante un tiempo, sin embargo, pueden ser enormes. Rachel se sentía destruida tras haber trabajado como abogada para una empresa muy importante durante ocho años. "Había trabajado en un caso de antimonopolio durante siete de los ocho años que había estado. Ninguno de los hombres que estaban casados en el momento de comenzar el caso continuaba estándolo al terminarlo. Tres de las cuatro mujeres asignadas al caso se fueron. Yo tenía que llegar tan lejos como pudiera. La empresa me dio un año de permiso —yo pensé que estaban preocupados porque todas las mujeres se iban—. Entonces fui a China a enseñar inglés durante un año y ese año se convirtió en dos." Cuando llegó a Estados Unidos, sentía resistencia para volver a su viejo estilo de vida, pero tenía que ganar dinero y sentía cierta lealtad con respecto a la empresa, porque le habían dicho que podía regresar a su viejo empleo. Allí descubrió que el mandarín que había aprendido resultaba muy atractivo para la empresa, que representaba a una gran corporación que deseaba hacer negocios en China. Como ella había estado fuera de la órbita cultural durante un par de años, no estaba tan interesada en lograr que la hicieran socia o en ser una mujer importante. Más bien, prefería trabajar con un horario reducido, exclusivamente para el cliente que estaba interesado en Asia. Le fue tan bien en el trabajo que, cuando Rachel decidió que deseaba un desafío mayor, fue a1 trabajar para la corporación y ahora divide su tiempo entre Los Ángeles y Hong Kong. "Si yo no me hubiese tomado ese tiempo libre y no me hubiese dado cuenta de que podía vivir sin mi trabajo, nunca hubiese llegado hasta donde llegué. Lo recomiendo", agregó con una sonrisa.

Acuerdos de trabajo alternativos

Detenerse por un tiempo es maravilloso, pero la mayor parte de las mujeres no pueden afrontar económicamente esa solución. Para muchas es más práctico establecer un acuerdo de trabajo alternativo. Esto puede significar cualquier cosa, desde un horario más flexible hasta compartir el empleo o trabajar por transferencia telefónica. La mayor parte de las empresas siguen una línea que les permite adoptar alguna de estas soluciones. La razón por la cual no acostumbran a hacerlo es porque la gente está demasiado asustada y piensa que si plantea alguna de estas propuestas no les ofrecerán un trabajo interesante porque tomarán en cuenta que ellos están anteponiendo otras cosas al trabajo. Estos temores tienen fundamento. En la investigación que Marcia Brumit Kropf realizó para Catalyst, observó que el mayor obstáculo para que se impongan los acuerdos de trabajo alternativos para las mujeres radica en el sistema de valores de la cultura del éxito. "Un cambio en los principios debe preceder a cualquier cambio estructural" —señala—. "De otro modo, la persona se topa con los valores vigentes. Tenemos que reeducar a los trabajadores respecto de cuáles son las cosas importantes. Conozco muchas empresas que tienen políticas maravillosas. Uno lee los reglamentos y dice: '¡Qué maravilla!'. Sin embargo, hay pocas personas que hacen uso de esos programas porque muchos sienten que tendrían un impacto negativo sobre sus carreras." Kropf señala que, cuando una mujer aprovecha un acuerdo flexible, muchas veces después se encuentra siendo el blanco de la furia de algún departamento. A los compañeros no les gusta que uno de ellos no esté presente. La solución a este problema radica en cambiar el modo de evaluación de trabajo. Es necesario centrarse en lo que se produce y no en el modo como se produce. Un modelo experimental que probó Xerox batió el récord de tiempo para llevar un producto al mercado. Texas Instruments también tiene líneas alternativas muy buenas. "Los acuerdos más flexibles plantean un modelo de mayor libertad" —señala Kropf—. "Se trata de decir: 'Ésta es nuestra visión. Al final del proceso queremos lograr el siguiente objetivo'. Es decir que a uno no se lo juzga si ha estado de lunes a viernes o de siete a siete. Se lo juzga por lo que ha producido." Ese tipo de pensamiento menos estructurado desafía al modelo tradicional de las empresas y a todo el sistema de órdenes y controles de los actuales trabajadores. Permite a las mujeres una mayor flexibilidad con respecto a cuándo y dónde trabajar. Ésa es la flexibilidad que reclaman para poder quedarse.

Las mujeres no aprovechan estos acuerdos de trabajo alternativos porque siguen asumiendo las viejas reglas. Debemos preguntarnos qué es más importante: vernos bien ante los ojos de la empresa o trabajar de modo tal que disminuya la tensión por tener vida personal y familiar. Conocemos la respuesta, pero necesitamos el coraje que da la convicción.

Trabajar por cuenta propia

Por supuesto, hay muchas empresas que de ningún modo permiten compartir el trabajo o flexibilizar el horario. Una opción muy real, en esos casos, es trabajar por cuenta propia. Según la doctora Sharon G. Hadary, directora ejecutiva de la Fundación Nacional de Mujeres Empresarias, una de cada cuatro personas que trabaja para alguien en Estados Unidos lo hace para una mujer que es propietaria de su negocio o empresa. Según ella, una de las razones por las cuales las mujeres fundan sus propias empresas es porque no se sienten cómodas en el ambiente de las grandes corporaciones. Si bien algunas dicen haber comenzado con su propio negocio porque se habían topado con un techo en el lugar donde trabajaban y otras citan la necesidad de flexibilidad, Hadary ve otra razón de peso: "El control de sus propias vidas". Según Hadary, "Cuando preguntamos a estas mujeres cuál es la ventaja principal de trabajar por cuenta propia, ellas suelen referirse a la posibilidad de controlar sus propios destinos". Teniendo en cuenta que la mayor parte de las mujeres trabajan para ser independientes, tener una empresa propia lleva a esa necesidad un paso más adelante. Steinem opina: "La alternativa más crucial es la de la mujer que está comenzando con su propia empresa o que tiene un negocio compartido. Estas mujeres están fuera de las estructuras vigentes.

Si en algún momento vamos a constituir un movimiento poderoso es fundamental que algunas de nosotras tengamos empleos y que no nos despidan".

Las mujeres que tienen su propio negocio pueden ser un modelo de cómo una empresa puede ser más humana y eficiente.

Pueden decidir por cuenta propia en qué gastar la energía y cómo definir el éxito. Hadary ha observado que las mujeres dueñas de empresas tienen valores diferentes que los hombres y que, además, les dan más importancia. "Pienso que muchas mujeres que crearon su propia empresa están redefiniendo el éxito. Muchas personas señalan que, si bien hay un gran crecimiento en cuanto a la cantidad de mujeres empresarias, no parece que esas empresas crezcan tan rápido como las que pertenecen a hombres. No vemos entre ellas tantas *gacelas*. Sin embargo, cuando hablo con ellas observo una verdadera preocupación por el crecimiento responsable. 'Lo que nos distingue y nos hace competitivas' —dicen— 'es nuestra calidad y nuestro compromiso personal con los clientes'. Estas mujeres desean asegurarse de crecer de una manera tal que no dañe las relaciones." Tal como señala Hadary, no se trata de que no deseen que sus negocios prosperen, simplemente no valoran el crecimiento como un fin en sí mismo. Miden más bien el éxito en función del tipo de negocio que tienen y de si están haciendo algo provechoso.

Las investigaciones demuestran que las mujeres empresarias vienen de todas partes: despedidas de empresas que se remodelaron; mujeres que observan los altos niveles de ejecutivos y no ven a nadie que se parezca a ellas. También hay otras que dejan el trabajo porque sienten que no pueden hacer nada nuevo o diferente.

Todas vienen de sus casas y muchas son mujeres maduras, de cincuenta años o más. No tenemos que esperar a vernos obligadas a comenzar con un negocio propio. Trabajando por cuenta propia podemos poner en acción nuestros valores. Tenemos la oportunidad de ampliar la definición de trabajo, enriquecer eso que llamamos éxito y ser modelos para la próxima generación.

La transformación

Todas estas alternativas señalan un camino hacia el futuro. "Los cambios en el trabajo no sólo son importantes para las mujeres" —enfatiza Mary Wilson—. "Se trata de saber si vamos a tener un trabajo. Punto. En este momento estamos experimentando un gran cambio. Nunca volveremos a tener la cantidad de empleos suficientes. Si queremos que más gente trabaje, deberemos compartir los empleos. Por lo tanto, tendremos que comenzar a valorar alguna otra cosa que no sea el trabajo. No debemos seguir con el 'Mucho gusto, ¿a qué te dedicas?'. Para realizar este cambio vamos a tener que reestructurar los valores de toda la sociedad." Wilson siente que la constelación de la inseguridad laboral, el cambio de papel de los hombres y la cantidad de mujeres que se han incorporado al mundo laboral están combinándose de un modo tal que se producirá un cambio en el paradigma de valores de nuestra cultura.

Parece muy obvio, muy simple y muy sensato. ¿Por qué, entonces, nadie lo ha hecho hasta ahora? La respuesta es que hasta la fecha nunca un grupo de mujeres había deseado tener éxito en otra escala. El único modelo existente era el de los hombres. Nos llevó entonces algún tiempo hasta que avanzamos lo suficiente como para darnos cuenta de que ese modelo no se acomodaba a nosotras. Entramos en una cultura del trabajo cuyos beneficios deseábamos y merecíamos. Junto con esos privilegios venía un sistema de valores al que nos acomodamos y luego nos asimilamos. Los hombres no tenían otra alternativa cultural más que vivir vidas lineales dedicadas a perseguir más, de modo que su única elección ha sido resistirse a las amenazas de los cambios.

En cambio, ahora que muchas mujeres hemos experimentado las verdaderas limitaciones del sistema del éxito, hemos comenzado a ver que ni siquiera la promesa de la igualdad era real y que además seguramente no valía la pena dar la vida por ella. Hemos comenzado a darnos cuenta de que las mujeres seguimos estando apartadas de las posiciones de poder. Una encuesta acerca de los trabajos más encumbrados de las mujeres, realizada en 1966 por la revista *Working Woman*, era vergonzosa. Pese a que han pasado treinta años, el valor y la esfera de influencia del trabajo femenino, si bien se ha acrecentado mucho, siguen sin poder compararse con el trabajo de los hombres. Como cambiar el papel de la mujer implica cambiar el papel del hombre, toda la estructura se resiste. "Siempre ha sido así" —dice Steinem—. "Cuando el grupo menos poderoso imita al más poderoso, se trata de la forma más sincera de adulación. En cambio, cuando los poderosos comienzan a imitar a los que no tienen poder, eso se llama subversión o revolución. Los hombres tienen que hacerse más parecidos a las mujeres a medida que las mujeres se hacen más parecidas a los hombres: es decir, seres humanos completos." Como la revolución siempre implica derrocar a los que están en el poder, mantener intactas las estructuras y los principios se convierte en un acto de pura supervivencia.

Actualmente hay suficientes mujeres trabajando como para que nadie sienta que está luchando en una batalla aislada para romper las formas de trabajo vigentes. Sin embargo, para que esta transformación continúe y se profundice, tendrán que cambiar dos cosas: las mujeres tendrán que salir del dominio de la cultura del éxito —cosa que sólo podrán hacer con el apoyo de otras mujeres— y los hombres tendrán que ver si hay algo que los beneficie en esta transformación.

"Desde el punto de vista de la opinión pública, la mayor parte del país cree absolutamente que las mujeres pueden hacer lo que los hombres. El siguiente paso es que se convenzan de que los hombres son capaces de hacer lo que las mujeres hacen" —sostiene Steinem—. "Éste es el siguiente avance psíquico que necesitamos." Al valorar los dos mundos por igual, las mujeres y los hombres pueden combinar partes de cada uno sin arriesgar la autoestima, la aprobación y el respeto de sus pares y de la sociedad. Al dar igual valor a los dos mundos, podemos identificarnos por hacer lo que consideramos importante y no lo que la sociedad piensa que deberíamos estimar.

Las fuerzas de los sexos y las costumbres nos han apartado artificialmente de nosotras mismas y de los demás. A las mujeres nos han dicho que si no tenemos hijos no somos verdaderas mujeres. También nos han repetido que si trabajamos no somos buenas madres.

O que no tenemos éxito si no conseguimos trabajos importantes. La cultura también les ha dicho a los hombres que eligen quedarse en su casa con sus hijos que no son verdaderos hombres. Hemos permitido y hemos aplaudido que la mano exterior dominara a la mano interior. Mientras las oportunidades económicas parecían infinitas en el mundo occidental, podíamos costear esta fantasía sintética. Ahora la incertidumbre económica se combina con la cantidad de mujeres que han alcanzado el éxito convencional y nos lleva a un momento en que el cambio se impone.

Las mujeres estamos en las primeras filas de esta transformación. Tratamos de hacer lo que nunca se ha hecho en la historia. Muchas de las más inteligentes y triunfadoras hemos llegado a un estado de agotamiento y desnutrición. No podemos lograrlo solas. Aisladamente, podremos hacer algunas mejoras, pero nos seguirán ofreciendo alternativas para que las tomemos o las dejemos.

"Los lugares de trabajo no van a cambiar hasta que un buen número de hombres lo solicite también" —dice Gloria Steinem—. "Ellos se darán cuenta de que también tendrán ventajas. Podrán conocer a sus hijos. No terminarán dentro de treinta años con un reloj de recuerdo y nada más." Los hombres también lo ven, pero existe toda una cultura centrada en el papel del proveedor. Sólo cuando las esposas, las hermanas, las novias y las compañeras de estos hombres desafíen a las estructuras y los valores de la cultura del éxito, sentirán que ellos también tienen permiso para realizar cambios.

Si las mujeres no expresan sus problemas y dan a los hombres la oportunidad de identificarse con ellas, entonces nada va a cambiar. Si las mujeres no dejan de hacerlo todo por todos, nada cambiará, ¿para qué? Lo que la mayoría de los hombres ha recibido como resultado del aumento de la presencia femenina en los ambientes de trabajo es un segundo ingreso en la casa y un nivel de vida más alto. ¿Por qué alguien querría renunciar a eso? Las mujeres no lo han pedido y ellos no lo han ofrecido. Tal como lo describe Steinem: "En primer lugar, la cultura masculina que todos absorbemos por los poros nos dice: 'No, no puedes ser una editora, una mecánica o una fontanera. Eres una mujer', pero vamos y lo hacemos de todos modos. Luego la tradición nos dice: 'Está bien, pero debes seguir haciendo todo lo que hacías antes: hacer las comidas, atender a los hombres, tener hijos y cuidarlos, vestirte para el éxito y ser multiorgásmica hasta el amanecer'. En tanto las mujeres sigan tratando de hacer dos trabajos, los hombres no van a cambiar".

Ahora, sin embargo, esta generación de mujeres ha comenzado a cuestionar los valores de la cultura del éxito y es posible que la negociación comience. Podemos lograr que el trabajo funcione si rompemos algunas de las antiguas reglas, creamos un cambio cultural y convencemos a los hombres de que nos sigan. Si modificaran la estrecha definición del éxito, los hombres también recibirían muchos beneficios. Nosotras tenemos que iniciar la marcha. La primera entrada de la mujer en la esfera de éxito del hombre no requería que éste cambiara. Sólo debía moverse un poco y dejarnos espacio. La siguiente etapa de transición compromete al hombre y afecta profundamente sus responsabilidades y funciones.

CAPÍTULO NUEVE

LOS HOMBRES, EL TRABAJO Y LA IDENTIDAD

Mi esposo gana bastante. Es una afirmación de peso. Al mismo tiempo, nos sitúa por su valor en el mundo y tranquiliza completamente a mi padre con respecto a su hija. Algunas cargas siguen traspasándose de hombre a hombre. Mientras yo aprendía que podía hacer el mismo trabajo que cualquier hombre y recibir el mismo salario, también respiré la fragancia de la seguridad (y el potencial lujo) que me prometía casarme con un hombre que tuviese un buen trabajo. Estas dos certezas me dieron una sensación de libertad y de elección. No es que yo quisiera depender de un hombre. Pasé dos décadas desarrollándome y disfrutando de los profundos beneficios de ser una mujer independiente. Sin embargo, no sería sincera si no admitiese que, en algún lugar de mi interior, entre los pliegues más profundos de mi cerebro, estaba la tranquilizadora idea de que algún día alguien cuidaría de mí.

Sin embargo, hasta el momento en que mi marido se convirtió en la única fuente de un ingreso consistente para mi familia, nunca había pensado qué significaba para alguien, o para mi esposo en particular, la idea de ser un buen proveedor, símbolo de seguridad. Como yo ganaba un buen salario, él tampoco había tenido que adentrarse en esas cuestiones. Sin embargo, el día que yo desperté sin trabajo y deprimida, sin perspectiva de lo que haría en el futuro, él, que tan activamente me mantenía, salió a trabajar llevando consigo una pequeña sombra que con el tiempo se convertiría en una nube negra.

Este cambio climático tenía sus raíces históricas, culturales y experimentales; y mi esposo ya las había vivido antes. Como otros hombres del comienzo de la generación de los *baby boom*, él había vivido regido por dos conjuntos de reglas distintas en dos encarnaciones diferentes de su vida, y todo antes de llegar a la madurez. En su primer matrimonio, había desempeñado el papel clásico de proveedor. Su esposa se quedó en casa y crió a los hijos. El nunca meditó demasiado por qué era el que se iba a la oficina todos los días. Su vida no era diferente de la de su padre y tampoco lo eran sus expectativas, obligaciones y responsabilidades. Vivía rodeado de hombres que viajaban en ese mismo tren, veían el mismo partido de fútbol y tenían el mismo resumen de gastos. Estaban haciendo aquello para lo que los habían educado. Hacían lo que estaba bien.

"¿Qué es lo que tanto te preocupa?", me preguntaba, frustrado, cuando yo le decía que él no comprendía. Yo *tenía* que trabajar por mi autoestima y por mi independencia; "Yo gano lo suficiente como para que te quedes en casa si quieres". En ese momento él no pensaba en la importancia psicológica que tenía para mí el hecho de salir a trabajar. Además, para ser justos, yo tampoco apreciaba lo suficiente lo mucho que él había trabajado durante tantos años para poder decir esa frase con toda la confianza posible. Mi esposo me ama y cuando yo me sentí desdichada quiso darme el regalo de la libertad para despejar la confusión de mi vida sin tener que viajar en el autobús todos los días.

Sin embargo, cuando yo acepté esa oferta, esa pequeña nube oscura se instaló en su horizonte emocional. Ahora, realmente, todo dependía de él. Ya no podía albergar las fantasías de irse de viaje para jugar al golf, o de hacerse terapeuta, corredor de bolsa o dedicarse a ser un *Sr. mamá*. Aunque se había hecho cargo de buen grado del total de las responsabilidades económicas de la familia, algo muy dentro de él se sintió afectado frente a la extinción de la más mínima posibilidad de libertad. Su estado de ánimo cambió.

Al leer esto, pienso que mi esposo se quejará y dirá que no tenía reservas al hacer su ofrecimiento. Eso es verdad. Sin embargo, no significa que muy en el fondo no se haya producido una ligera insatisfacción a medida que el segundo ingreso familiar se fue reduciendo primero y luego de desvaneció por completo. Se trataba de un ingreso que representaba un buen colchón. Aunque él estaba ganando más, como se esperaba y estaba haciendo lo que quería, en algún nivel no era justo que yo pudiese dejar de trabajar y él no.

Algunas veces yo bromeo diciendo que cuando sea rica él podrá dejar de trabajar e ir a jugar golf todos los días. Él responde que espera ese día con toda su alma, y se va a trabajar. Yo sé que, aunque casi todos los hombres responderían a esta broma de una manera semejante, les resultaría muy difícil hacerlo de verdad. Gran parte de lo que ellos son depende de lo que hacen. La mayor parte de los contactos humanos de mi esposo se producen en la oficina, que es su principal comunidad. Él ha trabajado con esos hombres y mujeres durante más de veinte años y son una parte importante de su vida. Además, la posición laboral da a mi esposo identidad y valor. Él está orgulloso de poder mantener a las personas que ama. Eso le hace sentir que su vida tiene sentido. Cuando su trabajo va bien, obtiene una satisfacción personal importante y siente que tiene un lugar y una misión en el mundo. Está más ocupado de lo que desearía, viaja más de lo que le gustaría, pero su trabajo lo estimula más de lo que lo haría cualquier otra cosa. Para él, aceptar cualquier otro papel que no sea el de proveedor principal significaría un enorme reordenamiento de valores, del orgullo y de la identidad. Para esta clase de hombres el trabajo brinda algo más que autodefinición y satisfacción. Da independencia y control sobre la vida. Éste es un derecho que las mujeres hemos luchado mucho por tener y todavía no conozco al hombre que quiera ceder algún grado de control sobre su vida y su carrera.

Mi esposo es un hombre extremadamente inteligente. Sabe perfectamente que existen alternativas respecto de su modo de trabajo. Sabe que hay modos de restringir los ingresos que darían como resultado que pudiese pasar más tiempo en casa, conmigo y con nuestro hijo. También es consciente de que yo podría salir a trabajar todos los días y él se podría encargar de nuestro hijo. Comprende que todas esas alternativas todavía cuentan con muy poco apoyo social. Para un hombre como mi esposo, que fue el primero en su familia que asistió a la universidad y que llegó a un puesto ejecutivo, estas opciones están más allá de lo posible. Representan un desvío del camino del sueño norteamericano. Tener éxito y aprovechar al máximo sus oportunidades es más que una cuestión de honor. Es algo que le da estima, sentido y forma a su vida. Frente a todo este poder es sencillo dejar que el resto de las alternativas no pasen de ser simples ideas.

Los niños todavía reciben de nosotros el ejemplo de que sus carreras y sus vidas están atadas la una a la otra. Aunque las mujeres constituyen actualmente la mitad de la mano de obra, en lugar de ampliar el mensaje para incluir otros valores, o de reordenar la prioridad que le damos al dinero, al poder y al éxito, hemos extendido el mismo conjunto de valores a las niñas. Si los adultos no hemos ampliado nuestra definición de una vida triunfadora, para incluir los valores de preocupación por la comunidad, afectos y servicio a los demás; si damos menos valor a las diez horas que trabajamos que al equipo de música para el automóvil que compramos con el producto de ese trabajo, ¿qué posibilidades le estamos ofreciendo al que quiera apartarse del éxito que nuestra sociedad adora?

Cuando mi padre volvió a su país después de luchar en la segunda guerra mundial, fue a la facultad de Derecho y tuvo oportunidades que sus padres nunca se imaginaron. Él había conocido la pobreza y la miseria. Él estaba encantado con la posibilidad de darme una vida más fácil que la que él había tenido. Mi padre creía que la movilidad social y económica llevaba una sola dirección: hacia arriba. Él tenía la obligación de que su familia recibiese esos beneficios, no por el valor del éxito en sí, sino para ver crecer a aquellos que amaba. Sin embargo, mucho tiempo después de que yo ya había comenzado a mantenerme a mí misma, seguía trabajando como si mi vida dependiese de él. Para los hombres de la generación de mi padre, ser un hombre y ser un proveedor son dos cosas que están tan unidas que muchas veces he pensado que el día que deje de trabajar dejará de respirar. No me sorprendería. Ya lo he visto en otras ocasiones.

Una empresa construida para proveedores y héroes

Warren Farrel citó un estudio que demostraba que la imagen y la ecuación existente en Estados Unidos entre la masculinidad y el hecho de ganarse el sustento era tan fuerte que para un hombre era más fácil cambiar de sexo que deshacer el condicionamiento social y cultural con respecto a lo que significa ser un hombre en nuestra sociedad.[1] Aunque lo que llamamos familia tradicional —con una mamá ama de casa y un padre que provee el dinero— representa menos del tres por ciento de las familias norteamericanas de hoy,[2] esta imagen tenaz es la que está instalada principalmente en las mentes de la generación de los *baby boomers*. Según esta perspectiva, los hombres logran su identidad y su valoración primordialmente a partir de su trabajo. La sociedad los recompensa con su aprobación según cuánta influencia tenga, lo importante que sea ese trabajo para la comunidad o cuánto dinero gane.

En mayo de 1996, cuando el almirante Jeremy Boorda se suicidó, no pude sino pensar que representaba un trágico y extremo ejemplo de la peligrosidad de la ecuación vida=trabajo. Boorda era un verdadero ejemplo de historia del éxito en la sociedad americana. Él llegó a los niveles más altos de la Armada gracias a su trabajo y su esfuerzo. Fue el primer soldado de tropa que logró algo así. Cuando se lo acusó de no merecer algunas medallas que poseía, en lugar de responder a la oficina a la cual había dedicado cuarenta años de su vida, se suicidó. Cuando algo amenazó con perturbar su trabajo, no había otra parte de su persona en la cual él pudiese confiar para sostenerse como ser humano. "Se identificaba tanto con el uniforme que llevaba... que al final no pudo separar su yo de la persona naval", dijo la revista *Newsweek*.[3] Para Boorda, la mancha de la deshonra convertía toda su vida en un trágico fracaso.

Boorda es de la generación que aún preside la mayor parte de las empresas. Su valores —si bien eran exagerados— no difieren tanto de los de los hombres que presiden las quinientas empresas más grandes y ocupan los escalones más altos de las mismas. Mientras nosotras nos centramos en el impacto de ese poder sobre las vidas de las mujeres por primera vez en la historia, las investigaciones señalan que los hombres más jóvenes también se ven afectados por los valores anacrónicos del trabajo y de la casa. Para esa generación, lo que un hombre hacía para vivir no tenía que ver solamente con la comida que llevaba a la mesa. Lo que proveyera y su cantidad determinaban el valor, la importancia y el significado de su vida y la de sus hijos.

De esta manera el trabajo, y por extensión la masculinidad, llegaron a estar imbuidos de un carácter sagrado que iba más allá de la actividad en sí. En el momento en que la supervivencia dejó de ser la razón exclusiva por la cual un hombre salía de su casa todos los días, el trabajo y la masculinidad se convirtieron en sinónimos. Si el trabajo fracasaba, el hombre fracasaba. Es esto lo que hace de la muerte de Boorda un cuento moral moderno. La tragedia no radica en el deshonor, sino en que es absurdo que muriese por lo que hizo o no hizo. Él no murió por su país ni por su familia, sino por su oficina. Aunque Boorda se quitó la vida, ¿es tan distinto de los hombres que matan sus días o la calidad de su tiempo a cambio de más dinero, más poder o más prestigio? ¿Qué hay de todos esos hombres que están allí sentados, con una mueca en sus rostros, en medio de un embotellamiento, una combinación de trenes o un subterráneo que los lleva a una oficina donde deben cumplir su papel de macho proveedor? ¿Y qué hay de aquellos hombres que deben viajar para trabajar y que pasan muchas semanas, si no meses, lejos de sus familias y sus amigos?

Warren Farrell dice: "A los hombres se les enseña a ser actos humanos; a las mujeres, a ser seres humanos". Él siente que la paradoja de la masculinidad es que "un hombre llega a ser *alguien* cuando se rinde ante una corporación, las Fuerzas Armadas u otra organización". Señala que la palabra *héroe* viene del griego *servow*, que significa sirviente o esclavo. Desde el punto de vista de Farrell: "El trabajo nunca ha funcionado bien para el hombre como ser humano. El verdadero propósito del trabajo, históricamente, ha sido la supervivencia. Los hombres se sacrificaron a sí mismos y su tiempo para alimentar a sus familias. A cambio, recibieron el respeto, la aprobación, el amor y la inmortalidad en los recuerdos de los demás". Farrell siente que el problema de los hombres es que aprendieron a definir el poder como "el sentimiento de obligación de ganar dinero". Por lo tanto, según su punto de vista, cuanto más deja un hombre de lado su vida en función del trabajo, más *heroico* llega a ser y más lo estima la sociedad. El ambiente de trabajo de hoy sigue creando y perpetuando ese tipo de heroísmo, y un hombre que trabaja sigue siendo juzgado y amado en función de lo que produce para los demás. El estereotipo no ha cambiado mucho desde los años cincuenta, pero para la generación de los *baby boom* este modelo ya no es el adecuado.

"El mundo laboral, congelado en la mentalidad de los años cincuenta, demasiado a menudo actúa según la idea de que el trabajador norteamericano es un hombre con una esposa en su casa que se ocupa de todas las cuestiones familiares",[4] observa la psicóloga Rosalind C. Barnett, autora de un estudio del Instituto Nacional de la Salud dedicado a los hombres, las mujeres y el trabajo. Estudios como éste y otros muestran que ni los hombres ni las mujeres creen ya en el modelo que santifica al trabajo. Sin embargo, tal como Barnett señala, "es difícil quitar de nuestra cabeza las imágenes que creemos verdades eternas y que no son más que el residuo de un tiempo atípico".[5]

Autores como Barnett y Rivers informan que sus investigaciones demostraron categóricamente que "no es verdad que para un hombre sea más importante su trabajo que su familia".[6] Sin embargo, también enfatizan la falta de conciencia que las empresas actuales tienen de estas cosas. Mientras se ofrecen seminarios para dejar de fumar, reducir el estrés o meditar, existe, en cambio, un virtual silencio acerca del equilibrio entre el trabajo y la familia, que según las empresas está dentro del dominio de la mujer. "Mientras los hombres no se den cuenta de que las cuestiones familiares no corresponden solamente a las mujeres, nada va a cambiar", sostienen los autores. Continúan diciendo que mientras las empresas no modifiquen sus prioridades y los hombres no se den cuenta de que hay reglas no escritas que están aniquilando sus posibilidades de lograr cualquier apariencia de equilibrio, "la salud emocional de los hombres norteamericanos seguirá teniendo problemas".[7]

Más aún, el estudio más importante descubrió que la división *tradicional* entre hombres y mujeres —que los hombres trabajen y hagan, y las mujeres cuiden y sientan— sencillamente ya no existe. Enfáticamente la investigación demostró que para un hombre la vida familiar, el matrimonio y los hijos son tan importantes como para una mujer[8] en lo que respecta a sus sentimientos de felicidad e identidad. El estudio, al igual que otros muchos de la actualidad, señaló también que en este momento muchos hombres están dispuestos a renunciar a un ascenso o a un aumento a cambio de tener más tiempo que compartir con su familia.[9]

Éstas son las creencias íntimas y verdaderas de los hombres de hoy, pero suelen chocar con la definición de lo que es ser un buen hombre (un buen proveedor) que recibieron de niños. Esta definición podría haber tenido sentido hace cuarenta años, cuando a cambio de su duro trabajo un hombre podía esperar que su empresa cuidase de él durante toda la vida. En cambio, a la luz de realidades tan actuales como los despidos, las reestructuraciones y la muerte de la lealtad empresarial, apegarse a esta definición es un castigo. El choque entre el modo como se identifican los hombres hoy en día y los viejos mensajes que circulan en el interior de su cabeza los deja con la sensación de estar atrapados entre dos fuerzas y presionados en direcciones opuestas para que sean lo que deben ser y lo que quieren ser, para que se debatan entre cómo quieren vivir y cómo deben trabajar. Hoy, para el bienestar de un hombre, es muy peligroso dar al trabajo el poder de determinar su valor y su identidad.

Mi esposo descubrió estas cosas con el método más duro. Mientras yo escribía este libro supo que su puesto estaba siendo *reconvertido*. Con un solo toque sobre la tecla de *borrar*, eliminaban mucho de lo que él era y de lo que a él le interesaba. Como sabía lo del cambio mucho antes que la mayoría de las personas de la empresa, durante bastante tiempo tuvo que fingir que nada pasaba. De pie junto a él, una noche en una reunión, pude ver que las personas que lo rodeaban lo trataban con respeto y deferencia. Se los había ganado. Un hombre se me acercó y me habló de lo mucho que todos apreciaban a mi esposo. Me pregunto si hubiese dicho todas esas cosas si no fuera el número dos de la empresa. Me preguntaba si mi esposo pensaba lo mismo. En ese momento supe que le iba a llevar tiempo separar al hombre del trabajo. Hacía mucho que no tenía que hacerlo.

SEPARAR AL HOMBRE Y A SU FUNCIÓN

Como los mensajes acerca del trabajo y la masculinidad se encuentran tan íntimamente ligados, cualquier observación acerca del tema los afecta. Pueden desear dejar el trabajo, pero sienten que si lo hacen están renunciando a una buena parte de lo que les enseñaron que era ser hombres. Cuando Wendy Kaminer dejó la práctica del derecho para convertirse en escritora, se dio cuenta de que era objeto de la envidia masculina. "No sabes la cantidad de hombres abogados que se me acercaban y me decían: '¡Estoy tan celoso... Siempre quise hacer eso!', y yo les decía: 'Es sencillo. Deja tu trabajo y vete a vivir a una buhardilla'. Todos tenían esas fantasías. En realidad eran tan libres de hacerlo como yo. El problema es que no lo eran..." La imagen de lo que era un triunfador para estos hombres estaba muy ligada con el éxito en el trabajo, y el éxito laboral no se definía sin un ingreso seguro. En consecuencia, están atrapados y les queda la elección de Hobson: o bien trabajan mucho y se los considera triunfadores, o bien son menos que hombres.

A diferencia de los hombres, las mujeres tienen una alternativa social (si no personal) aceptable: irse a sus casas y ser esposas y madres. Cuando yo dejé mi trabajo, tuve una identidad inmediata, aunque fuese inadecuada e incompleta, dado que era madre. El hecho de que me convirtiera en escritora y siguiera trabajando mucho quedó escondido debajo del otro papel, socialmente más evidente. Si mi esposo hubiese sido el que había dejado de trabajar, hubiese tenido una

experiencia muy diferente: hubiese sido un desemplea-
do, un ex algo. Todavía lo seguirían definiendo por lo
que en otra época hacía.

Este lazo entre la identidad y el trabajo ha comenzado a quebrarse, ya que la generación producto del
boom está experimentando una inseguridad laboral por
la que nunca pasaron sus padres. Una encuesta del *New
York Times* de 1997 sostiene que el 80 por ciento de los
hombres y las mujeres entrevistados decía que conocían
a alguien que había perdido su trabajo en los últimos
dos años, o les había sucedido a ellos mismos. El sacrificio que implica la vida del héroe va perdiendo sentido porque no se la reconoce o se menosprecia. Si un
hombre trabaja mucho (o ve a sus amigos hacerlo) y de
todas maneras pierde su trabajo, el incentivo para su-
marse al modelo propio de la generación anterior se
pierde por completo. Sin embargo, superar el silencioso y letal corolario de la ecuación del proveedor —que
dice que el fracaso para triunfar en el trabajo prueba
que el hombre mismo es un fracasado— requiere grandes cambios por parte de los hombres. Para muchos de
ellos es preferible morir en el intento. Por otra parte, si
las cifras de las empresas de seguros son correctas, eso
es precisamente lo que están haciendo, como media,
cuatro años antes que las mujeres.

Sin embargo, los hombres saben que algo anda
mal. Pregúntenle a un hombre que tenga una hija joven si desea que ella pueda ganarse la vida como él,
y seguramente responderá positivamente. Luego le
preguntamos si desea que trabaje de la misma *manera*
que él. No tardará mucho en responder: "De ningún
modo". Para la mayor parte de los hombres el trabajo

se está convirtiendo en algo por lo cual no vale la pena dar la vida.

Una de las asombrosas estadísticas que afectan a los hombres de hoy es la que dice que el 48 por ciento de las mujeres casadas aporta la mitad o más de los ingresos familiares. Además, si una mujer es separada, divorciada, viuda o cabeza de familia, el porcentaje es aún más alto: 64 por ciento.[10] Cada vez más, las mujeres son las que proveen los beneficios. Este profundo cambio provoca la necesaria confusión, ya que los papeles no están tan claros debido a la cuestión económica. Cuando ya no es el dinero el que determina el papel que cada persona desempeña en una relación, comenzamos a darnos cuenta de lo persistentes que son los viejos mensajes. Los hemos interiorizado y aparecen en nuestra actitud y en nuestro trabajo. En la verdadera práctica, sin embargo, la exclusividad de los hombres ganando el pan es un modelo consumado para siempre.

En realidad, cuando un hombre ya no necesita ser el proveedor ¿qué es y por qué trabaja? Michael Lancaster, un estratega de empresas de cincuenta años que trabaja para una corporación dedicada a la tecnología internacional, ha pasado mucho tiempo haciéndose estas preguntas. Después de casi treinta años en la empresa, se cansó de tanto viajar y de la presión de su oficina, pero le faltaban dos años para recibir algunos importantes beneficios en acciones. Mike tenía suficiente dinero como para vivir cómodo, y además su esposa, Linda, ganaba bastante como diseñadora de *software*. Habían estado conversando acerca de la posibilidad de irse de Nueva York para llevar una vida más tranquila y acababan de elaborar un plan de dos años para lograrlo, cuando el puesto de Mike fue eliminado en una reconversión. No le pidieron que se fuera —en realidad el presidente de la empresa se empeñaba en explicarle lo valioso que era para ellos— pero le ofrecían puestos de menor responsabilidad e importancia.

En lugar de considerar que ésta era una oportunidad para acabar con las cosas de su trabajo que lo estaban molestando, Mike se sintió destruido. "Sentí que me desalojaban y me molestó mucho que hubiesen estado hablando a mis espaldas." Como algunos compañeros de Mike se beneficiaban con el cambio, sabían que se iba a eliminar el puesto mucho antes que él. "Me sentí traicionado y engañado. Yo había sido compañero de esos tipos durante años. Era humillante."

La esposa de Mike, Linda, menea la cabeza y murmura: "No es sólo a Mike al que lo ha afectado todo esto. Toda nuestra familia ha sufrido la sacudida. No se trata tampoco de dinero. Gano suficiente como para que vivamos y, además, la empresa para la cual trabajo va a ser comprada y me tienen muy en cuenta porque estoy allí desde el comienzo. El problema es más que nada Mike, su ego, sus sentimientos. Nuestro hijo de once años me dijo el otro día: 'Espero que papá no haga nada estúpido'. Hasta él dependía del puesto de su padre: solía jactarse de la posición de su padre ante sus amigos. Mike está muy herido. Todos nos damos cuenta. Yo no necesito que él tenga ese trabajo fantástico para amarlo, pero necesito que él se quiera. Creo que se va a sentir absolutamente perdido sin ese trabajo. Lo hacía sentirse importante y respetado. Estaba muy orgulloso de haber construido la empresa y de haber ayudado a las personas. No sé qué va a hacer para sustituir esas cosas. La mayor parte de las cosas que aprecia de sí mismo tiene que ver con el trabajo. Me parte el corazón ver esto".

Mike admite que, más allá de la traición, teme por el futuro: "Siempre dije que quería volver a la universidad y enseñar Historia, pero ahora no sé si con eso voy a sentirme satisfecho. Yo estaba orgulloso del trabajo que realizaba. La gente me respetaba. Voy a extrañar mucho esas cosas. Sé que no soy 'Mike Lancaster, ejecutivo', pero sin mi puesto ya no sé muy bien quién soy".

La situación de Mike pone de manifiesto la manera como el trabajo se inscribe en la estima y el *ego* de los hombres. En la mente de Mike no existe otra alternativa igualmente valiosa que pueda reemplazar lo que ha estado haciendo durante un cuarto de siglo. Aun frente a la posibilidad de un nuevo tipo de libertad, Mike siente que necesita y desea el trabajo para sentirse completo. Es como los personajes de *The House of Mirth*, la obra de Edith Wharton: "Las puertas están abiertas" —señaló— "pero los cautivos han olvidado cómo salir".[11]

YO NO SOY MI PADRE (¿O SÍ?): EL CUESTIONAMIENTO DE LOS PAPELES

Andy Rosenthal, un redactor del *New York Times*, de cuarenta años, es muy consciente del problema en el cual se vio envuelto Mike. Andy, como muchos de sus contemporáneos de generación, está tratando de encontrar la manera de vivir su vida, soportando la doble presión de los viejos mensajes y de un ambiente de trabajo que no ha cámbiado desde los tiempos de su padre. Además, Andy desea tener un buen trabajo y una buena vida. No quiere que se lo defina solamente por lo que hace, ni que su trabajo y su ego estén indeleblemente unidos.

Andy es un prototipo de su generación. Las investigaciones indican que los hijos de los hombres de empresa de los años cincuenta tienen valores muy diferentes de los de sus padres. Son menos competitivos, más colaboradores y están más preocupados por su familia y su comunidad. Además, desean tener una relación diferente con el trabajo.[12] No es que no quieran trabajar, pero, tal como le sucede a Andy, no desean ser esclavos de sus empleos. Aprendieron bien los mensajes que recibieron de niños respecto de qué es lo que hace valioso a un hombre.

Al crecer, Andy comprendió que como hombre tendría un papel que desempeñar en esta cultura. "Uno tenía que trabajar y triunfar y, si no podía ser rico, al menos tenía que ser famoso" —recordaba—. "Tuve un padre con una carrera importante y una madre completamente dedicada a dos trabajos: criar a tres hijos y promover la carrera de mi padre." Cuando después de treinta y ocho años de matrimonio, los padres de Andy se divorciaron, él observó cómo su madre debía atravesar una profunda pérdida. "Ella tiene setenta y un años y ha hecho muchas cosas fantásticas en la vida, pero siente que ha desperdiciado todo." Andy decidió vivir su vida de una manera diferente. Después del fracaso de su primer matrimonio, sintió que sus valores cambiaban de "pensar que iba a ser feliz en un noventa por ciento a partir de mi trabajo y en un diez por ciento a partir de mi vida personal, a pensar que debía vivir, fuera del trabajo, una vida que me resultara satisfactoria y plena y que no tuviera que ver con llegar a ser jefe de redacción o emperador de Siam". Andy volvió a casarse, esta vez con una abogada, y un año después tuvieron un hijo. Cuando nació su hijo, Andy descubrió que estaba en medio de una batalla con los viejos papeles e instrucciones.

Una parte de no basar toda su vida en el trabajo significaba para Andy ser un buen padre y asumir una parte de la responsabilidad del cuidado de su hijo. Cuando su esposa volvió al trabajo, alternaban los días en los cuales cada uno de ellos debía regresar temprano del trabajo para cuidar al bebé. "En los días en que yo debía hacerlo, tenía que ponerme de pie y atravesar la puerta, aunque estuviese en mitad de una frase. Me resultaba complicado. En un sentido, me parecía bien porque sentía que estaba asumiendo las responsabilidades que creía importantes, y además que me comprometía con mi hijo y mi esposa y tomaba en serio las cosas. Sin embargo, también me ponía muy nervioso, porque me habían enseñado que el trabajo es un impulso más fuerte que la paternidad, y yo lo dejaba de lado. Cuando salgo por esa puerta en medio de una serie de responsabilidades, no puedo quitarme de la cabeza la idea de que si el trabajo existe debo hacerlo. Eso me enseñaron. Trato de evaluarme de otro modo. Trato de cambiar, pero es muy difícil porque parte de la ética del trabajo que me trasmitieron fue: 'Hazlo'."

Andy reconoce que el mayor temor que él tenía en relación con la paternidad era no tener la fuerza suficiente para arrinconar el trabajo y centrarse en su hijo.

Temía acabar siendo un padre igual que el suyo. Cuando nació su hijo, Andy descubrió enseguida la sutil presión que significaba estar disponible para el niño. "La sociedad no toma en cuenta el hecho de ser padre antes que nada." En el trabajo, aunque la gente era comprensiva, todos comentaban la cantidad de tiempo (dos semanas) que él había pasado sin ir a trabajar cuando nació su hijo. "Nadie me llamó para decirme: 'Tienes que regresar al trabajo'. Pero el mensaje fue muy claro cuando volví. Se hizo evidente que había sido algo malo. La gente no venía ni me decía directamente '¿Qué eres? ¿Un vago? ¿Qué clase de hombre eres?'. Un hombre me dijo: '¿Qué has hecho durante estas dos semanas? ¿Has estado de pie junto a la cuna, mirando a tu hijo con adoración?' El mensaje era: 'Pasar tiempo en tu casa no es algo valioso. Eres un debilucho'."

Sin embargo, Andy decidió anteponer sus principios. Un mes más tarde se tomó otras tres semanas, aunque su empresa no concedía permisos por paternidad. "Yo quería establecer que era posible tomarse un tiempo sin trabajar y que es posible ser un hombre con una buena carrera y quedarse en casa con los hijos. Como muchos de mis colegas están teniendo hijos, quería que les quedara claro que si querían se podían tomar tiempo para estar con ellos. Es ridículo que los hombres crean que esto es algo que ellos no puedan hacer. Tampoco es una actitud productiva. ¿Qué ventaja tiene tener a una serie de adultos lloriqueando porque no pudieron relacionarse con sus hijos? Eso no es bueno para el trabajo."

Estos principios, sin embargo, tuvieron un lado complicado para Andy. Significaron un precio. Se dio cuenta de que si quería tomarse permisos y dejar el trabajo a una hora razonable, probablemente no iba a ser el tipo triunfador para el que había sido educado. Comenzó, entonces, a formularse la pregunta que se plantean diariamente las madres que trabajan: "¿Por qué tengo que elegir entre ser un padre y un profesional? Tal vez no sea posible ser el rey de la montaña y ser un buen padre. Quizás haya que elegir. Tal vez sólo haya que escalar dos tercios de la montaña y a esa altura uno pueda ser perfectamente feliz". Eso es más fácil de decir que de hacer, sobre todo cuando un hombre se valora según el potencial que logra en su carrera.

Si bien Andy pudo lograr cierta paz con respecto a sus ambiciones, no estaba en cambio preparado para su ambivalencia en el papel del proveedor. Después de todo, él se había casado con una mujer que trabajaba y tenía un buen salario. Después de unos meses de haber regresado a su trabajo, su esposa comenzó a pensar en la posibilidad de quedarse en casa con el bebé. Andy descubrió que estaba confundido. Si bien comprendía los deseos de ella, se sentía muy dividido frente al problema: "Siempre había dicho que no quería casarme con mi madre. Quería casarme con una mujer profesional, que tuviese su propia identidad, que para mí se definía por el trabajo. Sin embargo, cuando tuvimos al bebé, pensé que estaba bien que ella quisiera quedarse en casa. Realmente no sé cómo me siento al respecto. En alguna medida me preocupa. Temo que esto alimente las partes de mí que me conciben como un ser que trabaja y no como una persona completa, y que entonces me adapte a ese papel y deje que mi esposa y mis hijos se conviertan en una unidad separada de mí, que visitaré cuando regrese a casa. El papel de macho proveedor me aflige. Lo tengo asociado con la ira y la frustración. Intenté ser un hombre liberado, y ahora siento que tengo que ser mi padre. Eso me enfurece. Dediqué mucho tiempo a aprender a considerar a las mujeres como iguales y ahora siento que 'te estás volviendo una chica nuevamente'. Sé que estos pensamientos son irracionales, pero son verdaderos". Andy cree que si su esposa decide no continuar con su carrera durante un tiempo tendrán que trabajar mucho para no asumir papeles que no les gustan. Andy no quiere ser un simple proveedor y convertirse en un ser extraño a su familia.

Además, las funciones no son lo único que preocupa a Andy. También hay una cuestión de dinero de por medio. "Tuvimos un estilo de vida que se basaba en no preocuparnos demasiado por las finanzas. Compramos automóviles y motocicletas y tomamos buenas vacaciones. Vivimos en una hermosa casa. Si mi esposa deja de trabajar, tendremos que cambiar el estilo de vida o tendré que conseguir un empleo más importante" —dice, y no le agrada ninguna de las dos opciones. Una de ellas representa menos comodidad y seguridad, y la otra menos tiempo y menos vida fuera del trabajo. Andy lamenta que éstas sean las únicas opciones a su alcance. Después de haber pasado años tratando de valorarse más allá de su trabajo, la paternidad lo ha vuelto a llevar al encuentro de los viejos valores. Le está resultando muy difícil pensar que probablemente para ser un buen padre tendrá que hacer algo distinto de lo que hubiese hecho sin una familia. Sin embargo, sabe que existe una gran distancia entre él y la generación anterior. A diferencia de su padre, que atravesó la pobreza, la depresión y la segunda guerra mundial, él pertenece a una generación que siente que nació con el derecho de hacer preguntas. Andy puede no ser capaz de evitar completamente los viejos papeles, pero, como sus contemporáneos, puede comenzar a plantear preguntas desafiantes sin censura social. Él sabe que forma parte de una sociedad en la cual puede preguntarse: "A los setenta años, analizando mi vida, ¿habré sido más feliz con mi esposa y mis hijos? ¿O porque he tenido un trabajo con un gran título?".

Al valorar por igual a la familia y al trabajo, Andy está dando los primeros pasos en un proceso de reevaluación que finalmente terminará rompiendo con el dominio del trabajo sobre su vida y su autovaloración. Él y sus amigos, que cuestionan también los papeles, están apartándose de las vidas y el sistema de valores de sus padres. En un nivel fundamental, tienen que deshacerse de ciertos principios para ampliar las opciones que tienen. Mientras estos hombres introducen preocupaciones que tradicionalmente son más *femeninas*, inauguran un proceso que cambiará no sólo sus papeles predeterminados, sino el modo como funcionan las empresas en general.

La resistencia cultural

Este tipo de pensamiento revolucionario alimenta algunas reacciones fuertes. Alejarse de la ecuación *buen proveedor igual a buen hombre* significa ir en contra de la mayor parte de las instrucciones culturales que los hombres reciben. Todavía trabajan en un mundo en el cual la mayoría de sus pares masculinos piensan que el trabajo, en términos generales, está bien tal como es. Es importante enfatizar que no todos desean que las cosas cambien. Para muchos hombres (y cada vez para más mujeres) el trabajo todavía representa un refugio. "El trabajo es el mundo de los hombres y, una vez que se borren los límites, perderán la hegemonía. Para muchos hombres el trabajo significa poder cerrar la puerta de ese desordenado, desagradable e indisciplinado mundo llamado hogar", comenta Letty Cottin Pogrebin. Por supuesto, ningún hombre admitiría algo así, ya que de hacerlo se colocaría en una posición nada halagüeña. Sin embargo, muchos lo dicen de otra manera. Dicen que sus esposas son mejores que ellos para cuidar de los niños, que tienen más paciencia. Para otros, como es el caso de Ron, director de ventas de una empresa editorial, el trabajo es suficientemente agradable e interesante como para compensar el hecho de que sólo ve a sus hijos unas pocas horas al día. Explica que él y su esposa están más cómodos representando papeles de toda la vida, no por la tradición, sino debido a quiénes son ellos como individuos. A los dos les gusta su trabajo, y Ron no siente que debería ser un padre de jornada completa. Le encanta lo que hace y siente que, después de veinte años de carrera, está comenzando a ver los frutos. Cuando se casó y tuvo hijos, el trabajo comenzó a significar algo diferente. A diferencia de lo que le sucedió a Andy, el hecho de tener hijos aclaró y facilitó las cosas para Ron. "Todo cambió cuando me convertí en padre. Hasta entonces Jessica trabajaba. No teníamos responsabilidades y teníamos mucho dinero. No había grandes problemas. Después que nació nuestro primer hijo, acordamos que queríamos que uno de nosotros estuviese en casa para educarlo. Simplemente Jesse quiso hacerlo y yo no. Podría haber sucedido lo contrario. Ahora ganar dinero me da grandes satisfacciones. Mi ambición ha aumentado y nunca había disfrutado tanto con el trabajo. Estoy orgulloso de poder dar a mi familia una buena vida. "Además" —dice— "hay muchos beneficios al llegar a casa y no tener que seguir siendo la autoridad. Cuando llego, divierto a mis hijos."

Los hombres del estilo de Ron sienten que trabajan más por elección que por obligación. Si bien reconoce que necesitan dinero, también se da cuenta de que los ingresos podrían haber provenido tanto de él como de su esposa. Ellos eligieron la división de tareas tradicional. Si los dos hubiesen querido seguir trabajando, se hubiesen visto obligados a hacer difíciles concesiones. La exclusividad del papel del hombre proveedor puede haber desaparecido, pero los hombres todavía lo buscan para que les dé esa sensación de que sus vidas tienen sentido. No hay muchos incentivos para cambiar las cosas si el setenta y cinco por ciento están funcionando bien, y en tanto las mujeres continúen haciendo la mayor parte del trabajo doméstico, el trabajo en general seguirá funcionando bien para los hombres. Además, aquellos hombres que han dejado de centrar sus vidas en el trabajo son demasiado conscientes de las dificultades.

Nadie conoce menor esta situación que Peter Martin, un antiguo redactor de un periódico de Boston. Peter y su esposa Cathy decidieron mudarse a una ciudad universitaria del medio oeste para que Cathy pudiera obtener una cargo de docencia en un excelente departamento. "Nos mudamos aquí con la conciencia de que ella iba a ser la principal proveedora del sustento y yo iba a ser quien cuidara principalmente a los niños" —relata Peter—; "filosóficamente yo no tenía problemas con eso. Lo aprobaba, lo aceptaba y estaba orgulloso. Sin embargo, en la práctica hemos tenido problemas." Peter y Cathy son muy sinceros respecto de sus preocupaciones y están asustados porque les parece que esa sinceridad para abordar los problemas y el desafío a los estereotipos de los sexos se les puede volver en contra. Los dos tienen el cuidado de explicar que el de ellos es un trabajo en proceso y que no es un ejemplo de lo que no puede funcionar. Sin embargo, sus experiencias muestran ampliamente la naturaleza de la sociedad y sus propias resistencias frente a ese cambio cultural tan revolucionario.

"Asusto a la gente" —dice Peter—; "voy a trabajar voluntariamente a la escuela de mi hija una vez por semana y los padres me miran extrañados. Me doy cuenta de que piensan *¿Qué hace este hombre aquí?* Creo que algunos creen que soy un pervertido sexual. Otros me dan más crédito del que merezco: soy un santo o un héroe. Obviamente, no soy ninguna de esas cosas, pero no se dan cuenta de por qué estoy allí y no en una oficina."

No es sólo el vecindario la que mira extrañado a Peter. "Tanto a mis padres como a mis suegros les horroriza mi vida, cada uno a su manera" —cuenta con resignación y buen humor—. "Los padres de Cathy esperaban que ella se casara con un buen proveedor. No me malinterpretéis: también esperaban que ella trabajara. Fue criada en un ambiente tan feminista como se podía encontrar en esa época. Sin embargo, sus padres esperaban que el trabajo de Cathy fuese secundario y que no tuviese que hacerse cargo del principal sustento." Peter cree además que la misma Cathy está sorprendida por esto.

"Aunque nunca lo dijimos directamente" —comenta Cathy en una entrevista que tuvimos por separado—, "los dos nos casamos con la idea bastante tradicional de que seguramente él ganaría más dinero que yo, y que tendría más éxito en términos convencionales. Yo hasta pensaba que había elegido una carrera en la cual podría hacer cosas interesantes y mantenerme hasta un cierto punto, pero con un grado importante de flexibilidad. Mi madre trabajaba algunas horas y mi padre era el trabajador de jornada completa. Ésa fue parte de mi herencia." Para Cathy y Peter el hecho de que ella gane más que él en su nueva carrera de escritor *freelance* no es algo molesto. El único problema es que no tienen suficiente dinero. El sueldo académico de ella no alcanza para mantener cómodamente a la familia, y debido al lugar donde está ubicada la universidad, no hay demasiados empleos posibles para Peter.

La mayor preocupación de Cathy es que en algún momento Peter diga: "¿Qué he hecho con mi vida?", y lamente las decisiones que ha tomado. Ella reconoce también que tiene sentimientos un poco divididos con respecto a su vida. Por un lado se siente complacida porque sus principios los han llevado a esta opción contracultural y la hija de ellos crecerá con ejemplos fuertes de padres no condicionados en sus papeles por el sexo. Por otra parte, reconoce que no ha podido satisfacer algunas expectativas. No siente que la cuiden y no quiere ser la que provee los beneficios de salud: "Es sencillo: me pregunto por qué no tengo un estilo de vida más agradable". En retrospectiva, observa: "Esperaba que algo sucediera y pensaba que sería a través de mi esposo. No siento que él me haya abandonado. Por el contrario, es muy afectuoso. Es simplemente que deseo que mi hija tenga ropa nueva y que pueda ir a una escuela privada. Además, temo que en algún momento del futuro Peter lamente haber dejado de lado su carrera por mi felicidad profesional. Temo que diga: '¿Tiré todo a la basura por esto?'".

Peter dice que él no lamenta haber dejado la carrera. Irónicamente, la más preocupada es Cathy. Ella admite que sigue influida por los dictados culturales con respecto a lo que satisface a un hombre, aunque no esté convencida de eso intelectualmente. No quiere que Peter pierda la posibilidad de experimentar el éxito convencional en su vida. Tampoco desea ser el principal sostén económico de la familia durante toda la vida. Le preocupa que su hija sea la que pague el precio de vivir fuera del éxito convencional. Al enfrentarse a todos estos temores, le resulta difícil apreciar el lado no evaluado de la ecuación: que su hija crecerá sin un modelo de papeles estereotipados y que habrá pasado una cantidad de tiempo semejante tanto con su padre como con su madre.

Para Peter y Cathy el hecho de moverse fuera de las convenciones les ha permitido ver claramente el bagaje cultural que no sólo confrontan con los otros, sino que además llevan dentro de ellos mismos. Saben que la presión que ejercen los papeles esperados es fuerte.

Esto hace que muchos hombres no participen más que en aquellas cosas de la vida que son tradicionalmente masculinas. "Un hombre debe pagar un precio demasiado alto cuando toma una opción no tradicional" —sostiene Pogrebin—. "Lo consideran un inútil y pierde su lugar. Los hombres no sacrifican el dinero en favor del tiempo, porque si lo hacen los dejan de lado."

PENSAR LIBREMENTE

Pese a todos sus cuestionamientos y experimentos, Andy, Ron y Peter sigue pensando en su vida dentro de los límites de una caja con paredes, suelo y techo, constituidos por las creencias prevalentes que la sociedad tiene del trabajo y la masculinidad. Sus suposiciones acerca de la naturaleza del éxito, la mediocridad y el fracaso todavía se parecen mucho a las de sus padres. Hasta Peter, que está desafiando intencionalmente las convenciones, dice que ha dejado de intentar ser un éxito. Lo que no ha hecho es volver a definir el éxito según los términos que rigen su vida actual. El problema es que, sin un grupo de pares y de personas audaces con la mente abierta, comportarse de una manera diferente es casi imposible. Peter cuenta que donde él vive hay otros *esposos dependientes*, pero cualquier intento de conversar sobre los problemas psicológicos o hasta logísticos de tener un trabajo en un lugar tan aislado rápidamente se convierte en una charla intrascendente. Ninguno de estos hombres está acostumbrado a resolver sus problemas sin una comunidad que lo apoye. Siguen funcionando como lobos solitarios. Al no tener trabajos prestigiosos, sienten una vergüenza que los lleva a permanecer separados los unos de los otros y no desean conversar acerca de las cosas que los hacen desdichados.

Si los hombres desean comenzar a definir el éxito más ampliamente, si desean apartarse de la caja, deben mirar a la mujer que tienen más cerca para que los ayude con un modelo alternativo. Las mujeres conocen los límites de la cultura del éxito. Como suelen estar fuera, ven con más claridad los aspectos innecesarios de la cultura del trabajo. Tienen esta certeza precisamente porque van a trabajar diariamente a un mundo diseñado para satisfacer las necesidades de los hombres y no de las mujeres. "Muy pocas compran el sistema por completo, tal como lo hacen los hombres" —dice Anna Quindlen—; "creo que la mayor parte de las mujeres usan un tipo de camuflaje para salir adelante, pero que en algún momento se dicen a sí mismas: *El trabajo es lo que yo hago pero no lo que yo soy.* Mientras tanto, los hombres todavía siguen teniendo la idea de que 'el trabajo lo es todo'."

Además, es difícil generar el deseo y la capacidad de imaginar creativamente un nuevo mundo de trabajo cuando el que tenemos todavía funciona bien en la mayor parte de sus aspectos.

Sin embargo, hay algunas cosas que están impulsando a los hombres hacia un nuevo modo de mirar lo que son y lo que valen. A medida que los empleos de los cuales dependen se van haciendo cada vez menos seguros, la cuestión de las opciones de trabajo entra en el terreno de las discusiones. Ven que antiguos compañeros constituyen sus propios negocios (al comienzo más por necesidad que por deseo de hacerlo, pero de todos modos salen adelante); ven que las mujeres que los rodean forjan nuevas relaciones con el trabajo, ya sea en términos de horario o de localización, y reciben de todos modos ingresos iguales o mejores que los de ellos. Cuando hombres como Andy tratan de integrarse más a su familia, comienzan a comprender los dolorosos intercambios que hacen falta. A medida que los hombres comienzan a experimentar cierto grado de libertad respecto de la carga económica de la masculinidad, no tienen más remedio que comenzar a pensar en el trabajo y en el éxito en otros términos.

Sumados, todos estos cambios colaboran para crear nuevas opciones para los hombres —no simplemente entre el éxito profesional y la vida personal, sino además con respecto a qué es el éxito. La puerta para volver a definir y evaluar su vida se está abriendo lentamente. Cuando hombres y mujeres piensan en su vida según los estrechos márgenes que marca el éxito convencional, a los hombres les molesta la posibilidad de elección de las mujeres y a ellas el tener que, hacerlo. Letty Cottin Pogrebin recuerda que, cuando estaba escribiendo *Growing Up Free*, entrevistó a un niño que le dijo: "Las niñas tienen suerte: ellas pueden usar faldas *o* pantalones". "Este pequeño tenía la percepción de que las niñas eran privilegiadas porque podían elegir. Sin embargo, no hay hombres que deseen usar falda. No se trata de algo que los hombres ansíen con desesperación. No conozco a muchos hombres que deseen quedarse en su casa todo el tiempo. Quieren que alguien en quien confían se quede todo el tiempo en sus casas. Pueden desear que sus esposas tengan ingresos, pero si no los necesitan son felices cuando ellas permanecen en el hogar. Los hombres siguen sintiéndose cómodos con eso. En cambio, las mujeres no se sienten cómodas con la opción. Están tan apenadas al respecto como lo estaban las mujeres de los años cincuenta y sesenta cuando trabajaban fuera de su casa." Una vez que salimos de la caja, las opciones se ven completamente diferentes. Los valores del *no trabajo* se convierten en una parte de la discusión. Nuestra definición de lo que tiene valor y éxito y es valioso comienza a expandirse y a incluir más elementos que están fuera de los rascacielos y las fábricas durante el día. Se trata de todas esas cosas que mantuvimos aisladas durante tanto tiempo. Mientras permanezcamos apegados a las antiguas definiciones del éxito, necesariamente nos quedamos con dos opciones solamente: o bien trabajamos o bien nos vamos a casa. El problema es que si aceptamos esas alternativas nos olvidamos del verdadero problema: que esas opciones reflejan una división anacrónica y artificial de la vida humana. La naturaleza "o / o" de estas opciones no es más que un resabio de otra era y ya no es apropiada ni para las mujeres ni para los hombres. "Creo que la transformación que tiene que producirse no es 'o / o' sino más bien 'y', comenta Gloria Steinem. "Esto no quiere decir que tengamos que estar, o dentro de las corporaciones, o en nuestros propios negocios, transformando los valores y los modelos. Tenemos que hacer las dos cosas, porque las mujeres tenemos que trabajar." A medida que los hombres pierden su trabajo o ven que sus compañeros rompen el modelo de todo o nada, van adquiriendo el permiso necesario para imaginar (con dignidad) una vida más completa y equilibrada, que permita a los hombres transformar su conjunto de valores para poder incluir todas las cosas de la vida que la jornada laboral deja fuera.

LOS REGALOS DE LA TRANSFORMACIÓN

Los acontecimientos exteriores pueden estar obligando a los hombres a buscar alternativas, pero hay incentivos internos poderosos que también están funcionando. Tal como dice Warren Farrell: "Cuando un hombre descubre a sus hijos, descubre de qué se trata la vida. Comienza a relacionarse directamente con el amor, mientras que antes estaba conectado con él sólo de manera indirecta. El problema con el sistema masculino era que, cuanto más dinero él producía para las personas que amaba, más lejos tenía que estar de esas personas. Eso es lo que yo llamo la tragedia masculina. El incentivo de la reevaluación masculina de la vida es que ahora se relacionan de manera directa con el amor. Un hombre será apreciado por la comida que prepara y no despreciado por estar lejos de su casa mientras preparaba la comida".

Gloria Steinem está de acuerdo. "El papel masculino está matando a los hombres. Si consultamos las estadísticas de fallecimientos, y excluimos de ellas a los hombres cuya muerte se puede atribuir razonablemente a las tensiones provocadas por el trabajo y la función masculina, entonces hombres y mujeres tendrían aproximadamente las mismas expectativas de vida. No es entonces tan mal negocio" —concluye—. "Ellos llegan a ser plenamente humanos, en lugar de seguir despreciando sus cualidades *femeninas* y distanciarse de las mujeres porque les despiertan esos instintos, y además viven más tiempo."

Aunque esta perspectiva parece provenir de una profunda madurez, muchos jóvenes de veinte años entienden claramente la sabiduría de valorar con más equidad todas las opciones que tienen en la vida. Están construyendo para sí un futuro que implica una profunda diferencia en cuanto al sistema de valores. Ven claramente que construir una vida según la idea de que el trabajo va estar siempre presente es una propuesta arriesgada y casi loca. Esos jóvenes hombres y mujeres han crecido viendo trabajar a sus madres. Se han hecho adultos pensando que ambos sexos son igualmente capaces. Para este grupo ha habido una conjunción de los mundos profesional y personal. La pared que separaba el trabajo y la casa, construida a partir de las diferencias según el sexo, parece que se desmorona.

La especialista Janet Andre informa que ella ve a muchos hombres de la *Generación X* que sostienen que su vida personal es tan valiosa como sus logros profesionales. Ella afirma que "las mujeres están influyendo en los hombres. Tengo un amigo de veintiocho años que asistió a una academia militare. Él tiene una carrera militar. Recientemente se ha casado con una mujer muy capacitada, que se está preparando para el puesto de auditor público. Él tiene en este momento una tarea importante que cumplir, pero sostiene que después va a retirarse porque, de no hacerlo, su esposa no podría desempeñar su profesión. Cuenta que ése fue el acuerdo al que llegaron antes de casarse." Además, según Andre, su amigo reconoce que su esposa es mucho más ambiciosa que él. Él está más interesado en la enseñanza o la política, mientras que ella es del tipo ejecutivo. "Se trata de un muchacho que fue a una escuela difícil, para elites" —enfatiza Andre—, "es muy inteligente y capaz, pero ella ejerce una gran influencia sobre él, porque es muy segura. Eso lo ha ayudado a que él pueda elegir ser lo que desea ser." Andre siente que, para la época en que su amigo y su esposa lleguen a los treinta, no van a tener que afrontar la clase de opciones "o / o" que los hombres y las mujeres tienen que plantearse hoy con respecto a su vida y su carrera. "Para lograr contratar a gente con talento, las empresas van a tener que abandonar el sexismo" —sostiene— "y van a tener que reconocer que el trabajo puede hacerse de muchas maneras. El sistema absoluto basado en un hombre que pasa muy poco tiempo con sus hijos y cuenta con mucho apoyo en su casa es prehistórico. Es como el hecho de que los centros de secundaria cierren en verano. Tenemos todo un sistema escolar construido en torno de no funcionar en verano. Esos chicos tampoco pueden trabajar debido a las leyes laborales de los menores. Muchos hombres quieren estar con sus hijos y gran parte de los de veinte quieren modificar el modo de vida. Todo esto va a obligar a un gran cambio."

Los lugares de trabajo, sin embargo, no se van a modificar hasta que un buen número de hombres no exija el cambio. Para que eso suceda, tendrán que evaluar qué es lo que consideran importante en su vida. El movimiento femenino se produjo rápidamente porque no cambió los valores de la cultura del éxito. Solamente hizo que fuese más accesible para ellas. Ahora es el momento en que debemos modificar lo que consideramos valioso. No va a producirse ningún cambio hasta que los hombres consideren tan estimable el trabajo que tradicionalmente se ha reservado a las mujeres así como éstas valoren el trabajo que antes se reservaba a los hombres. Probablemente todavía falten un par de generaciones para eso. "Hasta que los hombres críen a los bebés tanto como las mujeres, cocinen lo que comen y limpien lo que ensucien, el trabajo no va a cambiar" —comenta Gloria Steinem. "Yo todavía escucho a mujeres jóvenes que preguntan: '¿Cómo voy a combinar la carrera y la familia?', y les respondo: 'No podrás, mientras los hombres no comiencen a formularse esa misma pregunta. No puedes hacerlo todo tú sola. No puedes ser una *superwoman*, eso es imposible. Tienes el derecho de tener un socio y una sociedad que se comporte dándole importancia a la familia'."

Se está produciendo un cambio en el equilibrio de poder en los lugares de trabajo. No es tan sólo entre los sexos, sino también entre las generaciones. Este cambio puede llegar a eliminar las viejas formas punitivas de trabajo. Puede comenzar a poner en práctica técnicas ejecutivas que sirvan para las personas de hoy, no para las de hace cuarenta años. Si los hombres dejan de trabajar según ciertas reglas no escritas, resultarán muy beneficiados. Si es verdad que los hombres de hoy valoran su vida fuera del trabajo tanto como las mujeres, tendrán que ayudar a reconstruir el modo como las mujeres trabajamos y a crear una nueva y más amplia definición de éxito. Sin embargo, en tanto las cuestiones personales y familiares aparezcan como un territorio femenino, nada va a variar. Estas preocupaciones seguirán estando en los márgenes de la agenda de trabajo. Los hombres están comenzando a ver que si el trabajo cambia ellos van a recibir enormes recompensas psicológicas, emocionales y físicas. Podrán vivir su vida, conocer a sus hijos y contribuir a la comunidad. Podrán tener un sentimiento de identidad más profundo y amplio del que tienen hoy. Tanto los hombres como las mujeres tienen la necesidad y el derecho a un trabajo estimulante y a una vida personal rica. Juntos podemos realizar los cambios necesarios.

CAPÍTULO DIEZ

EL EQUILIBRIO
Y EL SENTIDO

Julia, de veintiún años, está a punto de graduarse en el Barnard Senior College y dice que quiere un trabajo interesante y estimulante. Tal vez algo que se relacione con la política o con los medios de comunicación. No está decidida. Sin embargo, está muy segura de algunas cosas. Tan segura que casi las da por hechas. Julia tiene claro que, cualquiera que sea el trabajo para el que se presente, tendrá igualdad de oportunidades para conseguirlo. Confía en que es tan capaz como cualquier hombre y en que recibirá la misma retribución. Cree que un día tendrá una familia y que compartirá con su pareja las tareas de la casa y la educación de los hijos en un plano de igualdad. No quiere pasarse toda su vida trabajando en la misma área o empresa. La seguridad laboral, para Julia, depende de las capacidades que uno lleva consigo, y ella no piensa que tener una carrera exitosa implique para ella algo distinto de lo que significa para un hombre. En su opinión, las empresas no tienen otro interés más que los negocios que van adelante. Para Julia, tener una carrera es una parte clave de quién quiere llegar a ser. Sin embargo, no creo que vaya a jugárselo todo a una carta. Julia ha crecido viendo reconversiones y reestructuraciones de empresas y no crecimiento y eternas promesas.

Julia nunca pensó que podría no trabajar, pero tampoco cree que el trabajo vaya a serlo todo en su vida. Ella quiere trabajar mucho, pero no quiere ser una esclava. Sea lo que sea lo que haga, para ella será importante pero no definitivo. Está más interesada en tener un trabajo que le dé sentido que un trabajo que le proporcione poder. Lo que ella busca no es diferente de lo que yo deseaba a su edad: independencia, libertad, amor, desafíos y la posibilidad de contribuir. Sin embargo, yo creo que sabe algunas cosas que yo no sabía entonces. Sabe que lo que ella desea puede llegar de diferentes lugares y a través de caminos distintos. Si bien Julia tiene ante ella la misma imagen de éxito convencional que yo tenía, tan sólo es para ella una de las posibilidades socialmente aceptables. Como el éxito de la carrera ya no le ofrece seguridad absoluta, Julia tiene otras opciones que le resultan igualmente atractivas. No busca una carrera ni un hombre que le ofrezcan un lugar en el mundo. Hasta se ríe frente a esa idea. Me pregunto qué hubiese hecho mi madre con una hija como Julia. Creo que ella es muy madura. A los veinte años comienza lo que yo estoy empezando a entender a los cuarenta y uno. Me pregunto qué pensará cuando tenga mi edad.

Julia no está preparada para olvidarse de su fuerte identidad en aras de su carrera. Ella piensa, al igual que otras personas de su generación que están accediendo al mundo del trabajo, que la capacidad de procurarse una buena vida está en ella y no en las instituciones. Sus amigos han aprendido mirando a los padres que la lealtad empresarial ya no existe y que las carreras con éxito tienen que ver con largas horas y enormes tensiones. Esta comprensión da a la generación de Julia una especie de voluntad y habilidad para inventar nuevas reglas. Muestran una cierta libertad y temeridad respecto del futuro. En el trabajo están abriendo una brecha, pero no de sexos sino de generaciones.

Las mujeres que comienzan hoy sus carreras no están dispuestas a cambiar su vida privada por su éxito público. Marie Wilson recuerda que cuando habló en la Exposición Feminista de 1996, las mujeres jóvenes que la escuchaban le preguntaron a qué creían ella y las mujeres de su generación que habían renunciado para llegar a donde estaban. Como respuesta, Marie les contó la historia de una mujer ejecutiva que siempre había querido ser cantante. Cuando estaba de pie frente a un grupo en el primer día del curso *Lleve a su hija al trabajo un día*, una niña le pidió que cantara una canción. Ella lo hizo y, mientras cantaba *The Way we Were*, comenzó a llorar por la cantante que vivía dentro de ella. "Bien" —dijo Marie recordando la reacción en la Exposición—. "Me conmovió profundamente. Esas chicas estaban preguntándonos que partes de nosotras habíamos cercenado y nos instaban a recuperarlas. Éramos nosotras las que teníamos que regresar. Lo dije varias veces y vi que varias mujeres del público comenzaban a llorar. Era extraño y nos daba miedo eso de hacer que regresara al mundo nuestra persona entera. Eso conmovió a las chicas y me conmovió a mí. Todas vemos cómo hacerlo, y no tenemos sistemas que lo permitan. Como resultado, aplastamos cada día una parte de nosotras mismas. En cambio estas jóvenes lo han logrado."

Las mujeres que nos graduamos en 1977 no pensábamos en lo que teníamos que dar a cambio del éxito cuando salimos de la universidad. Pensábamos en el triunfo en sí. No lo hacíamos tanto por el éxito mismo como por la igualdad y la libertad personal que nos daría. En realidad, en ningún momento cuestionamos el sistema que creíamos que nos daría el control sobre nuestras vidas, sólo cuestionábamos la exclusividad y la discriminación. Estábamos seguras de que éramos capaces de hacer el mismo trabajo que podía hacer un hombre, y poníamos todas nuestras expectativas en el hecho de acceder a los lugares de las empresas que anteriormente estaban reservados a los hombres. Algunas de las cosas que conseguimos fueron realmente maravillosas. Otras no.

Ahora, si queremos recuperar las partes de nosotras que perdimos, deberemos hacer cambios. Eso significa que tendremos que desafiar la imagen establecida de éxito que nos llevó hasta el lugar desde donde ahora lo cuestionamos. Sabemos que cualquier alejamiento implica arriesgar todo un sistema social de recompensas y privilegios. Nos damos cuenta, sin embargo, de que estamos ligadas con un sistema de privilegios con una mano, pero con la otra nos aferramos a lo que somos.

Si buscamos alternativas, nos toparemos con resistencias externas y temores internos. Descubrimos que habíamos luchado mucho por cosas demasiado pequeñas, o por una vida que luego no teníamos tiempo para disfrutar. La conclusión es que debemos volver a calcular los costes y los beneficios e incluir lo que hemos pospuesto, abandonado o ignorado. "Alcanzar el sueño norteamericano tiene un precio cada vez más alto" —señala Juliet Schor—. "Cada vez es más a lo que la gente tiene que renunciar, tanto en términos de seguridad, como en cuanto a las humillaciones a que nos obligan los lugares de trabajo. Todas estas cosas hacen que la gente se aparte o lo rechace." Estamos viendo qué cosas no van a equilibrarse solas. El silencio, la política, los hábitos machistas son cucarachas del lugar de trabajo muy difíciles de asesinar.

La generación de Julia no cree en las promesas de trabajo en las que nosotras creíamos. No están tan atados ni pendientes de reverenciar el éxito como lo estábamos nosotros. Así como rechazamos en los años cincuenta el modelo de Talcott Parsons, que suponía que las mujeres éramos las que teníamos que sentir y los hombres los que debían actuar, la siguiente generación ha rechazado el modelo que indica que la identidad proviene del trabajo. Para ellos, el trabajo es simplemente lo que hacen. En un artículo acerca del reclutamiento de personas de la Generación X por parte de las empresas, la columnista del *Wall Street Journal*, Sue Schelenbarger observó que, mientras "los de la generación *baby boom* mantenían silencio con respecto a las cuestiones referidas al equilibrio de su vida porque temían que los consideraran 'poco comprometidos con el trabajo',[1] estos jóvenes no tienen problemas en plantear las cosas". Ellos no quieren trabajar de la misma manera que sus padres y hacen a sus futuros jefes listas de preguntas que incluyen problemas referidos a la calidad de vida. Sencillamente, no están interesados en horarios interminables o estructuras inflexibles. No desean ir a trabajar a un mundo que propone relaciones de poder desiguales y en el cual la empresa tiene todas las cartas. No quieren perder a sus hijos del mismo modo que sus padres los perdieron a ellos. Tienen una definición del éxito diferente de la que teníamos nosotros.

A los veintidós años, Sarah Schroeder dijo: "El trabajo es importante para mí, y realmente deseo hacerlo lo mejor que pueda, pero no trabajo para eso. Lo hago para poder costear los otros valores de mi vida.[2] Sarah es ingeniera y para alguien trabajará. El que la contrate contratará sus valores. Ése es el punto de partida de la generación que viene. Eso es lo que han aprendido observándonos a nosotros. Así como queríamos más oportunidades y más control sobre nuestras vidas que el que tenían nuestras madres, esta próxima generación pide más control sobre las condiciones de trabajo. Tal vez porque no se asustan de pedir demasiado, sus planes comienzan por la calidad de su vida. Si esta generación ha ampliado la definición de una vida próspera y ha incluido "los otros valores de la vida", también podemos hacerlo nosotros. Más vale tarde que nunca.

Mujeres como Julia se están haciendo adultas al final de lo que fue, indudablemente, la revolución social más grande del siglo veinte: el cambio de vida de las mujeres. La transformación de nuestra existencia se desató en los últimos treinta años. Si bien no hemos finalizado el trabajo de lograr idénticas oportunidades para las mujeres, hemos recorrido un largo camino. "En lo que estamos trabajando ahora" —dice Anna

Quindlen— "es en un paradigma completamente nuevo respecto de la manera de vivir de todas las personas, no de las mujeres en particular. Lo que vemos es el cambio de una revolución basada en la igualdad a una segunda etapa que dice: 'Queremos la paridad, queremos la igualdad. La merecemos y la tendremos, pero una vez que la consigamos queremos humanizar el modo como el mundo funciona'." Esta *humanización* significa encontrar un equilibrio entre el yo interior y el exterior, entre lo material y lo espiritual, entre la familia y el individuo. Así llegaríamos a un funcionamiento muy diferente.

LAS BENDICIONES DE LAS PROMESAS ROTAS

Recuerdo el día en que desistí de la lucha por hacer que mi trabajo funcionara. Al recordarlo, me doy cuenta de que esa situación fue disparada por un hecho nimio. Me había ausentado de la ciudad por negocios y al regresar encontré unas notas que anunciaban que la publicación de un importante libro había sido cancelada, sin consulta previa, por el jefe de una de las dos divisiones para las cuales yo era editora. Yo no respondía directamente a ese hombre, pero de todos modos él llevaba la contabilidad de las ganancias y ése había sido, cuanto menos, un arreglo desafortunado. Si bien él era el responsable de sus acciones en lo fiscal, yo consideraba que cancelar esa campaña era una decisión con poca visión de futuro, ya que ése era el único libro del que esperábamos un cierto éxito comercial en la temporada y necesitábamos con desesperación los ingresos que podía procurarnos. La decisión también planteaba una situación política. Sólo uno de nosotros podía dar la última palabra sobre el programa de publicaciones y descubrí que estábamos en una situación del tipo "él o yo". Sabía que el incidente no era algo personal. Este hombre, un veterano de diversas administraciones, había estado rechazando cada una de mis acciones como un cuerpo rechaza a un órgano transplantado. La de él era una reacción casi instintiva, basada en sus mejores informaciones acerca de cómo sobrevivir. No era un mal hombre, simplemente estaba acostumbrado a defender el poder que tenía, sin importar cómo.

Yo había regresado hacía una hora, cuando una mujer a quien le encantaba llevar y traer informaciones a los ejecutivos entró en mi oficina para ver cómo tomaba las noticias. Francamente, creo que la decepcioné porque no me enojé ni hice intentos de combatir la decisión. Ella, al igual que otras personas que he conocido, parecía adquirir un perverso aire de superioridad cada vez que veía a alguien deprimido. En algunos momentos del año, en efecto, mi ánimo había decaído, pero en ese momento me di cuenta de pronto que no podía seguir jugando más tiempo a un juego de poder barroco. No fue siquiera una decisión voluntaria. Me harté. Cuando lo descubrí me asusté terriblemente.

Sabía que si no jugaba ya no podría ser eficiente. La gente consideraría que si no lo hacía era por falta de coraje. Además, me parecía que eso tendría como consecuencia la aparición de muy malos productos publicados. En mi experiencia, las publicaciones dependen de un tira y afloja. Si yo no oponía resistencias, acabarían recortando gastos. Trabajar en esas condiciones consume mucha energía, y de pronto sentí que se me había acabado. Decidí que era mejor irme y dejar que otra persona con más fuego y más deseos jugara a ese juego. Sabía que quedarme no iba a ser bueno ni para mí ni para los demás.

Esa noche, hablando con mi esposo, discutimos sobre cómo yo sentía que la empresa había roto los términos del contrato que me unía a ella. De todos modos, para mí había una transgresión mayor y que no correspondía tan sólo al contrato que había establecido en relación con ese puesto y con esa tarea sino que correspondía a toda mi carrera en general. El trato que no se había mencionado era que yo iba a dar a mi carrera todo lo mejor que tenía que ofrecerle y que a cambio quería la oportunidad de progresar e ir tan lejos como mi capacidad me lo permitiese. Deseaba que me respetasen y me reconociesen por mis contribuciones, no sólo financieras, sino también espirituales. Quería saber que contribuía a mejorar las vidas de las personas y que ayudaba a que los libros fuesen leídos. Cuando comencé estaba dispuesta a dar cuatro décadas de luz de día a cambio de la identidad que me proporcionaría el trabajo, a cambio de llegar a ser *alguien*. Sin embargo, al final tuve que aceptar que amaba el trabajo pero no el sistema dentro del cual lo llevaba adelante. Me sentía traicionada por una relación que había ubicado en el centro de mi vida. La promesa de reconocimiento podía ser cierta cuando mi padre comenzara su carrera, pero ya no lo era cuando yo terminé la mía. En primer término, las promesas que yo creía que me habían hecho en realidad no existían y cada decepción me hundía más profundamente. El día del libro cancelado fue uno de los puntos más brillantes de mi carrera. Fue el día en que se produjo un cambio en mi equilibrio interno y comencé a buscar un trabajo que se adaptara a mis propios términos y no a los de los demás. Comencé a hacerme responsable. Empecé, finalmente, a establecer un nuevo contrato con el trabajo que tuviese sentido para este nuevo mundo feliz laboral.

"Gracias a Dios por no conseguir lo que deseaba" —ríe Ellie—. "Si lo hubiese logrado, todavía estaría allí. Me hubiese perdido tantas cosas... No tenía ni idea." No es que dejar esa prestigiosa institución financiera fuera fácil para Ellie —ella tuvo que atravesar muchas dudas—. '¿Hice lo correcto? ¿Podré subsistir? ¿Acabaré siendo una pordiosera en las calles? ¿Quién me dará una pensión? ¿Conseguiré clientes? ¿Por qué van a venir a mí y no a mi anterior jefe?' Las preguntas aparecían todo el tiempo.

"Tuve que atravesar muchos días malos" —continuaba Ellie—. "En esos momentos extrañé no tener un trabajo organizado. Finalmente todos mis temores acabaron siendo solamente un cuco que me asustaba." Si Ellie hubiese hecho caso a esos temores, la iglesia de su barrio hubiese tenido una líder juvenil menos y ella nunca hubiese sabido qué virtudes provenían de quien era ella y cuáles de su trabajo. Ellie considera que ese día en que ella vio los injustos premios en la oficina de su jefe fue el comienzo de un nuevo modo de vida. Ese cambio pudo tener algunos momentos dolorosos, pero Ellie dice que sin duda es lo mejor que pudo pasarle. "Me siento profundamente libre ahora. No se trata simplemente de tener un trabajo del nivel que quiero, lo importante es tener el control sobre mi vida. Nunca creí que fuese posible. Ni siquiera mi papá puede conmigo ahora. No ha sido hasta pasados los cuarenta, pero ahora tengo el control. Por fin, he crecido."

Ellie sigue trabajando en inversiones, pero ahora lo hace desde una pequeña oficina instalada cerca de su casa. No gana la misma cantidad de dinero que antes y no tiene un cargo. Debe pagar su propio seguro de salud y sus limpiezas dentales. En otro tiempo tuvo todas las trampas del poder y lo único que hicieron fue susurrarle mentiras al oído. Como Alicia en el país de las Maravillas, bebió la poción mágica y creció. Ahora ve las cosas y el mundo de un modo diferente y no cambiaría lo que tiene por nada.

El poder que ahora posee Ellie es muy distinto del que hubiese tenido si hubiese permanecido en la institución financiera. Probablemente, en este momento sería vicepresidenta, tendría un automóvil de la compañía y estaría ganando mucho dinero. Ellie, en cambio, redefinió el poder. Anna Quindlen se hizo eco de la definición de Ellie. Cuando se fue del *New York Times*, la gente le decía que estaba renunciando al poder. Ella, en cambio, sostenía: "Creo que el verdadero poder es el de hacer lo que uno quiere. Ése es mi mayor impulso en la vida: hacer lo que deseo hacer". Ese tipo de control, esa nueva definición del poder implica pasar de las instituciones que nos rodean a nosotros mismos. Choca contra la comprensión del poder que tenían las generaciones anteriores y contradice nuestras suposiciones iniciales. Muchas de nosotras fuimos a trabajar para conseguir un poder, para darnos cuenta luego, como yo, Ellie y Anna, que ya lo teníamos. Si no nos hubiésemos sentido traicionadas en nuestros contratos de trabajo, nunca hubiésemos tenido que buscar ese poder interior independiente. Nunca hubiésemos tenido la posibilidad de definir el éxito en nuestros propios términos.

El ingrediente más importante en la actitud de muchas mujeres es que han dado significado a sus definiciones de éxito. Mary Perkins, por ejemplo, ha redefinido lo que quiere: "Me gustaría creer que cada día que vivo es un buen día y tiene algún significado, para mí o para otras personas. Todavía me da la sensación de que el tiempo que paso en este ambiente empresarial me parece perdido. Sin embargo, cuando vuelvo a casa y abrazo a mi esposo y a mi hijo, compruebo que no es un día desperdiciado. Otras veces hago algo que me entusiasma intelectualmente. Otras cosas son de una jerarquía más alta en lo espiritual, como por ejemplo ser una persona altruista, pero en lo que se refiere a lo cotidiano, se trata de ver cómo he mejorado hoy o qué cosa del mundo he logrado mejorar. De eso estoy hablando: de cosas valiosas". Al reconsiderar lo que era importante para ella, Mary asumió el poder de triunfar o fracasar. Para Nancy, si ella no se hubiese sentido traicionada por el sistema que pensó que le prometía tantas cosas, no hubiese mirado más allá de donde estaba. La infelicidad le permitió dejar de atribuir tanto de lo que era a lo que hacía. El resultado es que actualmente disfruta más del trabajo. "La política me importa mucho menos ahora que no quiero ser rey. Ahora esas cosas son para mí una pérdida de tiempo o una música de fondo. Antes eran cosas terribles."

Mary, Nancy y Ellie han hecho nuevos contratos con sus trabajos después de haber padecido traiciones y decepciones. Sin embargo, el resultado que han logrado tiene algún equilibrio y sentido. May también ha encontrado un propósito nuevo. Cuando le pregunté qué había de nuevo para su vida en sus proyectos, ella incluyó trabajo feliz, familia feliz, trabajo bien hecho, trabajo que modifica algo en la gente, suficiente dinero como para no preocuparse. Equilibrio, tiempo para su familia, tiempo para sus amigos, tiempo para ella misma. No es una lista tan diferente de la del comienzo. Es posible que los valores no sean diferentes. Simplemente, May ha aprendido a vivir conforme a ellos.

Al colocar en primer término lo que era más importante para ella, May ha creado una organización muy diferente para su vida. No creo que vea lo que ha llevado a cabo tan claramente, pero de todos modos eso fue lo que sucedió. Cuando yo coloqué en primer término los valores que había aprendido de mi padre, acabé teniendo una vida estructurada como la de él. Es posible que eso no tuviera nada de malo, pero yo no quería eso. Al igual que estas mujeres, yo no elaboré un plan para reorganizar mi vida. Eso sucedió a partir de la incomodidad y las tensiones. La única manera como pude lograrlo y hacerlo duradero fue preguntándome qué era importante para mí y teniendo las agallas suficientes para ser fiel a eso.

EL TRABAJO HUMANIZADO

Cuando dejé mi trabajo, no tenía idea de que era parte de un movimiento creciente de mujeres que intentaban llevar a cabo un nuevo modo de trabajar y de vivir la vida. En ese momento yo decidía contra algo, no a favor de algo. Entré en esta nueva vida para darle la espalda a otra cosa. Ahora, en cambio, que he tenido tiempo para echar un vistazo a mi alrededor, puedo ver que la segunda ola *humanizada* del movimiento femenino está floreciendo. No está demasiado organizada y no se trata sólo de mujeres. El grupo está creando nuevos estándares para el éxito basándose en valores de equilibrio, calidad y significado. Lo está haciendo poco a poco. Cada mujer puede tener un modelo individual diferente, pero las características del movimiento se están haciendo más precisas.

El trabajo está orientado hacia valores: En 1992 las empresas que son propiedad de mujeres dieron más trabajo que las quinientas empresas del grupo Fortune. En Canadá, el grupo de mujeres empresarias es el que más rápido crece. Muchas dejaron sus ocupaciones anteriores porque el trabajo ya no les funcionaba bien y porque tenían una visión interior de cómo podían ser las cosas. Sin embargo, desde el punto de vista de Sharon Hadary, estos negocios están orientados hacia los valores. Para ellas lo más importante es establecer buenos ambientes de trabajo, crecer responsablemente, incorporar el equilibrio, la flexibilidad y el respeto. "Conozco a una mujer que es típica" —dice Hadary—. "Ella tenía un negocio de quince millones de dólares. Daba trabajo a doscientos empleados y se podría haber postulado tranquilamente para aparecer en la revista *Inc.* Sin embargo, nunca se molestó en ocuparse de eso. Estaba más interesada en aparecer en la lista de las mejores empresas en las que se podía trabajar que publicaba *Working Mother*. Cuando el comité editorial de la revista *Inc.* preguntó a esta misma mujer cómo había que hacer para que más empresas de mujeres aparecieran en la lista de las quinientas empresas independientes más sobresalientes, ella miró al editor y le preguntó a su vez: '¿Y para qué queremos eso?'."

Trabajo que sea flexible: Cuando los valores de equilibrio, calidad y significado son importantes en el contrato de trabajo, resulta un modelo muy diferente. En lugar de los tipos de flexibilidad que vemos habitualmente (el caso especial, el tipo Apósito Protector y el tipo que consiste en hacer que la persona escoja la opción y luego se someta al estigma profesional de no haber puesto el trabajo en primer lugar), comienzan a ocupar un sitio importante los puestos compartidos y la flexibilidad de horarios, que son modos de retener a personas que tengan habilidades importantes. Cuando el desempeño en un trabajo se mide según la calidad, las horas de presencia pueden tener poca importancia. Un trabajo de calidad no consiste en que una persona pueda permanecer cuarenta, cincuenta o sesenta horas a la semana. Compartir un puesto comienza a ser posible. Construir el trabajo en torno de valores de comunidad y familia implica tener un contexto de trabajo más poroso y en el que resulta posible trabajar desde casa. Si valoramos la calidad del producto por encima de las jerarquías y los sistemas que lo producen, el trabajo en equipo irá evolucionando, tal como sucedió en empresas como Xerox o Texas Instruments. Junto con el trabajo de equipo llegan los puestos compartidos y mayor flexibilidad en tiempo y espacio.

Trabajo que es secuencial: Uno de los mayores cambios en un mundo con trabajo humanizado tiene que ver con que sea más circular y los empleos más secuenciales. El tránsito en una sola vía propio del antiguo camino al éxito era apropiado para hombres que esperaban trabajar cuarenta y cinco años en un lugar y obtener su pensión al final del camino. Como quedarse siempre en la misma empresa es ahora la excepción y no la regla, ese ascenso ininterrumpido corresponde más a la fantasía que a la realidad. Los hombres y las mujeres cambian todo el tiempo de empresa y de puesto. Además, todos vivimos más tiempo y la salud ha mejorado. Tal como señaló Lillian Rubin: "La esperanza de vida, ahora mayor, ha cambiado mucho las cosas. Nos ha ofrecido nuevas alternativas. Yo tengo setenta y dos años y me pongo a pensar: *Cuando termine con este problema, ¿qué voy a hacer durante el resto de mi vida?*". Jane se molesta mucho cuando alguien la acusa de haberse jubilado: "Tengo cuarenta y cuatro" —explica—. "No voy a olvidar lo que es ser redactora. Simplemente no quiero sentarme ante otra caja de cristal y abrirme paso entre una multitud para ir a un restaurante y pagar bastante por mi comida. Hace diez años todavía quería trabajar. Ahora deseo un poco de tiempo para pensar cómo lograr una vida más rica."

Letty Cottin Pogrebin está de acuerdo: "Todo este negocio de amasar experiencia y no levantar nunca la cabeza es un poco loco. No debemos ser tan lineales. Quizás una persona necesite entrar y salir del lugar de trabajo y estar en contacto con el mundo real. Tal vez pasar varias semanas con un niño nos humanice y nos convierta en mejores personas al regresar. Tal vez sea mejor volver a pensarlo todo". Aunque muchas personas han tratado de explicar por qué las mujeres hemos dejado esos caminos rectos y han atribuido los vaivenes a cuestiones de familia, quizá si lo vemos con el prisma de la revaluación, veremos que las mujeres que desean la flexibilidad no están buscando concesiones, sino más bien encontrando nuevos modos de trabajar con perspectivas más amplias. Dan igual valor a la flexibilidad que a la acumulación lenta y constante de títulos y compensaciones.

Por qué el trabajo va a cambiar

Las mujeres tienen el deseo de trabajar y tienen la necesidad económica, psicológica y espiritual de hacerlo. Constituimos actualmente más del 50 por ciento del personal laboral y más de la mitad de los matriculados en las universidades americanas. A partir de nuestra innegable presencia, estamos transformando el modo como funciona el trabajo. Vamos a trabajar y llevamos con nosotras nuestras necesidades y valores. "Cuando las mujeres entramos en este particular sistema, acercamos el mundo privado a la esfera pública" —dice Mary Wilson—. "Ese hecho ha cambiado la conversación en los ámbitos públicos, porque hemos llevado allí los valores privados femeninos. Nos han acompañado los valores de la comunidad y el hogar, y no deseamos esa separación entre lo público y lo privado. Esto ha llevado a una renegociación. Ahora que las mujeres estamos en la vida pública como políticas, como trabajadoras, los valores de nuestra vida privada forman parte de la solución para este problema."

Esta renegociación se irá caldeando a medida que la mezcla de trabajadores siga cambiando. El Ministerio de Trabajo de Estados Unidos estima que hacia finales de los noventa, dos tercios de las personas que ingresen al mundo laboral en Estados Unidos serán mujeres, la mayor parte de las cuales estarán en la etapa de tener hijos. Cualquiera que piense que las mujeres están volviendo a quedarse en su casa parece estar bastante equivocado. La presencia de la mujer ya ha comenzado a generar cambios en los valores de los hombres: "Cada vez que un hombre trabaja en equipo con una mujer de un modo que no ha experimentado antes y llega a respetarla, se produce un cambio social" —comenta la escritora Wendy Kaminer—; "creo que eso está ocurriendo en pequeña escala en muchos lugares y que cuando uno lo va sumando lo suma a algo muy significativo". La pregunta ya no es si el trabajo va a cambiar. Más bien es cuánto va a tardar.

La primera tanda de mujeres de los cincuenta ha alcanzado ahora posiciones importantes y cargos directivos en las empresas. La cultura del trabajo a la que entramos hace quince, veinte y veinticinco años está sufriendo una metamorfosis lenta pero segura. Tardaron un poco en aparecer las rupturas porque nos llevó un tiempo llegar a esos cargos importantes. Llegamos a estos puestos con nuestra experiencia en los negocios y la confianza que nos daban nuestros logros. Además, muchas de nosotras estábamos hartas de cómo funcionaban las cosas. Nos hacíamos cargo de esos puestos habiendo llegado al punto de decir: "Hemos hecho lo mismo que los hombres... y apesta!", tal como dice Anna Quindlen.

Además del descontento, hay otras dos importantes fuerzas que indican que el trabajo será una cosa completamente diferente dentro de una o dos generaciones:

1) los hombres también desean ahora que los modelos cambien y 2) para atraer y mantener a los mejores profesionales, las empresas van a tener que reconocer la importancia del equilibrio y de la contribución de las personas.

Cuando le pregunté a Andy Rosenthal qué pensaba que iba a ocurrir en su lugar de trabajo, su respuesta coincidió con lo que marcan las investigaciones: los hombres desean un trabajo más humanizado y observan a las mujeres en su casa y su trabajo para ver cómo compartir las cosas. "En este momento en el *Times*" —cuenta— "hay cinco nuevos departamentos dirigidos por hombres de mi edad que tienen familias jóvenes. Todos ellos están tratando de encontrar el equilibrio. Todos están tratando de tomar decisiones en las que su familia está por encima del trabajo. Yo espero que en algún momento alguno dirigirá el periódico. Los cambios llevan un tiempo, pero en gran medida dependen de lo que uno hace. Hay que elegir. Si vivimos en un mundo en el cual no podemos pasar con nuestra familia todo el tiempo que queremos si deseamos tener éxito en la carrera, tal vez tengamos que renunciar a algo en alguno de los dos terrenos." Andy cuenta que una de las personas a quienes él más admira es una periodista de su oficina que ha rechazado todos los ofrecimientos de puestos más importantes que le ha ofrecido el periódico. Esta mujer, cuando nació su hijo, decidió que todas las tardes iba a estar en su casa a las seis y media. Su actual puesto se lo permite. Andy se da cuenta de que esta mujer eligió de manera consciente, dejando de lado algunas posibilidades reales para su futuro. Tal vez esto pueda frustrarla en el futuro, cuando su hijo sea mayor y ya no la necesiten tanto en casa. Sin embargo,

"Ella desea lo que tiene" —dice con evidente respeto—. "Para mí es más fácil de lo que hubiese sido para mi padre comprender lo que ella hace. Supongo que eso es un avance."

Un estudio realizado en 1991 por el Instituto de las Familias y el Trabajo demostró que, en relación con lo que ocurría cinco años antes, el doble de hombres menores de cuarenta años estaba dispuesto a renunciar a ascensos en función de una vida hogareña mejor. Una investigación semejante realizada en 1992 demostró que una buena dirección, la comunicación y el impacto que el trabajo ejercería sobre la familia eran factores más importantes que el salario a la hora de elegir un trabajo.[3] Cada vez con más frecuencia aparecen en periódicos y revistas casos de hombres que han rechazado trabajos importantes. Eso ayudará a que otros puedan seguir el mismo camino con cierto apoyo social. Nuestros hermanos, amigos y esposos, cuyas vidas son semejantes a la nuestra, se identifican más con nuestras preocupaciones respecto del trabajo que con las de sus padres. A medida que la idea de masculinidad se va separando de la vieja imagen del éxito, podemos comenzar a mirar hacia delante y esperar cambios reales y rápidos en la cultura y la organización de nuestras oficinas.

El último factor que está impulsando el cambio es que las empresas comienzan a comprender que se verán perjudicadas cuando empleados con talento se vayan o se nieguen a contribuir más para no sacrificar su vida en función de su trabajo. La mujer a la que Rosenthal mencionó era una fuente de frustración para los directivos del *Times,* según otra persona que también trabajó en el periódico. Ellos querían que su talento los representara en algún puesto más alto. Querían sus contribuciones, su perspectiva y su experiencia, pero ella tomó la decisión de que no quería trabajar de un modo que no se acomodara a sus prioridades personales. Como resultado, la capacidad de alguien a quien valoraban mucho no se podía aplicar en niveles más altos de la empresa. "Nuestra ceguera nacional respecto de las vidas de los hombres y mujeres americanos está causando problemas físicos y emocionales y puede algún día causar deserciones en los trabajadores americanos",[4] afirman Barnett y Rivers. Su estudio, al igual que el trabajo pionero de Juliet Schor de Harvard y Lotte Bailyn del MIT, ha ofrecido una persuasiva prueba de que crear trabajo sobre valores como el equilibrio, la inclusión y el significado no sólo satisface a los empleados sino que además proporciona buenas ganancias.

Para la generación que hoy dirige los negocios, cambiar de las reglas tácitas a un trabajo basado en los valores representa una amenaza para el control que ellos ejercen. En realidad, es un tremendo cambio en el equilibrio de poder, y el problema es quién va a controlar el trabajo. Este cambio ya se está produciendo. Es un producto inadvertido de las reconversiones. Estamos viendo en todo el mundo la proliferación de lo que Peter Drucker llama "trabajadores del conocimiento", que somos los que llevamos con nosotros el conocimiento de un lugar a otro y que no estamos atados a los valores de una corporación. Si una empresa no puede controlar a los trabajadores a través del temor a la inseguridad o a la falta de ascensos, pierde la dirección. El control pasa a nosotros. Cuando eso ocurre, podemos comenzar a fijar los términos: equilibrio, dignidad y reconocimiento.

Este mensaje va a dejar de parecer tan revolucionario sólo cuando el bastón de mando pase de la generación que todavía se rige por las fantasías de los años cincuenta a la generación del *baby boom* y a la que le sigue. La transformación que buscamos respecto del equilibrio y el sentido de nuestras vidas es, como señaló Gloria Steinem, pasar del *o* al *y*. Sin embargo, los valores y los comportamientos de hombres y mujeres tienen que cambiar antes. Justo entonces los modelos que nos rodean comenzarán a reflejar lo que es importante para nosotros.

Por qué esto no sólo es importante para la clase alta

En un momento, al comienzo de este libro, yo me detuve y me pregunté si este problema de las mujeres y los valores del trabajo era algo que sólo se aplicaba para las clases medias y altas: aquellos que contamos con el lujo de elegir empleo y que tenemos alguna posibilidad real de seguridad económica. En busca de un punto de vista más amplio que el que me daba mi propia experiencia, acudí a aquellas mujeres que me pareció que tenían una verdadera perspectiva acerca de hasta dónde llegaban estos problemas. Cada una ofrecía una distinta visión de las cosas, pero todas señalaron categóricamente la importancia de estos problemas para *todas* las mujeres.

"Si comenzamos a crear un sistema de valores que no estime la importancia de las personas en el mundo según una jerarquía, comenzaremos a ayudar a esas mujeres que realizan un trabajo que tradicionalmente no está considerado" —sostiene Mary Wilson—. "Al concebir nuevos valores, intentamos dar a las mujeres que no ocupan puestos de *élite* la importancia que se merecen. Cuando el trabajo no es lo que nos ofrece la idea de lo que somos en el mundo, podemos comenzar a pensar en compartirlo o en otras manera de realizarlo. Para las personas que están realizando un trabajo que consideramos menos valioso, habrá una nivelación del sueldo, una equiparación de las recompensas que reciben por lo que hacen. Es una especie de idea utópica, pero existe la posibilidad de que el trabajo menos atractivo llegue a ser el mejor pagado" —para lograr esto, dice Wilson, debemos abandonar la dinámica de la identidad—; "para llegar a ser personas en un mundo en el cual lo único valorado no sea el trabajo, sino que también se estime nuestra habilidad para hacer amistades o nuestra participación en la comunidad, deberemos poder articularlo. Un valor no lo es si implica la muerte. Es un valor sólo si las personas comienzan a decir: 'Mira a Fulana. Realmente ha cambiado la manera como desea vivir. Me encanta'. Tenemos que enseñar a la gente a decirlo en voz alta, porque si no lo escuchamos nada cambiará. En este momento las personas no dicen estas cosas y debemos alentarlas para que lo hagan."

Gloria Steinem dijo que ella no creía que fuese en absoluto un problema de una determinada clase: ella escucha las mismas preocupaciones tanto en las obreras de las fábricas como en las mujeres que se dedican a la beneficencia. Los valores que encuentran en el trabajo no están funcionando para ellas porque, como dice Susan Faludi, "los problemas de la identidad en el trabajo aparecen en todos los niveles. Para cada mujer, sea vendedora o secretaria, su trabajo es importante. La pérdida es la misma. No se trata solamente del sueldo. Son cuestiones que no se pueden separar. Parte de la identidad de una persona se refleja en el hecho de poder mantenerse y ser participe de un mundo público y; además ser compensados por eso. Hay diferencias entre una clase y otra, pero el problema central es el mismo: la gente se siente ignorada".

Ser reconocidos por quiénes somos y por lo que podemos dar no es sólo una preocupación de la clase media: es una preocupación humana. Para un grupo conformado principalmente por mujeres universitarias blancas es fácil impulsar cambios en la cultura del trabajo, porque contamos con el lujo de creer que básicamente todas podemos tener un empleo. Vivimos en el innegable lujo de estar mucho más allá del nivel de subsistencia. La mayor parte de las veces lo que está en juego no es la vida, sino el estilo de vida. Cuando comencemos a valorar nuestra existencia tanto como valoramos nuestro estilo de vida, los cambios que buscamos comenzarán a ayudar a todas las mujeres de todas las clases. Todas deseamos ejercer el control sobre nuestra vida y además, ser reconocidas.

La mayor cantidad de empleos que se incorporan al mercado de trabajo combinan los dos ingredientes más letales de un empleo: la repetición y el control nulo o bajo. Además, estos trabajos son desempeñados primordialmente por mujeres. Si las mujeres que ocupan los lugares más altos de las empresas que crean estos puestos trabajan para cambiar la cultura del reconocimiento y para tomar en cuenta la vida y los requerimientos de las demás, ayudarán a las que realicen estos trabajos y, tal vez, en un mundo mejor, se modifique la naturaleza de estos puestos de trabajo.

CONTINUARÁ

Vayamos ahora a la fantasía: cuando ya había escrito tres cuartas partes de este libro, levanté la vista de mi escritorio situado en el pequeño cuarto amarillo detrás de la cocina y me di cuenta de que lo que había estado haciendo durante nueve meses se llamaba trabajo. No era semejante a otras cosas que había realizado antes. Una vez que el editor y yo nos habíamos puesto de acuerdo respecto del tema del libro, yo disfruté al tener el control de lo que producía. Yo me había asignado las tareas, había decidido qué hacer en cada momento y cuál era la mejor manera de hacerlo. Escribir, investigar y entrevistar —aunque muchas veces pueden ser tareas difíciles o frustrantes— nunca dejaron de entusiasmarme ni de darme energía. Durante todo este tiempo nunca tuve una discusión con mis superiores, nunca sentí una falta de respeto ni de reconocimiento. Durante cerca de un año no había tenido que usar tacones ni medias, ni había tenido que suspender mi vida cuando mi hijo apareció con una infección en el oído. Me pagaban para hacer esto. Eso me asombraba. Amaba este trabajo y funcionaba bien para mí.

Mi nueva profesión suponía modificaciones importantes. Había cambiado la seguridad de un cheque cada dos semanas por ingresos irregulares. Podía correr ese riesgo, en parte porque tenía un compañero comprensivo que lo permitía. Sin embargo, si él no hubiese estado allí, hubiese podido recurrir a ahorros que tenía reservados para circunstancias especiales. También renuncié a cierto prestigio, posición social, cuenta de gastos y a una comunidad cotidiana de personas a quienes respetaba y con las cuales me gustaba compartir cada día. El poder que tenía como editora desapareció en el momento en que las puertas del ascensor de la oficina se cerraron tras de mí. Fue asombroso lo rápido que el teléfono dejó de sonar. Si debía escribir a alguien, iba al correo. Cuando mi computadora se tragó cien entrevistas, lamentablemente yo era el único apoyo técnico del que disponía. Ya no tomaba decisiones estratégicas, ni disponía de recursos, y había días en los cuales no podía lograr que mi hijo durmiera la siesta.

Tardé un tiempo en acostumbrarme a los cambios, pero finalmente lo logré. Los problemas más serios fueron los relacionados con la pérdida de mi identidad. Irónicamente durante meses sentí que era una fracasada en lugar de alguien que había decidido cambiar. Aunque tenía un nuevo trabajo, no podía ignorar el hecho de que no había logrado hacer eso que había esperado de mí misma durante los últimos veinte años. Había fracasado porque no había llevado a cabo todo perfectamente. Había fracasado porque, aunque había marcado todos los puntos de mi lista, a mi vida todavía le faltaba algo importante. Había fracasado porque mi piel no era suficientemente dura y no tenía equilibrio. Había fracasado porque no podía tenerlo todo, porque no era un éxito, o al menos no lo era de la manera como yo lo concebía. Aunque trabajaba, hacía cosas importantes, me mantenía, y era independiente; de todos modos, me costaba aceptar que lo que hacía era válido. Tuve que atravesar el mismo desdichado proceso de pérdida que las mujeres que aparecen en este libro. Al igual que ellas, revisé la concepción que tenía sobre lo que me daba valor, así como lo que creía que era tener éxito en la vida. Debí revisar y redefinir todo eso.

Comencé descubriendo que el sueño de tenerlo todo en un mundo perfecto era justamente eso: una fantasía. Lo más importante, dejé de aferrarme a esa imagen. Dediqué demasiado tiempo a comparar mi vida con mis expectativas en lugar de tener en cuenta lo posible. Confundí lo mejor que yo podía hacer con lo mejor que podía hacerse. Mientras seguía alimentada por ese modelo de perfección, seguí siempre hacia delante, buscando alcanzar algo que se escapaba. En esa búsqueda, siempre me centraba en mis defectos y no en las anomalías del ámbito en el que debía trabajar. Mientras hice eso, el problema continuó.

Cuando estaba terminando este libro, me encontré con una crítica del último trabajo de Christopher Lasch. En ella, el crítico citaba una observación de Lasch, que decía que se había producido "una identificación cada vez más estrecha entre el sueño norteamericano y el nivel de vida norteamericano".[5] y, dado que ese mundo ya no crecía, Lasch pensaba que habíamos entrado en una crisis espiritual. Al mirar hacia atrás, Lasch sostenía que el "éxito indudable que él y su esposa se atribuían en la educación de sus hijos dentro de esta 'cultura consumista' fue el fracaso para prepararlos para el éxito".

No creo que mi padre me haya hecho daño al instarme a hacer todo lo que quisiera. En realidad, yo no cambiaría una sola pieza de mi vida. Creo que todo ha sido necesario para que comprendiera los términos bajo los cuales he trabajado durante veinte años y para que pudiese ejercer el control de los próximos veinte. Para ello tuve que pasar por una profunda crisis espiritual, durante la cual conocí la verdadera naturaleza de mi descontento —cuando claramente vi lo mucho que dependía de un trabajo que no podía controlar. Aprender a hacerme cargo de mis nuevos planes y evaluar mi vida día a día fue un poco como reparar un automóvil que no corre pero está en marcha. Posiblemente en muchos momentos no me di cuenta de dónde iba o cuestioné si era el camino adecuado. Tuve momentos de profunda tristeza y de duda. La confusión fue una asidua compañera. Sin embargo, al final dejé de comparar mis decisiones con las de otras mujeres a quienes respetaba. Hacerlo me llevaba a ser demasiado crítica, y creo que ése era uno de mis problemas. Venimos de un sistema de éxito y fracaso, de posición, de poder, de jerarquía. De eso me quiero apartar. Tome la forma que tome mi trabajo, deseo que siempre se valore y respete quién soy yo. Lo que está bien para otra mujer o para un hombre no necesariamente lo está para mí. El trabajo que funciona honra todas las elecciones que hacemos y las distintas partes de nuestra vida.

Miro a mi hijo y me pregunto ¿Qué le estoy enseñando acerca de los valores de la vida, del trabajo, de los amigos y de la familia? ¿Ve él un equilibrio en el trabajo de mi esposo? Probablemente no hoy. ¿En el mío? No estoy segura, pero sé que estoy más cerca que antes. Igual que mi padre, quiero lo mejor para mi hijo, este joven del siglo veintiuno. Espero que los cambios que estamos empezando a hacer en la cultura del trabajo le faciliten una vida próspera en sus propios términos. Es el camino a la felicidad más seguro que conozco. Al transformar nuestro presente podemos dar a nuestros hijos el regalo de un futuro mejor. Ésa es para mí la verdadera medida de una vida llena de éxito y profunda.

NOTAS

INTRODUCCIÓN

1. Betsy Morris, "Executive Women Confront Midlife Crisis", *Fortune*, 18 de setiembre de 1955, p. 62.
2. Si bien la mayor parte de las mujeres incluidas en la investigación pertenecían a la generación del *boom* de los bebés —aproximadamente entre 35 y 50 años—, es importante señalar que las que rondaban los treinta se identificaban fuertemente con los sentimientos y situaciones que describían las mujeres un poco mayores que ellas.

CAPÍTULO UNO

1. *Women: The New Providers*, Estudio de la Fundación Whirlpool, primera parte, Instituto de la Familia y el Trabajo, mayo de 1995, p.10.
2. Sara Ann Friedman, "Family Values Revisited", Banard, primavera de 1996. p. 56
3. *Women at Work: Executive Summary,* investigación llevada a cabo por *Fortune* y Yankelovich, octubre de 1995, cuadro uno.
4. Barbara Ehrenreich, "In search of a simpler life", *Working Woman,* diciembre de 1995, pp. 28-29.

CAPÍTULO DOS

1. Es importante señalar que las mujeres ligeramente más jóvenes que este grupo, las de veinticinco años o más, dijeron que, aunque habían ingresado en el mundo laboral en medio de las reconversiones, sentían la necesidad de triunfar y seguían adelante pese a esta dualidad. Como dijo una arquitecta de 32 años: "Todavía teníamos en nosotras esa idea de que la carrera lo es todo y que triunfar en ella era el modo de llegar a la plenitud, pero pronto nos dimos cuenta de que ese capullo no iba a dar como resultado una rosa. Cuando tú o una de tus amigas era despedida por una reestructuración, el lugar de trabajo no parecía precisamente un sitio comprensivo y agradable. Sin embargo, muchas de nosotras estábamos demasiado atadas a la cultura del éxito como para abandonarla".

CAPÍTULO TRES

1. Elizabeth Moss Kanter, *Men and Woman of the Corporation*, Nueva York, Basic Books, 1977, 1993, p. 207.
2. Joseph B. White y Carol Hymowitz, "Broken Glass: Watershed Generation of Women Executives is Raising to the Top", *The Wall Street Journal*, 10 de febrero de 1997, p. A1.
3. Kanter, *op.cit.*, p, 214.
4. Susan Wittig Albert, *Work on her own: How women create success and fulfillment off the traditional Carreer Track*, Nueva York, G. P. Putnam's sons, 1992, pp. 14-15.
5. Kanter, *op. cit.*, p. 221.
6. *Ibid.*, p. 228.
7. Mary Pipher, *Reviving Ophelia*, Nueva York, Ballantine Books, 1994, p. 38.
8. *The A Capella Papers*, Federación de profesores canadienses, Ottawa, Canadá, 1993.
9. Gina Maranto, "Delayed Childbearing", *Atlantic Monthly*, junio de 1995, p. 65.
10. Arlie Hochschild y Anne Machung, *The Second Shift*, Nueva York, Avon Books, 1990, p. 3.

CAPÍTULO CUATRO

1. Kanter, op cit. p. 251.
2. T. E. Apter, *Working Women don't Have Wives*, Nueva York, St. Martin's Griffen, 1995, 1993, p. 31.
3. Gloria Steinem, *Revolution from within: a book of self-esteem*, Boston, Little Brown & Company, 1992, p. 22.

CAPÍTULO CINCO

1. Anna Quindlen, *Thinking Out Loud: On the Personal, the Political, the Public and the Private*, Nueva York, Random House, 1993, p. XXVIII.
2. Catalyst, Nueva York, 1996.
3. Albert, *op cit.*, p. XVI.
4. Juliet Schor, *The Overworked American*, Nueva York, Basic Books 1991, p. 23.
5. Virginia Woolf, "Professions for Women", *The Virginia Woolf Reader*, editado por Mitchell A. Leaska, Nueva York, Harcourt Brace, 1984, p. 279.
6. Albert, *op. cit.*, p. 6.

CAPÍTULO SEIS

1. *The 1990 Virginia Slims Opinion Poll: A Twenty Year Perspective of Women's Issues*, The Roper Organization, Storrs, Connecticut, p. 26.
2. *Yearning for Balance, Views of Americans on Consumption, Materialism and the Environment*, preparada para Merck Family Fund por Harwood Group, Takoma Park, Maryland, 1995, p. 20.
3. Schor, *op. cit.*, p. 9.
4. Gary Belsky, "Women Worry More than Men About Money", *Money*, Junio de 1996, p. 24.
5. Steven A. Holmes, "Income Disparity Between Poorest and Richest Rises", *The New York Times*, 20 de junio de 1996, p. 1.
6. Schor, *op. cit.*, p. 109.
7. Merck, *op. cit.*, p. 1.
8. Schor, *op. cit.*, p. 1
9. Schor, *op. cit.*, p. 20

10. *Women's Voices: A Joint Project of de Ms. Foundation and the Center for Policy Alternatives*, Nueva York y Washington D.C., 1992, p. 13.
11. *Yearning for Balance, op. cit.*, p. 14.

CAPÍTULO SIETE

1. Pipher, *op. cit.*, p. 26.

CAPÍTULO OCHO

1. Bill Carter, "A Farewell to 'ER', Blood, Guts and Fame", *The New York Times*, 21 de noviembre de 1996, p. C15.
2. *Ibid.*, p. C16.
3. Pipher, *op. cit.*, p. 26.
4. La personalidad de Abeja Reina se ha tomado del modelo que Graham Staines, Carol Tavris y Toby Epstein Jayaratne formulan en su artículo de enero de 1974 de *Psychology Today.*
5. Lotte Bailyn, Rhona Rappoport, Deborah Kolb, Joyce Fletcher y otros, *Re-linking work and family*, Working paper, Alfred P. Sloan School of Management of the MIT, 1996, p. 9.
6. Fundación Nacional de Mujeres Empresarias.

CAPÍTULO NUEVE

1. Warren Farrell, "The Human Lib Movement: 1", *The New York Times*, 17 de junio de 1971, p. 41, citando la investigación del California Research Center.
2. Rosalind C. Barnett y Caryl Rivers, *She works / he works: How two Income Families are Happier, Healthier, and Better off*, San Francisco, Harper Collins, 1996, p. 5.
3. "A Matter of Honor", *Newsweek, 27 de mayo de 1996*, p. 24.
4. Barnett y Rivers, *op. cit.*, p. 6.
5. *Ibid.*, p. 49.
6. *Ibid.*, p. 56.
7. *Ibid.* p. 57.
8. *Ibid.* p. 6.
9. *Ibid.*

10. *Women: The New Providers, op. cit.*, p. 33.
11. Kennedy y Fraser "Warmed Through and Through" en *Ornament and Silence: Essays on Women's Lives*, Nueva York, Alfred A. Knopf, 1996, p. 74.
12. Barnett y Rivers. *op. cit.*, p. 144.

CAPÍTULO DIEZ

1. Sue Schellenbarger, "Work and Family", *The Wall Street Journal,* 29 de enero de 1997, p. B1.
2. *Ibid.*
3. Barnett y Rivers, *op. cit.*, pp. 62, 65.
4. *Ibid.*, p. 136.
5. Andrew Delbarco, "Consuming Passions", *The New York Times Book Review,* 19 de enero de 1997, p. 8. Crítica a *Women and the common life: love, marriage and feminism,* Elisabeth Lasch- Quinn (comp.), Nueva York, W.W. Norton y Co., 1997.